U0524818

如何培育壮大发展新动能

李雪松　冯明　等著

HOW TO NURTURE AND ENHANCE
NEW DRIVERS OF DEVELOPMENT

中国社会科学出版社

图书在版编目（CIP）数据

如何培育壮大发展新动能 / 李雪松等著. -- 北京：中国社会科学出版社, 2024. 11. -- ISBN 978-7-5227-4372-1

Ⅰ. F124

中国国家版本馆 CIP 数据核字第 2024EH9432 号

出 版 人	赵剑英	
责任编辑	喻　苗	
责任校对	胡新芳	
责任印制	李寡寡	

出　　版	中国社会科学出版社	
社　　址	北京鼓楼西大街甲 158 号	
邮　　编	100720	
网　　址	http://www.csspw.cn	
发 行 部	010-84083685	
门 市 部	010-84029450	
经　　销	新华书店及其他书店	

印刷装订	北京君升印刷有限公司	
版　　次	2024 年 11 月第 1 版	
印　　次	2024 年 11 月第 1 次印刷	

开　　本	710×1000　1/16	
印　　张	19.25	
插　　页	2	
字　　数	221 千字	
定　　价	89.00 元	

凡购买中国社会科学出版社图书，如有质量问题请与本社营销中心联系调换
电话：010-84083683
版权所有　侵权必究

前　　言

　　经济发展水平的跃升本质上是由一轮又一轮的新动能所驱动的。回顾人类历史，任何一个国家尤其是大国的经济发展历程往往并非线性渐进式的，而是台阶式跃升的；尽管一般性的数量型积累也能够带来渐进的经济发展，但是在一些关键节点上，能否及时培育壮大新动能、实现新旧动能转换就显得至关重要。

　　党的二十大报告强调，高质量发展是全面建设社会主义现代化国家的首要任务。现阶段，在房地产、基础设施建设等传统动能高速发展期逐渐过去，增长面临瓶颈的情况下，培育壮大发展新动能成为推动高质量发展的关键。

　　党的二十届三中全会通过的《中共中央关于进一步全面深化改革　推进中国式现代化的决定》，将"塑造发展新动能新优势"作为深化供给侧结构性改革、完善推动高质量发展激励约束机制的落脚点，再次彰显了培育壮大发展新动能问题的重要性。

　　近年来，我们围绕新发展理念、新发展格局、高质量发展等相关问题开展了一系列研究，作为这一系列研究的组成部分，我们于2023年4月组建课题组，围绕如何培育壮大发展新动能这一重大问题展开深入研究。本书便是该课题的研究成果。

全书共包括六部分内容，大体上按照"1＋1＋4"的总分结构排列：首先，总论部分提纲挈领地对全书的立意和主要内容加以概括。紧接着，第一章对当前中国经济发展的外部环境和自身发展阶段的变化从总体上进行分析研判，而后重点梳理总结了美国、德国、日本、韩国在相应发展阶段新旧动能转换的典型做法，总结经验和教训。余下的第二章到第五章，分别从供给、需求、结构、对外开放四个维度，围绕"新质引领型"新动能、"需求升级型"新动能、"结构优化型"新动能、"对外开放型"新动能四组概念，就每类新动能的具体内涵和发展方向展开详细论述。

总论部分以"在大变局中抢抓时代机遇　加快培育壮大中国发展新动能"为主题，以期凸显本书研究的两大特色。

其一，研究立意高远、视野广阔，而非拘泥于某个细节之处的碎片化分析。当前，世界经济版图加速重构，大国博弈尤其是中美两大国博弈格局日趋复杂化；国际经贸领域意识形态的天平由"效率"端向"安全"端倾斜，国际产业链供应链走向板块化、阵营化。同时，能源和信息两大科技革命正在引爆新一轮产业变革，大国之间的科技产业竞争异常激烈。世界政治经济环境的复杂变化以及能源和信息两大科技革命的深刻演变，构成现阶段研究经济发展新动能问题的时代背景，而培育壮大新动能是抢抓时代机遇、积极应对和引领新一轮大国竞争的关键所在。

其二，锚定问题导向，坚持理论与实际相结合，而非局限于一般性的理论探讨。按照世界银行的界定标准，当前中国正处于由"中高收入国家"逐步向"高收入国家"爬坡过坎的特殊阶段，国际上面临"前有围堵、后有追兵"两头受挤压状态，国内经济发展也面临诸多挑战，如要素积累速度减慢，对创新发展提出了迫切要求；房地产和铁路公路机场建设等传统增长动能趋弱，亟须新动能接续补位；城乡区域发展不平衡矛盾突出，缩小结构性发展差距的重要性凸显；以出口为主的国际经贸合作方式遭遇阻力，亟须通过推进新一轮高水平对外开放实现破局；如此等等，都明显加剧了中国培育壮大发展新动能的紧迫性。

总论部分想要强调的一个核心观点是：中国作为一个拥有14亿人口、GDP超过120万亿元的超大规模经济体，新动能的来源并非个别性、散点式的，而是多领域、集群式的。不论是供给侧的科技革命和产业变革，还是需求侧的消费提质扩容和民生补短板，抑或结构视角的城乡区域协调发展、产业融合发展、经济社会绿色低碳转型，又或是对外开放视角的制度型开放、国际产能合作、高质量共建"一带一路"，都蕴藏着丰富的新动能潜力。为此，总论部分提出了四组概念："新质引领型"新动能——由新质生产力驱动的新动能，"需求升级型"新动能——由传统领域提质升级带动的新动能，"结构优化型"新动能——由结构调整优化催生的新动能，"对外开放型"新动能——由更高水平对外开放引领的新动能。这四类新动能也构成了本书后续分论部分各章内容的题眼。

第一章在对外部环境和中国自身发展阶段变化进行总体研判的基础上，重点选取美国、德国、日本、韩国四个代表性国家，研究其在相应历史发展阶段培育壮大发展新动能的典型做法，总结经验和教训。这四个国家在不同历史时期新旧动能转换的历程，对于现阶段中国培育壮大发展新动能颇具启示性。美国第一次工业革命时期属于后发跟随者，经济社会发展水平大幅落后于当时的英国和欧洲大陆。但在19世纪之后，美国快速吸收第一次工业革命的科技和产业成果，同时又紧紧抓住第二次工业革命的机遇，实现了对英国和欧洲大陆国家的赶超。第二次世界大战之后，美国更是凭借在信息技术产业等领域新动能的爆发式增长，快速成为世界经济舞台上占据主导地位的超级大国。日本和德国在二战后，先是短短几年时间内创造了战后重建奇迹，而后持续推动产业结构转型升级，实现了由劳动密集型到资本密集型，再到技术密集型产业的转变，一度分别成为世界第二大和第三大经济体，经济发展水平和综合国力在发达国家中位居前列，尤其是在钢铁、机械、化工、汽车、电子产品等领域塑造起强大的国际竞争力。韩国的案例在一定程度上更具启示意义：20世纪90年代中期之后的二十多年是韩国由跨越中等收入陷阱向中等发达国家水平过渡的时期，大体上对应着我国当下及未来一段时期的发展阶段。韩国模式的一大特色在于，进入高收入发展阶段之后，制造业占比仍然长期保持在较高水平，尤其是中高技术制造业在制造业中的比例持续攀升，产业升级的步伐不断向前推进。除了在造船、能源、化工、汽车等传统领域巩固优势之外，韩国还在通信、电子、半导体等高技术制造业领域积聚新动能,在国际市场上开疆拓土。

第二章到第五章是本书的分论部分。第二章基于供给侧视角,聚焦"新质引领型"新动能。"新质引领型"新动能是指由技术革命性突破、生产要素创新性配置、产业深度转型升级而催生的先进动能,具有战略性、牵引性、变革性特征。"新质引领型"新动能是新质生产力的集中体现。现阶段,"新质引领型"新动能主要包括以下六个领域:一是以通用人工智能、物联网等为代表的数字经济新动能;二是以光伏组件和风电设备制造为主体的新能源新动能;三是以智能网联汽车等为主体的新能源汽车新动能;四是以现代生物技术与医药产业融合为主体的生物医药新动能;五是以智能制造、增材制造等为代表的高端装备制造新动能;六是以量子计算、6G等为代表的未来产业新动能。

第三章基于需求侧视角,聚焦"需求升级型"新动能。"需求升级型"新动能侧重于需求导向,主要指传统和新兴领域需求扩容提质带动的新动能。顺应人民群众对美好生活的向往,积极扩大有效需求,既能够提振短期经济增速,也有助于提高要素和产能利用率,畅通国民经济循环,增强中长期经济内生增长动力。未来一段时期,"需求升级型"新动能主要来自四个方面:一是户籍制度改革释放的新动能,主要表现为城乡户籍壁垒下降之后劳动力配置效率的提升以及农业转移人口市民化过程对经济增长的带动效应;二是居民消费提质扩容释放的新动能,主要表现为消费规模的持续扩大,消费形态的更趋多元化,以及商品和服务品类的日益丰富创新；三是民生领域补短板释放的新动能，主要是医疗、教育、养老、幼育等领域基本公共服务的逐步完善；四是基础设施建设投资释放的新动能，除了交通物流、电力、水利、防灾减灾等传统基础设施和算力、物联网、工业互联网、卫星互联网、新一代移动通信等新型基础设施投资对短期经济增长的拉动之外，更加完善的现代化基础设施体系还能够系统性地提高经济运行的整体效率。

第四章基于结构视角，聚焦"结构优化型"新动能。"结构优化型"新动能是指针对经济运行中存在的突出结构性问题，通过结构调整、结构优化、结构转型升级催生的新动能。经济发展既表现为总量增长，也表现为结构优化。在经济总量增长速度放缓之后，结构优化对经济发展的重要性便更为凸显。现阶段，"结构优化型"新动能主要包括四个方面：一是在城乡结构维度，由城乡二元体制向城乡融合发展转型过程中潜藏的新动能；二是在区域结构维度，促进区域协调发展过程中潜藏的新动能，引导形成人口和产业在区域间更趋合理的分布，有助于更好地发挥各类地区的比较优势，从而在全国整体上实现更平衡更充分的发展；三是在产业结构维度，产业融合发展过程中潜藏的新动能，生产性服务业发展不足是中国经济的一个短板，未来加强生产性服务业向农业和制造业赋能，能够显著提高农业和制造业的全要素生产率；四是在能源结构维度，全面推进经济社会绿色低碳转型过程中潜藏的新动能。

第五章基于国际国内经济关系视角，聚焦"对外开放型"新动能。"对外开放型"新动能是指在推进高水平对外开放、改进国际经贸合作方式、更好地利用国内国际两个市场和两种资源的过程中释放的新动能。全面推进扩大高水平对外开放能够释放多方面经济增长新动能，集中体现在：一是制度型开放蕴藏着制度红利，通过优化营商环境对接国际规则，能够为外资企业"走进来"和国内企业"走出去"营造开放、畅通、稳定的制度环境，降低跨境交易成本，释放制度红利；二是服务业开放发展激发产业活力，服务业开放不仅能扩大就业，而且能够带动我国在全球价值链中的位置由一般生产制造向高附加值的研发设计和品牌营销环节攀升；三是国际产能合作能够通过贸易促进效应和辐射带动效应带动出口和投资增长；四是高质量共建"一带一路"有助于对冲一些国家贸易保护主义的压力，为中国发展拓展更为广阔的国际市场，丰富国际经济大循环的层次和形式。

本书是课题组分工协作的产物，课题负责人是李雪松研究员，负责研究框架的总体设计、研究思路的整体把握以及研究内容的修改完善。具体写作分工如下：总论执笔人为李雪松、冯明；第一章的执笔人为冯明、罗朝阳、唐跃桓；第二章的执笔人为左鹏飞、陈星星、李雯轩、闫强明；第三章的执笔人为张慧慧、李莹、肖寒；第四章的执笔人为孙博文、李雯轩、李莹；第五章的执笔人为李双双、张慧慧、闫强明。

本项研究得到中国社会科学院办公厅的大力支持，中国社会科学出版社智库成果出版中心喻苗等同志为本书的编辑出版付出了大量心血，编辑过程专业而细致，在此一并向他们表示衷心感谢！

经济发展是一个动态过程，新动能的内涵也总是处于不断演化之中，因而围绕新动能问题的研究将是一项持久性课题。本书只是新动能问题研究的一个阶段性成果，限于时间和能力，书中可能存在不足和疏漏之处，各章节内容也可能参差不齐，诚恳欢迎读者朋友们批评指正。

李雪松

2024 年 9 月

目 录

总论 在大变局中抢抓时代机遇 加快培育壮大中国发展新动能 ……………………………………………………（1）
- 一 百年未有之大变局加速演进，大国竞争更趋激烈 ………………………………………………………（2）
- 二 培育壮大新动能是抢抓时代机遇、积极应对和引领新一轮大国竞争的关键 ……………………………（5）
- 三 中国培育壮大新动能的有利条件与制约因素 ………（8）
- 四 加快培育壮大发展新动能的对策建议 ……………（11）

第一章 总体研判与国际经验借鉴 ………………………（16）
- 一 外部环境和中国自身发展阶段变化增强了培育壮大发展新动能的紧迫性 ……………………………（17）
- 二 培育壮大发展新动能的美国经验与借鉴 …………（25）
- 三 培育壮大发展新动能的德国经验与借鉴 …………（40）
- 四 培育壮大发展新动能的日本经验与借鉴 …………（52）

五　培育壮大发展新动能的韩国经验与借鉴 …………（65）

第二章　培育"新质引领型"新动能：由新质生产力驱动的新动能 ……………………………………（77）
　　一　壮大数字经济新动能 …………………………（78）
　　二　强化新能源新动能 ……………………………（88）
　　三　引领新能源汽车新动能 ………………………（104）
　　四　提升高端装备制造新动能 ……………………（118）
　　五　培育生物医药新动能 …………………………（127）
　　六　培育未来产业新动能 …………………………（136）

第三章　释放"需求升级型"新动能：由传统领域提质升级带动的新动能 ……………………………（151）
　　一　释放户籍制度改革新动能 ……………………（152）
　　二　释放居民消费扩容提质新动能 ………………（160）
　　三　释放民生领域补短板投资新动能 ……………（169）
　　四　释放基础设施建设新动能 ……………………（181）

第四章　激活"结构优化型"新动能：由结构调整优化催生的新动能 ……………………………………（191）
　　一　激活城乡结构调整新动能 ……………………（192）
　　二　激活区域结构调整新动能 ……………………（200）
　　三　激活制造业与服务业融合发展新动能 ………（218）
　　四　激活传统领域绿色低碳转型新动能 …………（228）

第五章 挖掘"对外开放型"新动能：由更高水平对外开放引领的新动能 （244）

  一 挖掘制度型开放新动能 （245）
  二 挖掘服务业开放新动能 （254）
  三 挖掘国际产能合作新动能 （264）
  四 挖掘"一带一路"高质量发展新动能 （273）

参考文献 （285）

总 论

在大变局中抢抓时代机遇
加快培育壮大中国发展新动能

当前,世界经济版图加速重构,在新兴市场国家发展带动下,世界经济格局更趋多元化,大国博弈日益复杂;国际经贸领域意识形态的天平由"效率"端向"安全"端倾斜,国际产业链供应链走向板块化、阵营化。能源利用方式和信息传递方式的"两大科技革命"正在引爆新一轮产业变革,大国之间的科技产业竞争异常激烈。总体上看,中国在能源革命赛道占有一定的优势,在信息革命赛道与美国相比仍然存在一定差距。按照世界银行的界定标准,中国正处于由"中高收入国家"逐步向"高收入国家"爬坡过坎的关键阶段,面临"前有围堵,后有追兵"两头受挤压状态。经济领域是大国竞争最重要的主战场之一。随着传统增长动能式微,中国亟待加快培育新动能:要素积累速度减慢,对创新发展提出了迫切要求;房地产和铁路、公路、机场建设等传统增长动能趋弱,亟须新动能接续补位;城乡区域发展不平衡矛盾突出,缩小结构性发展差距的重要性凸显;以出口为主的国际经贸合作方式遭遇阻力,亟须通过推进新一轮高水平对外开放实现破局。作为一个超大规模经济体，中国培育壮大新动能并非个别性、散点式的，而是多领域、集群式的。未来一段时期，建议在大变局中抢抓时代机遇，重点培育"新质引领型"新动能、释放"需求升级型"新动能、激活"结构优化型"新动能、挖掘"对外开放型"新动能，增强中国发展主动权。

一 百年未有之大变局加速演进，大国竞争更趋激烈

当前，在以下三方面因素交织作用下，世界百年未有之大变局呈加速演进态势，大国之间的竞争更趋激烈。

（一）世界经济版图加速重构，国际产业链供应链板块化、阵营化

世界经济版图正在加速重构，集中体现在以下几点：一是在新兴市场国家发展带动下，世界经济格局更趋多元化，大国博弈日益复杂。2000年到2023年，"新兴七国"（E7，包括中国、印度、巴西、俄罗斯、印尼、墨西哥和土耳其）按照汇率现价计算的GDP之和占世界总额比重由11.1%持续攀升至28.3%，而发达国家"七国集团"（G7）GDP之和占世界总额比重由65.3%下降至44.4%。按购买力平价计算，E7国家GDP之和已经超过G7国家。以中国、印度、巴西等为代表的"全球南方"在国际贸易、国际投资、国际组织治理等领域的话语权日益增强。与此同时，2023年中美两国在全球GDP的比重达到43%以上，中美大

国博弈日益复杂,成为影响全球经济的重要变量。二是国际经贸领域意识形态的天平由"效率"端向"安全"端倾斜,国际产业链供应链由统一走向分裂,呈板块化、阵营化态势。各国普遍更加重视安全因素,愿意在效率维度做出一定牺牲而加强安全保障。加之美国等西方国家将安全问题泛化,不断运用政治和外交手段实施贸易保护主义,通过"中国+1"策略推进近岸贸易和友岸贸易,迫使其他国家选边站、阵营化,倒逼中国一些产业向越南、墨西哥、印度等国家转移。三是世界经济运行的总体特征由20世纪80年代到2008年国际金融危机之前"大缓和"时期的"两高三低"(即高增长、高贸易、低波动、低通胀、低利率),转向"两低四高"(即低增长、低贸易、高波动、高债务、高通胀、高利率),脆弱性显著上升。

(二)能源和信息"两大科技革命"引爆新一轮产业变革,大国科技竞争异常激烈

能源利用方式和信息传递方式的"两大科技革命"引爆新一轮产业变革,大国之间的科技产业竞争异常激烈。总体而言,中国在能源革命赛道占有一定优势,在信息革命赛道与美国相比仍然存在一定差距。

在能源革命赛道,以光伏组件、风力发电、动力电池、储能为代表的能源利用方式变革很大程度上推动了能源产业由"自然资源属性"转向"制造业属性"——以往的煤炭、石油、天然气等能源产业具有典型的自然资源属性,受制于地理分布等先天条件;光伏、风电、动力电池产业则带有更强的制造业属性，受地理因素影响较小，呈现出显著的"规模经济"特性。作为世界第一制造业大国，能源产业向"制造业属性"的转变对中国而言更为有利：一方面，中国在光伏组件、风电设备、动力电池等领域具备强大的生产制造能力，有助于中国在新一轮大国产业竞争中占据主动地位；另一方面，中国成为新能源汽车最大的生产国、销售国、出口国，车型研发、生产工艺、自动驾驶、续航能力等维度的迭代速度都大幅超越了以往燃油车时代，以"软件定义汽车""智能网联汽车"为标志的汽车工业新时代已经开启。

在信息革命赛道，近年来，中国数字经济、工业互联网、物联网、人工智能、量子计算等领域快速发展，积累了一定优势，但与美国相比仍然存在一定差距。在人工智能领域，随着美国OpenAI公司2022年11月推出首个自然语言处理大模型ChatGPT，生成式人工智能行业开始爆发式成长，机器处理文字、语音、图片、视频的能力以月为单位高速进化。在芯片制造领域，英伟达公司借助人工智能芯片异军突起，市值在短短两年间由3000亿美元飙升至29700亿美元，达到传统芯片巨头英特尔公司市值的22倍。值得警惕的是，2023年中国新增"独角兽企业"数量仅有15个。尤其是信息技术领域，新增独角兽企业数量大幅下降，与美国差距进一步拉大。作为国际上衡量创新创业活力的重要指标，独角兽企业新增数量放缓的背后，既有美国科技遏制等外部原因，又有中国自身创新创业活力不足、风险投资市场萎缩等内部原因，需要引起重视。

（三）中国经济发展处于"前有围堵，后有追兵"的状态，在国际竞争中两头受挤压

按照世界银行的界定标准，中国正在经历由"中高收入国家"逐步向"高收入国家"（不等同于发达国家）爬坡过坎的关键阶段，经济发展面临的外部环境极为复杂——前有美国等发达国家通过设置贸易壁垒、投资壁垒、技术转移壁垒对中国发展高技术产业的遏制围堵，后有印度、越南、墨西哥等后发国家对中国中低端劳动力密集型制造业的竞争追赶和"蚕食"。经济史研究表明，当一国处在人均 GDP 介于 1.2 万—2.5 万美元的发展阶段时，普遍面临两头受挤压的外部环境，发展难度加大。历史上只有日本、韩国等少数国家实现突围，最终转型成为发达国家，多数国家如巴西、阿根廷、俄罗斯、南非等则突围失败，长期落入"中等收入陷阱"。中国作为一个超大规模经济体，有自身的竞争优势，但客观上实现阶段提升的难度也更大，因而必须保持定力、铆劲发展，努力走出这种两头受挤压的高竞争状态，在国际上争取更为主动的发展空间。

二　培育壮大新动能是抢抓时代机遇、积极应对和引领新一轮大国竞争的关键

大国竞争最重要的主战场之一是经济领域。推动经济高质量发展，应对并引领大国竞争格局演进，中国需要从全局视角出发，识别传统动能式微带来的缺口，把握新一轮改革开放窗口期，抢

抓时代机遇，有针对性地培育壮大各类新动能。

（一）要素积累速度减慢，对创新驱动发展提出了迫切要求

2013—2023年，中国劳动年龄人口数量（按照16—59岁口径）平均每年减少约547万人。全社会固定资产投资完成额同比增速由两位数以上放缓至近年的5%以下。新增建设用地指标约束收紧，一些城市在实施了多年的大开发、大建设之后开始面临无地可用的局面。随着传统要素投入对经济增长贡献的减弱，中国必须加大科技研发投入，转向创新驱动型增长，加快培育新质生产力。

（二）房地产和基建等传统需求动能趋弱，亟须新动能接续补位

2021年，房地产市场发展达到顶峰之后，开始进入深度调整期。全国商品房销售额由2021年的18.19万亿元下降至2023年的11.66万亿元，出现了超过6万亿元的缺口，对宏观经济运行造成巨大拖累。铁路、公路、机场、电网等基础设施投资增速相比此前高速增长阶段，也呈现放缓态势。立足中高收入国家现实发展阶段，中国需以人民美好生活需要为目标，加快培育需求侧新动能，部分对冲房地产和基建形成的缺口。

（三）城乡、区域发展不平衡的矛盾突出，缩小结构性发展差距的重要性凸显

在城乡结构方面，尽管常住人口城镇化率在2023年达到

66.2%，但城乡二元结构的特征总体上依然突出：户籍人口城镇化率不到50%，超过一半人口在户籍、养老/医疗保障、社会关系和社会心态上仍然未实现城镇化。在区域结构方面，东中西部差距仍然凸显的同时，南北差距也呈明显拉大态势，区域间发展不平衡成为制约中国经济社会发展的重要结构性矛盾。与此同时，人口地理格局的重塑，给人口流入地和人口流出地带来了深刻的影响。2010年至2020年，部分省份人口数量大幅增长，如广东省增加了2183万人，浙江省增加了1021万人；同时，也有不少省份人口数量大幅下降，如东北的黑龙江、吉林、辽宁三省合计减少了1130万人。城乡结构和区域结构的不平衡中蕴藏着巨大的结构性发展空间，未来需通过推动城乡区域协调发展探寻和激活新动能。

（四）以出口为主的国际经贸合作方式遭遇阻力，需要通过推进新一轮高水平对外开放实现破局

经过多年的发展，目前中国已经成为世界上货物出口第一大国，是很多国家最大的进口来源国，未来想要进一步提升货物出口市场份额面临较大困难，而且可能引发出口对象国的排斥情绪，导致国际贸易争端增多。在货物出口贸易增长面临阻力和瓶颈的情况下，下一阶段，中国需要拓宽开放思路，大力发展对外直接投资，借鉴美国、日本、德国等的经验，加强国际布局，在海外设立分支机构，实现人才、技术、供应链、品牌的全球化运营，更深层次地融入国际市场，嵌入全球产业链供应链体系。

三 中国培育壮大新动能的有利条件与制约因素

经济发展阶段的跃升，本质上就是培育壮大发展新动能、促进经济结构不断转型升级的过程。从历史逻辑看，一国的经济发展往往是非线性的，上大的台阶必须通过培育壮大发展新动能、促进经济结构转型升级来实现。当前，中国要抢抓全球新一轮科技革命和产业变革的历史性机遇，在基础科学领域加速追赶，在前沿技术领域同台竞技，在产业应用领域换道超车。相较于世界"守成大国"和"后起之秀"，中国作为超大规模经济体，在培育壮大发展新动能方面具有完备产业配套体系的有力支撑、自主创新能力的不断突破、超大规模市场的需求牵引、商业组织模式的快速迭代等多方面优势。只要能充分利用好、发挥好这些优势，经过一段时期的积累，新动能就有望达到量变引起质变的效果，带动中国经济实现转型升级，迈上新的、更高水平的台阶。

（一）完备产业配套体系的有力支撑

中国的产业配套体系在世界各国中相对而言较为完备。完备的产业配套体系能够为培育壮大新动能和推动经济结构转型升级提供坚实有效的基础支撑。一方面，有利于细化专业分工，提高生产效率，降低生产成本；另一方面，有利于加强产业链供应链协同，加快实验室创新的产业化应用。这一点在新能源汽车领域已经得到了充分的体现。正是由于中国此前在传统燃油车产业形成了包括车身、底盘、发动机及各类零部件在内的产业配套体系，加之后来兴起的电池、电控、电驱系统，以及电子产品和软件供应体系，中国新能源汽车产业在短短几年快速发展壮大，实现了汽车产业的"换道超车"。目前，中国不仅成为世界上最大的新能源汽车生产国和消费国，而且在新能源汽车出口的带动下，2023年汽车出口总量也已超越日本成为世界第一。

（二）自主创新能力的不断突破

科技创新是激发新动能、推动经济结构转型升级的根本动力。近年来，中国持续加大研发投入力度，研发研究与试验发展（R&D）经费支出多年保持高速增长。在科技创新成果的产业化应用方面，中国在5G、芯片、大飞机、民用航天等领域不断取得重大突破。5G技术朝着定制化、轻量化方向演进，使得应用场景更加丰富，带动工业互联网推广扩面。芯片研发和制造成为热门赛道，华为麒麟9000S芯片取得技术突破，为应对外部科技封锁增强了底气。C919大飞机加速商业化部署，国产大型邮轮产线趋于成熟，民间商业航天市场在航天工程技术的支持下破土成长。这些自主创新能力的重大突破，将为中国经济结构转型升级持续注入新动力。

（三）超大规模市场的需求牵引

培育壮大发展新动能，既要靠技术创新的驱动，也离不开市场需求的牵引。规模经济特征越典型的领域，需求牵引的重要性就越凸显。正因如此，互联网平台巨头主要孕育于美国和中国两大经济体。也正因为如此，经历了一百多年发展历程的汽车工业，最后只有美、德、日、韩和中国等少数大国的车企才能在激烈竞争中存活下来。中国拥有14亿多人口，人均GDP超过12000美元，由此形成的超大规模市场需求，能够对科学技术的产业化推广产生强大的牵引力。近年来，中国在电子产品制造、数字经济、算力基础设施、清洁能源、电动新能源汽车等领域的快速发展，都在不同程度上得益于超大规模市场的需求优势。当然，从全球市场层面而言，拥有80多亿人口的全球经济是一个更大规模的市场。这也提醒我们，要高度重视参与国际经济大循环，继续深度融入全球产业链供应链体系，参与全球市场分工协作。只有统筹用好国内国际两个市场、两种资源，才能在百年未有之大变局下赢得主动。

（四）商业组织模式的快速迭代

企业是现代经济中最富活力的主体，商业组织模式的更新换代是激活新动能和推动经济结构转型升级的重要力量。已有大量研究表明，近年来，中国企业在捕捉用户需求、适应市场变化、应对外部冲击等方面，具有更强的敏捷性、灵活性和韧性；中国市场上商业组织模式的迭代速度，相比美国、日本、欧洲国家明显更快。这既得益于中国要素基础雄厚和产业配套体系完备等特征，同时也是中国人和中国企业勤劳智慧、敢为人先精神在市场经济环境下的具体体现。商业组织模式快速迭代的优势在互联网平台、物流配送、新能源汽车等领域都得到了验证。未来，商业组织模式快速迭代仍将是中国培育壮大新动能的重要活力所在。

与此同时，也应当认识到，中国当前仍存在一些制约新动能潜力释放的问题与挑战。主要包括：高科技领域的创新创业活力不足，支持科技创新的体制机制不够灵活；具有较强国际竞争力、在新一轮大国竞争中堪当大用的本土跨国企业仍然较为匮乏；劳动、土地、资本等要素配置效率有待提升，部分存量建设用地长期闲置，一些经营绩效低下的"僵尸企业"常年依靠财政金融输血，造成资源浪费；居民可支配收入占GDP的比重大幅低于其他主要经济体，国内有效需求不足问题持续制约国内经济大循环畅通；地方保护主义和地区割裂的现象仍然存在，全国大市场的统一性、流动性不够；财税、金融、市场监管、统计等方面的具体制度措施难以满足高质量发展需要，亟待探索完善与新质生产力相适应的新型生产关系。

四 加快培育壮大发展新动能的对策建议

作为一个超大规模经济体，中国发展新动能的突破口和着力点并非个别性、散点式的，而是多领域、集群式的。基于对外部环境和中国自身经济发展阶段性特征的综合研判，我们建议重点围绕以下四个方面加快培育壮大新动能。

（一）培育"新质引领型"新动能

"新质引领型"新动能侧重于技术和供给导向，是指由新质生产力驱动的新动能。结合科技发展前沿和经济现实，中国当前应主要围绕以下六个领域培育壮大"新质引领型"新动能：以通用人工智能、物联网等为代表的数字经济新动能；以光伏组件和风电设备制造为主体的新能源新动能；以智能网联汽车等为主体的新能源汽车新动能；以现代生物技术与医药产业融合为主体的生物医药新动能；以智能制造、增材制造等为代表的高端装备制造新动能；以量子计算、6G等为代表的未来产业新动能。政策措施上，要以新质生产力发展需求为导向，推进产业体系由"大而全"转变为"强而优"。一是以产业发展为抓手，坚持选择性与普惠性兼顾。对于智能网联汽车、新能源等发展前景确定性强的产业，应以倾斜性政策为主，力保长板更长；对于量子计算等发展路径尚未定型的产业，应以普惠性政策为主，激发市场主体内生动力。二是以科技赋能为牵引，坚持科技创新引领产业创新。加大对人工智能、生物医药等重点领域研发支持，加快科技成果转化应用体系创新，着力打通从科技到产业的"双向通道"。部署一批体现新质生产力特征的重大科技项目。三是以固本兴新为导向，坚持向新而行和向质增长。统筹推动传统产业和新兴产业发展，强化以新促本。锚定智能化、绿色化、融合化发展方向，创新新技术新业态对传统产业的改造模式。系统推进新兴产业和未来产业发展，加快数字产业集群和绿色产业集群建设。

（二）释放"需求升级型"新动能

"需求升级型"新动能侧重于需求导向，主要指传统领域需求扩容提质带动的新动能。有效需求不足是当前中国经济运行面临的突出矛盾，是制约国民经济循环畅通壮大的主要阻滞环节所在。经过多年的发展，现阶段中国扩大内需战略要解决的主要问题也从"从无到有"，转向了"从无到有"和"从有到优"并重，既要重视数量增长和覆盖面扩大，也要重视品质的提升。建议重点针对以下几方面培育释放"需求升级型"新动能：一是深化户籍制度改革，顺应人口流动趋势，实现建设用地指标、基本公共服务、财政转移支付与常住人口相挂钩，依城市规模层次分类施策，加快户籍人口城镇化率向常住人口城镇化率收敛。二是提高居民可支配收入占 GDP 比重，实施"2035 年国民收入倍增战略"，逐步完善社会保障体系，提升消费品供给质量，多措并举增强居民消费能力和消费意愿，扩大居民有效消费需求，促进消费市场扩容提质。三是加大民生补短板投入力度，尽力而为和量力而行相结合，在教育、医疗、养老、托幼等领域扩大基本公共服务供给，提升公共服务品质。四是进一步优化升级交通、物流、电力、水利、防灾减灾等传统基础设施，加快投资建设算力、物联网、工业互联网、卫星互联网、新一代移动通信等新型基础设施。

（三）激活"结构优化型"新动能

"结构优化型"新动能侧重于结构导向，是指针对经济运行中存在的突出结构性问题，通过结构调整、结构优化、结构转型升级来释放新动能。经济增长不仅表现为总量层面的扩张，也表现为结构层面的优化。在经济总量扩张速度放缓之后，"结构优化型"新动能对经济发展的重要性更为凸显。现阶段，中国应重点围绕以下几个着力点激活"结构优化型"新动能：一是深化要素市场化改革，优化要素配置结构，更加充分地发挥劳动、资本、技术、数据等各类要素的组合潜能；加快探索构建与新质生产力相匹配的新型生产关系，创新企业组织形态，提高全要素生产率。二是加快推进城乡融合，促进城乡一体化发展，畅通人口、技术、产业资本、建设用地指标等城乡要素循环，促进城乡资源优化配置。三是促进区域协调发展，引导人口和产业在区域间更趋合理地聚集和分布；以城市群和都市圈为发展高地，充分发挥各类地区的比较优势，增强跨区域产业协调能力，促进形成优势互补、高质高效的全国统一大市场。四是促进农业、制造业和服务业融合发展，持续完善生产性服务业配套体系，强化科技创新和创新成果应用，扎实推动农业农村现代化，提升制造业优势。五是加快建立市场化、法治化的绿色低碳转型长效机制，加强碳交易制度和绿色技术创新"双轮驱动"，以数智化赋能传统领域绿色低碳转型。

(四) 挖掘"对外开放型"新动能

"对外开放型"新动能是指在推进高水平对外开放、改进国际经贸合作方式、更好地利用国内国际两个市场和两种资源的过程中释放的新动能。当前，中国应重点从以下四个方面挖掘"对外开放型"新动能：一是扩大服务业开放，充分释放服务业扩大开放综合试点城市改革活力，通过吸引高质量外资带动国内科学研究和技术、现代商务、软件和信息技术、医疗、休闲旅游等领域服务业发展水平提升，大力推动中国跨境电子商务、新闻传媒、文化艺术、旅游餐饮等服务业企业走向国际市场，激活服务业开放发展动能。二是推进制度型开放，主动对接国际通行规则，争取在新规则制定中拥有较大的话语权，通过优化营商环境对接国际规则，以制度型开放引导市场预期，为外资企业"走进来"和国内企业"走出去"创造开放、畅通、稳定的制度环境，降低跨境交易成本，释放制度红利。三是深化国际产能合作，加强资源能源供应链、技术与人才、品牌与营销体系的全球布局，统筹考虑国际产业链供应链全局和变局，顺势而为，增强国际化运营能力，更深度地融入全球产业分工体系，在全球价值链中谋求更有利的位置。四是高质量共建"一带一路"，稳妥推进"一带一路"沿线双边/多边合作，促进政策沟通、设施联通、贸易畅通、资金融通、民心相通，做大中国经济朋友圈，推动构建人类命运共同体，对冲美欧逆全球化的影响，为世界经济稳定贡献中国智慧和中国力量。

第一章

总体研判与国际经验借鉴

当前，外部环境的复杂变化和中国自身发展阶段的调整，都增强了中国培育壮大新动能的紧迫性。从外部环境来看，人类社会进入新的科技创新和产业创新历史活跃期。在能源利用方式和信息传递方式"两大科技革命"的带动下，新一轮产业革命正在如火如荼地展开，大国科技产业竞争异常激烈。国际政治方面，中美大国关系发生根本变化，俄乌冲突和巴以冲突深刻改变了二战和冷战之后形成的国际平衡秩序，地缘政治风险事件频发，世界再度进入"大争之世"，国际经贸领域意识形态的天平由效率一端向安全一端倾斜，全球化阻力持续加大，国际产业链供应链走向板块化、阵营化。

从中国自身发展阶段来看，按照世界银行的界定标准，中国正处于由"中高收入国家"逐步向"高收入国家"（不等同于发达国家）爬坡过坎的关键阶段，经济发展面临的国际环境极为复杂，前有美国等发达国家的遏制围堵，后有印度、越南、墨西哥等后发国家的竞争追赶。中国经济已由高速增长阶段转向高质量发展阶段，要素积累速度减慢，对创新驱动发展提出了迫切要求；

房地产和铁路、公路、机场建设等传统增长动能趋弱，亟须新动能接续补位；城乡区域发展不平衡矛盾突出；以出口贸易为主的国际经贸合作方式遭遇阻力，需要通过推进新一轮高水平对外开放实现破局。在此背景下，中国必须加快培育壮大发展新动能，促进经济结构转型升级。本章首先分析外部环境和中国自身发展阶段的变化特征，提出中国培育壮大发展新动能的总体思路；紧接着，选取美国、德国、日本、韩国四个代表性国家，研究其在相应历史发展阶段培育壮大发展新动能的主要做法，总结经验，吸取教训。

一　外部环境和中国自身发展阶段变化增强了培育壮大发展新动能的紧迫性

（一）外部环境变化

从一国经济发展水平所处的国际位势来看，按照世界银行的界定标准，当前中国正处于由"中高收入国家"逐步向"高收入国家"（不等同于发达国家）爬坡过坎的关键阶段。这一发展阶段的国际环境具有较强的特殊性，呈现出"前有围堵，后有追兵"的状态。每年，世界银行采用人均国民总收入（GNI）指标对各个国家或地区的发展水平进行划分。根据2023年公布的划分标准，人均GNI高于13845美元的为"高收入国家"，介于4466美元到13845美元之间的为"中高收入国家"，介于1136美元到4465美元之间的为"中低收入国家"，低于1135美元的为"低收入国家"。按照这一标准，2023年，中国的人均GNI水平已经大幅超越了"中高收入国家"的下限门槛,并比较接近"高收入国家"的下限门槛。

一方面,与印度、越南、印度尼西亚、菲律宾等后发国家相比,中国在人均GNI上已经与其拉开较大差距。然而,当经济发展水平和人民生活水平明显超过这些后发国家的同时,中国的社会平均工资水平也大幅高于这些国家。这意味着,与印度、越南等劳动力成本更低的后发国家相比,中国在改革开放之后较长一段时期依赖低劳动力成本优势发展出口贸易的国际环境已经大为改变,亟须推动产业向中高端转型升级。事实上,这些国家近年来出口、吸引外商直接投资等指标表现强劲,整体经济呈现较快增长势头。尽管它们的经济体量和人均水平与中国相比仍难以同日而语,但在服装鞋帽、电子产品制造等中低端制造品出口等方面已经体现出一定优势,呈现向上势头,正在通过出口替代、产业转移等渠道给中国相关产业带来蚕食效应。

另一方面,中国的人均GNI仍大幅低于美国、德国、日本、韩国等发达国家。2022年,美国的人均GNI为76770美元,德国为54030美元,日本为42550美元,韩国为36190美元,[①] 中国大致仅相当于美国的六分之一,德国的四分之一,日本和韩国的三分之一(见表1-1)。与这些发达国家相比,中国人民的人均生活水平仍有较大差距,需要继续通过产业结构转型升级和经济发展水平提高来促进人民生活水平的提升。然而,当人均GNI达到

---

① 各国人均GNI为根据世界银行Atlas方法计算得出的数值;数据来源为世界银行WDI数据库。

12000 美元之后,中国产业结构与美欧日韩等发达国家之间的互补性降低,竞争性上升,发达国家则倾向于通过设置各式各样的贸易壁垒、投资壁垒、技术转移壁垒,试图遏制中国高端产业的发展,因而使得中国经济发展水平继续提升的过程变得更为困难。

表 1-1　　　　代表性国家人均 GNI 水平(2022 年)

国　家	人均 GNI/美元	国　家	人均 GNI/美元
美国	76770	中国	12850
新加坡	67200	俄罗斯	12750
德国	54030	墨西哥	10820
加拿大	53310	巴西	8140
英国	49240	南非	6780
法国	45290	印度尼西亚	4580
日本	42550	越南	4010
意大利	38200	菲律宾	3950
韩国	36190	印度	2390

注:各国人均 GNI 为根据世界银行 Atlas 方法计算得出的数值;数据来源为世界银行 WDI 数据库。

从科技产业环境来看,当前人类社会进入了新的科技创新和产业创新历史活跃期。不论人工智能、量子计算、新材料、新能源等通用基础领域,还是新能源汽车、无人机、航空航天、储能、数字经济等专业应用领域,新理论、新技术、新产品、新工艺不断涌现。尤其是能源和信息两大方面,正在发生具有产业革命潜质的技术变革：一方面，光伏发电、风力发电等清洁能源的逐步普及和电池技术的快速更新迭代，驱动能源利用方式发生根本性变革；另一方面，移动互联网、物联网、人工智能、量子计算等技术的高速发展，驱动信息传递效率更进一步提升。在能源和信息"两大科技革命"的带动作用下，人类社会有望迎来新一轮产业革命。科技创新和产业创新进入活跃期对于中国而言，既是机遇，也是挑战。机遇在于，科技产业创新是产生新质生产力的源泉，是孕育新经济增长点、提升全要素生产率的根本力量，而中国作为一个超大规模经济体，有条件通过发挥要素基础、产业体系、市场需求等优势，从科技产业创新中抢占先机，分享红利。挑战在于，中国在基础科学和高精尖技术等领域仍然存在明显短板甚至"卡脖子"环节，支持科技创新的体制机制仍然不够灵活、高效，科技—产业—金融循环存在堵点。此外，科技进步和产业变革还带来了诸如数据跨境流动协调、人工智能治理等众多新挑战。

从国际政治和国际关系环境来看，世界再度进入"大争之世"。中东、东欧、北非、朝鲜半岛等国际关系脆弱地带的地缘政治风险事件频发。特别是俄乌冲突和巴以冲突持续，影响范围不再局限于地区层面，而是对俄欧、俄美、欧美等大国关系，以及美国和以色列、美国和阿拉伯国家之间的关系产生了广泛而深远的影响。随着中国经济体量的快速增长，中美大国关系发生根本性变化，美国持续通过加征关税、禁止高技术产品出口、限制原产地、联合盟友推行近岸贸易和友岸贸易等手段遏制中国发展。受这些因素的影响，国际经贸合作领域意识形态的天平由效率一端向安全一端倾斜，全球化阻力持续加大，产业链供应链走向板块化、阵营化。20世纪80年代到2008年国际金融危机之前，世界经济总体上呈现高增长、高贸易、低波动、通胀缓和、利率下行的特征，被称为"大缓和"时代。然而，2008年国际金融危机之后，尤其是2016年英国公投"脱欧"和美国大选特朗普获胜之后，世界经济的"大缓和"时代终结，取而代之的是低增长、低贸易、高波动、高债务等特征。新冠疫情暴发之后，高通胀和高利率又进一步加剧了世界经济的脆弱性。

（二）中国自身经济发展阶段变化

中国经济已由高速增长阶段转向高质量发展阶段。发展阶段变化导致经济运行面临新的机遇与挑战，也增强了培育壮大新动能的紧迫性。

其一，要素积累速度减慢，对创新驱动发展提出了迫切要求。理论上，经济增长可以归结为两类因素的拉动作用：一类因素是土地、劳动、资本等生产要素的数量积累，另一类因素是技术进步和要素配置结构导致的全要素生产率提升。当前，中国生产要素的数量积累速度已明显减慢。劳动要素方面，劳动年龄人口数量（按照15—64岁口径）在2013年达到101041万人的顶峰之后开始逐渐减少，2023年已降至96228万人，大约平均每年减少481万劳动年龄人口。① 资本要素方面，全社会固定资产投资完成额名义同比增速在2014年之前一度位于两位数以上，此后持续放

---

① 数据来源：Wind数据库。

缓，近年来降至5%以下。① 民间投资增速的下滑幅度更大。土地要素方面，新增建设用地指标约束收紧，一些城市在实施了多年的大开发、大建设之后开始面临无地可用的局面。随着要素数量积累对经济增长贡献的减弱，中国经济需要及时转向创新驱动型增长。一方面，加大科技研发投入，提高技术创新对经济增长的拉动作用；另一方面，推动体制机制改革，更高效地组合配置各类生产要素，实现有限要素资源的最大化产出。

其二，房地产和铁路、公路、机场建设等传统增长动能趋弱，亟须新动能接续补位。房地产行业体量大，上下游产业链条长，相关企业和居民范围广，在国民经济循环中具有特殊重要性。20世纪90年代实施"房改"之后，中国房地产行业开始高速发展，一度成为对经济增长拉动贡献最大的行业。2021年，房地产市场发展达到顶峰，当年全国商品房销售额高达18.19万亿元，房地产开发投资完成额为14.76万亿元。从2022年开始，房地产市场进入深度调整期，商品房销售额、销售价格、开发投资等指标出现大幅负增长。全国商品房销售额由2021年的18.19万亿元下降至12.97万亿元，2023年进一步下降至11.66万亿元；房地产开发投资完成额亦由14.76万亿元下降至11.09万亿元。② 铁路、公路、机场、电网等传统基础设施建设投资的增速，相比此前高速增长阶段也呈现放缓态势，基础设施建设投资完成额增速出现台阶式下降。应当说，随着城镇化进程的深入，房地产和铁路、公

---

① 数据来源：Wind 数据库。
② 数据来源：Wind 数据库。

路、机场等基础设施建设投资增速放缓具有一定的合理性和必然性，但客观上，这些经济活动收缩对当前国民经济运行造成了不小的负向缺口，亟须通过培育壮大发展新动能来接续补位。

其三，在总量发展增速放缓的同时，结构性发展机遇的重要性凸显。在城乡结构方面，中国城乡二元结构的特征总体上依然突出，在推动新型城镇化、促进城乡融合发展方面，仍然有大量的工作需要做，这些工作也能够释放出巨大的结构性发展空间。中国常住人口城镇化率在2023年达到66.2%，[①] 表面上看城镇化进程已经接近中后期，继续提升的空间不大了，但实际上并非如此。例如，中国的户籍人口城镇化率到2021年仅为46.7%，超过一半人口在户籍意义上、养老医疗保障意义上、社会关系和社会心态上仍然未实现城镇化。再如，中国在劳动力市场、政府基本公共服务供给、社会保障、建设用地管理等方面依然呈现城乡二元分割的格局，远未实现城乡一体化发展。在区域结构方面，东中西部差距仍然凸显的同时，南北差距也呈明显扩大态势，区域间发展不平衡成为制约中国经济社会发展的重要结构性矛盾。2010年至2020年，一方面，部分省份人口数量大幅增长，如广东省增加了2169万人，浙江省增加了1014万人；另一方面，也有不少省份人口数量大幅下降，如黑龙江、吉林、辽宁（东北三省）合计减少了1100万人。[②] 究其原因，除了省份间生育率存在差异之外，人口在地区之间的流入流出也发挥了重要作用。人口

---

① 数据来源：Wind数据库。下同。
② 数据来源：第六次全国人口普查和第七次全国人口普查数据。

分布在地区之间的重塑，给人口流入地和人口流出地的经济社会发展都带来了深刻的结构性影响。总之，城乡结构和区域结构的背后，蕴藏着巨大的结构性发展空间，推动城乡区域协调发展的过程本身也就是从这些结构性空间中探寻和释放新动能的过程。

其四，出口为主的国际经贸合作方式遭遇阻力，需要通过推进新一轮高水平对外开放来实现破局。根据主要代表性国家的历史经验，一个国家参与国际经济合作的历程通常呈现先贸易、后投资的阶段性特征。改革开放以来，中国大体上遵循类似的历程，即中国企业首先以进出口贸易的形式参与国际产业链分工，当经济发展到一定阶段之后逐步以绿地投资、兼并收购等形式进入海外市场。经过多年的发展，目前中国已经成为世界上货物出口第一大国，是很多国家最大的进口来源国，未来想要进一步提升货物出口市场份额面临较大困难。事实上，当货物出口市场份额达到一定阈值之后，继续提高市场渗透率就容易引发出口对象国的排斥情绪，导致国际贸易争端增多。在货物出口贸易增长面临阻力和瓶颈的情况下，下一阶段中国应大力发展对外直接投资，借鉴美国、日本、德国等的经验，加强国际布局，在海外设立分支机构，实现人才、技术、供应链、品牌的全球化运营，更深层次地融入国际市场，嵌入全球产业链供应链体系。此外，中国还需要提高服务业对外开放力度，加快推进制度型开放，促进构建以国内经济大循环为主体、国内国际双循环相互促进的新发展格局。

二 培育壮大发展新动能的美国经验与借鉴

(一) 背景

在各国经验比较中,美国是颇具启示性的。从第一次工业革命的跟随者,到成为第二次、第三次工业革命的引领者,美国的经济增长动能不断调适和发展。如表 1-2 所示,1820 年,美国的 GDP 和人均 GDP 分别为 125.48 亿美元和 1257 美元(1990 年美元价格计价),约相当于同期英国 GDP 和人均 GDP 的 34.63%和 73.64%。到 1870 年,美国的 GDP 总量就基本与英国持平。到第一次世界大战前,无论是 GDP 总量,还是人均 GDP 水平,美国均显著高于英国,其工业产出几乎相当于欧洲所有国家的总和。在此之后,经历了两次世界大战,美国仍然保持长期增长,其发展过程和相应政策实践值得借鉴。

表 1-2　1820—1998 年美国和英国 GDP 情况(以 1990 年美元价格计价)

国　别	1820	1870	1913	1950	1973	1990	1998
GDP 总量(单位:百万美元)							
美国	12548	98374	517383	1455916	3536622	5803200	7394598
英国	36232	100179	224618	347850	675941	944610	1108568
人均 GDP(单位:美元)							
美国	1257	2445	5301	9561	16689	23214	27331
英国	1707	3191	4921	6907	12022	16411	18714

数据来源:Maddison(2006)。

在此基础上,我们重点关注美国经济发展的两个时期:一是1860—1910年,二是1950—2000年。在第一个时期,美国引领第二次工业革命,成功实现了对英国经济的赶超,成为世界经济第一大国。在第二个时期,美国又再次引领第三次工业革命,维持了它在20世纪中叶以来的经济霸权。值得指出的是,当前中国人均GDP水平正好与第二个时期的美国水平接近。[①] 因此,回顾这两个时间段美国的发展过程和政策实践,无论是对我们借鉴大国崛起经验,还是分析同等发展水平下的大国竞争环境和发展战略,都具有重大意义。

(二) 美国新动能的主要来源和做法

1. 第二次工业革命时期

直到1850年,绝大多数的美国一般制造业仍然是在工场和家庭里,通过家庭劳动或是雇用学徒的私营店主进行的。[②] 然而,到第一次世界大战前,美国即已成为世界经济第一大国。为何在短短数十年内,美国就取得如此成就?这与其积极培育发展壮大新动能密不可分。

从要素贡献的视角上看,南北战争后,资本的巨大积累是美国经济发展新动能的主要源泉,劳动力投入的增长也发挥了重要作用。技术进步的作用虽然关键,但并不是主要的。如表1-3所

[①] 根据世界银行数据,2022年中国的人均GDP达到11560美元,人均国民总收入(GNI)达到12850美元。从实际值而言,相当于美国二战结束后的水平;从名义值而言,相当于美国1980年左右的水平。两者都正好对应在第二个时期。

[②] [美]福克纳:《美国经济史》(下卷),王锟译,商务印书馆1964年版。

示，1871—1891 年，美国资本和劳动力投入年均增长率分别为 4.49% 和 4.06%，同期，全要素生产率的增长率为 0.56%。资料显示，1860 年，英国和美国生产部门资本劳动比的比值为 1.25∶1，而到了 1880 年，两国已基本接近，比值达到 1.06∶1。而到了 1913 年，该比值为 0.59∶1，同期，欧洲国家的平均资本劳动比与美国的比值为 0.48∶1。① 美国的资本深化程度可见一斑。劳动力方面，受高出生率和大规模移民的刺激，1860—1890 年，美国人口几乎翻了一番，从 3180 万升至 6330 万，英国人口

表 1-3　1871—1996 年美国年均全要素生产率和要素投入变化情况

（单位：%）

时　期	经济增长率	全要素生产率的增长率	资本投入的增长率	劳动力投入的增长率
1871—1891 年	4.41	0.56	4.49	4.06
1891—1913 年	4.43	1.20	3.87	3.42
1913—1928 年	3.11	1.43	2.24	2.03
1928—1950 年	2.75	1.90	1.19	1.41
1950—1964 年	3.68	2.35	3.30	1.45
1964—1972 年	4.23	2.07	5.11	1.61
1972—1979 年	3.60	1.12	4.46	2.18
1979—1988 年	3.14	0.90	4.76	2.39
1988—1996 年	1.98	0.67	2.33	2.39

资料来源：Gordon（1999）。

---

① 贾根良等：《美国学派与美国 19 世纪内需主导型工业化道路研究》，中国人民大学出版社 2017 年版。

则仅增长30%。① 此外，在这一阶段，美国虽然不是一些重大技术创新的原创地，但能够根据自身禀赋条件，有效适应并加以改进。② 伴随企业的生产和组织技术迅猛发展，在一些资本密集度高的行业，巨型企业开始涌现。

从产业部门的视角上看，美国工业部门的发展成为美国经济增长的主要动能。美国经济学家罗斯托认为，经济增长往往是由一些主导产业部门所驱动的。这一阶段，美国的核心竞争力主要来自工业部门，如表1-4所示。在1860年，美国制造业的前五大部门分别是棉花制品、木材、鞋靴、面粉和膳食，以及服装业，这些部门几乎都与第一产业有着广泛联系。到1910年，美国制造业的前五大部门为机械、木材、印刷品、钢铁和啤酒。机械行业作为主导产业，其上游的钢铁行业也进入前五大行业，两者之和占制造业产值比重达到12%。资料显示，1870年美国的钢材产量还不足7万吨，但到1890年就达到了427.7万吨，占世界总产量的34.4%，1918年还一度达到世界总产量的60%。③ 美国借助钢铁工业的优势，迅速实现了工业化和铁路网络的搭建。到1913年，全世界有近100万公里的铁路在运行，其中近

---

① Kuznets S., "Two Centuries of Economic Growth: Reflections on USexperience", *The American Economic Review*, Vol. 67, No. 1, 1977; Hannah L., "The American Miracle, 1875 – 1950, and After: A View in the European Mirror", *Business and Economic History*, No. 1, 1995.

② Kuznets S., "Two Centuries of Economic Growth: Reflections on USexperience", *The American Economic Review*, Vol. 67, No. 1, 1977.

③ 贾根良等：《美国学派与美国19世纪内需主导型工业化道路研究》，中国人民大学出版社2017年版。

一半存在于美国和其他西部分支。①

表1-4　1860—1995年按附加值计算的美国前十大制造业细分行业

(单位：%)

1860年		1910年		1950年		1995年	
产业	占比	产业	占比	产业	占比	产业	占比
棉花制品	6.7	机械	8.1	食品、饮料和烟草	15.7	计算机、通信设备	12.7
木材	6.6	木材	7.6	汽车	10.1	化学制品	12.7
鞋靴	6.0	印刷品	6.3	金属冶炼	9.0	食品、饮料和烟草	10.9
面粉和膳食	4.9	钢铁	3.9	金属制品	7.5	汽车	8.5
服装	4.5	啤酒	3.3	机械	7.5	金属制品	7.9
铁	4.4	服装	3.2	化学制品	6.7	机械	7.3
机械	4.0	棉花制品	3.0	纺织	5.6	造纸和纸制品	4.8
羊毛制品	3.1	烟草制品	2.8	皮革制品	5.6	其他运输设备	4.2
客货车	2.9	有轨电车	2.5	计算机、通信设备	4.5	橡胶和塑料制品	4.2
皮革制品	2.8	鞋靴	2.1	非金属矿物制品	3.7	金属冶炼	3.6

资料来源：美国经济史和美国商务部经济分析局（BEA）。

从政策实践上看，美国的崛起很大程度上是通过典型的内向型经济实现的。这要得益于美国利用政府干预手段建立了世界上最具保护主义色彩的关税制度，这些高额的关税是为保护美国北部各州的工业发展而刻意设计的。这一时期的美国，拥有典型的高关税，外贸依存度低，很少参与国际贸易。即使在1913年，美国的GDP

---

① Maddison A., *The Worldeconomy*, OECD Publishing, 2006.

和人均GDP已经超过英国的情况下，其商品出口额仅约占英国的48.79%，如表1-5所示。与高关税相对照的，是美国放任自由的内政政策。美国宪法禁止收取洲际关税，政府也不对商业活动施加更多干涉，各州商业的自由往来推动了制造业的发展。自由贸易和保护关税促成了美国19世纪的发展与繁荣。① 此外，美国的专利制度也有力促进了知识、技能和工商业发展。相较于英国，美国的专利费很低，且1836年的专利法案引入了沿用至今的审查制度。

表1-5　　　　1820—1998年美国、英国和德国的商品出口额

（以1990年美元价格计价）　　　　　（百万美元）

国别	1820	1870	1913	1950	1973	1990	1998
美国	251	2495	19196	30368	43114	174548	745330
英国	1125	12237	39348	31990	39348	94670	277243
德国		6761	38200	35068	13179	194171	567372

数据来源：Maddison A., *The Worldeconomy*, OECD publishing, 2006。

2. 第三次工业革命时期

第二次世界大战后，美国牢固确立了世界霸主的地位，其经济发展也发生了一些根本性变化。特别是二战后，欧洲各国经济生产活动的恢复，对美国的出口和制造业发展形成了挑战。此时，美国幸运地开启了新一轮的工业革命，点燃了新动能的增长引擎，

---

① ［美］福克纳：《美国经济史》（下卷），王锟译，商务印书馆1964年版；Davis L., North D., "Institutional Change and American Economic Growth: A First Step Towards a Theory of Institutionalinnovation", *The Journal of Economic History*, Vol. 30, No. 1, 1970.

其增长的方式和结构也随之产生重大变化。

一是要素贡献上，知识和技术进步逐步成为美国经济发展的新动能。1950—1972 年，美国全要素生产率的年均增长率都在 2% 以上，几乎是 1871—1891 年全要素生产率增长率的 4 倍。从 20 世纪 50 年代起，美国的专利申请量也持续增加，从 1953 年的 72284 项增长到 412861 项（见图 1-1）。不过，1980 年以后，似乎出现了全要素生产率增长的停滞，甚至还由此引出了著名的"索洛悖论"。实际上，1980 年代正是信息技术革命开始蓬勃发展的时候，但由于统计等因素，信息革命带来的技术进步并没有完全反映在全要素生产率数据上。不过，也有学者认为，信息技术带来的改变比较有限，仅促进了 1994—2004 年的全要素生产率增长，其影响要远逊于电力和内燃机第二次工业革命。①

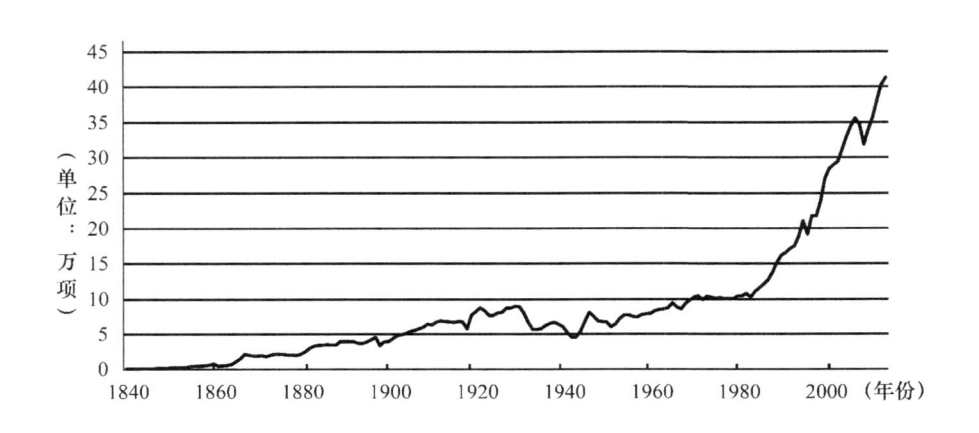

图 1-1　1840—2014 年美国专利申请数量

数据来源：美国专利和商标局（USPTO）。

---

① ［美］罗伯特·戈登：《美国增长的起落》，张林山等译，中信出版社 2018 年版。

二是产业结构上,金融业和信息产业成为美国经济增长的新动能。如表1-6所示,从行业大类来看,农林牧渔业占GDP比重从1950年的6.6%下降到1995年的1.2%。作为立国之本的制造业,其占GDP比重也从1950年的26.8%下降至1995年的16.5%,成为占比降幅最大的行业。服务业占比则从1950年的46.4%增长到1995年的61%。[①] 其中,金融和保险业的占比从11.3%增长到1995年的18.4%,增加7.1个百分点,是扩张最大的部门,其次是科技和商业服务业,以及教育、医疗和社会援助业。从制造业门类来看,1950年制造业的前五大部门是食品、汽车、金属冶炼、金属制品和机械,基本上是重工业部门。而到了1995年,美国制造业的前五大部门是计算机、化学制品、食品、汽车和金属制品,计算机和化学制品替代了金属冶炼和汽车进入制造业的前五大部门,这对应了信息技术革命和生物医药行业的发展,同时,也意味着"锈带"的出现。

表1-6　　1950—1995年美国各行业增加值占GDP比重变化情况

(单位:%)

行　业	1950	1965	1980	1995	Δ(1995—1950)
农林牧渔业	6.6	3	2.2	1.2	-5.4
采矿业	2.5	1.5	3.2	1	-1.5
电力和热力生产供应业	1.6	2.1	2.1	2.3	0.7

---

① 根据美国经济分析局的划分,服务业包括:批发业、零售业、运输和仓储业、信息服务业、金融和保险业、科技和商业服务业、教育、医疗和社会援助业、住宿和餐饮业、其他服务业。

续表

行　业	1950	1965	1980	1995	Δ（1995—1950）
建筑业	4.3	4.5	4.6	3.8	-0.5
制造业	26.8	25.8	20.5	16.5	-10.3
批发业	6.2	6.3	6.5	6	-0.2
零售业	8.7	7.6	7	6.8	-1.9
运输和仓储业	5.6	4	3.6	3	-2.6
信息服务业	3.2	3.7	4.2	4.7	1.5
金融和保险业	11.3	13.9	15.7	18.4	7.1
科技和商业服务业	3.5	4.5	6.1	9	5.5
教育、医疗和社会援助业	2	2.9	4.7	7	5
住宿和餐饮业	3	2.7	2.9	3.4	0.4
其他服务业	2.9	2.7	2.4	2.7	-0.2
中央政府	7.2	8.1	6.3	5	-2.2
联邦政府	4.7	6.8	8	9.1	4.4
合计	100	100	100	100	0

资料来源：美国商务部经济分析局（BEA）。

三是政策实践上，政府角色发生转变，小政府变为大政府。经济大萧条后，美国政府的支出迅速增长，在二战达到峰值，战后依然保持在较高的水平。1950年，中央政府和联邦政府支出占GDP的比重为11.9%，即便实施了里根新政，1995年的比重仍然达到14.1%，而在大萧条前，该比值在5%以下。这些增加的政府开支被用到了农业补贴、环境保护和住房保障等方面，表明政府职能的积极扩张。

(三) 美国培育壮大新动能的认识和效果评述

每次工业革命都意味着一次全新的经济动能转变，会释放出巨大增长动力。新动能意味着新的要素（配置）、新的产业（结构），以及新的政策实践。其中，生产要素是燃料，主导产业是动力，政策是保障机制。然而，工业革命并非一蹴而就，一次工业革命周期往往长达数十年，要素、产业、产品结构会发生持续变化，增长动能也面临持续的调整和切换。因此，在一次工业革命周期中，我们要不断培育壮大经济增长动能，特别是不断发掘新动能，以抵消因旧动能动力衰竭带来的负面影响。如果中途掉队，新旧动能转换不畅，很容易出现经济停滞增长，甚至陷入中等收入陷阱之中。事实上，要在较长的工业革命周期内持续保持增长动力，需要政府根据自身发展阶段，因地制宜、因地施策，适应性地发掘、培育、调整增长动能，这样才能保持持续的增长动力。

从美国的经济发展历程中可以得知，从最开始的农业国，到工业强国，再到超级大国，美国把握了两次工业革命的历史机遇，在新旧动能转换、培育壮大新动能上取得了积极成效。为何美国能够成功？大致有以下几点原因。

第一，资源环境优越，注重要素积累。一是美国国土辽阔，资源丰富，又地处北美大陆，周边安全环境比较稳定。从南北战争到珍珠港事件前，没有在本土发生过大规模战事，这些条件为经济发展提供了保障。二是在第一次和第二次工业革命时期，美国积累了大量的资本，人口数量和质量水平持续显著提升，这些生产要素积累为经济发展提供了强大动力。

第二,形成以需求牵引、以创新驱动的动能调整模式。动能调整意味着主导产业部门的调整,美国是如何实现的呢?一是以需求为牵引,从机器到汽车、空调,再到计算机,有什么需求,就生产什么。二是以创新为驱动,通过不断研发生产新产品,满足社会大众的需求。

第三,政府有为但有限,主要依靠市场。美国经济发展过程中,虽然政府的职能范围不断扩大,但它依然是一个有限政府。特别是在大萧条之前,不对市场活动做更多干预。在大萧条后,政府加强了宏观经济管理的职能。不过,市场在经济发展中仍然扮演决定性作用。这体现在政府并不挑选主导行业,而是为各行业的发展提供支撑环境。

第四,抢抓时代机遇,实现战略性转变。尽管两次世界大战不在讨论范围内,但美国崛起,特别是20世纪中叶以后确立超级大国地位,无疑是两次世界大战的结果。欧洲的战局动荡,为美国带来了资本、人才、技术。如果说在第一次世界大战以前美国已超过英国成为世界经济强国,那么在两次世界大战后,美国就拥有了政治、经济、军事上的压倒性优势。

(四) 对中国的借鉴启示:经验与教训

当前,发达国家门槛为人均 GNI 达到 13845 美元。[①] 按照该

[①] World Bank Country and Lending Groups, https://datahelpdesk.worldbank.org/knowledgebase/articles/906519.

标准，中国人均 GNI 再增长 7.7% 即能够迈入发达国家行列。从目前增长态势上看，实现这一目标并不困难。不过，我们更为关心的是，如何能够在新的发展阶段保持良好持续增长态势，美国提供了一些经验和教训。

1. 重视企业家精神和科学家精神，鼓励创新创业创造

新动能会不会出现？取决于有没有新产业、新产品，以及这些产业和产品是否拥有广阔的市场前景。一方面，这需要企业家开发产品和市场；另一方面，还需要科学家、发明家提供技术支撑。这一点上，美国的经验值得借鉴。美国引领了两次工业革命，美国企业家和科学家做出了巨大贡献。从 19 世纪末 20 世纪初的钢铁巨头卡内基、石油大亨洛克菲勒、汽车巨头福特等，到当前苹果公司的创始人乔布斯、Space X 的创始人马斯克等，这些企业家有力推动了美国的经济发展，整个社会呈现出积极的企业家文化氛围。美国还十分重视发明创造和创新，具有比较完善的教育科研、产权保护和成果转化体系，为发明家和创新提供沃土。这对中国的启示是：一是要鼓励民营经济有序发展，积极培育引导社会形成积极的企业家文化氛围。改革开放取得巨大成绩离不开企业家的努力和贡献。当前，民间投资信心不足，预期较弱，应当继续释放更加积极、稳定的政策信号，着力优化营商环境，保障合法产权，带动民间投资，激发全社会的创新创业热情。二是要继续坚持创新驱动，提升中国的科技创新水平。特别是要大力培养、引进优秀人才，不断完善创新投资的市场机制。

2. 更好发挥政府作用，促进主导产业健康发展

美国每个发展阶段都离不开主导产业的带动。在第二次工业

革命时期，美国的钢铁冶炼、重型机械制造、铁路、电气化工业蓬勃发展，冶炼的钢铁用于制造机器和铁轨，机器生产装备和产品，铁轨和机车负责运输，经济发展的动脉就贯通了。这些主导产业对推动经济发展有着巨大贡献。它们的共同特点是：内外部需求大，纵向联系紧密，集合许多新技术和新产品。类似的还有20世纪美国的汽车产业、电子信息产品制造业等。不过，长期以来，美国政府并没有一个清晰的产业战略，更不负责从众多行业中挑选出主导产业，而是更多地把产业发展的机会交给市场，在市场需要政府做什么的时候，政府再予以支持。这对中国的启示是：主导产业对国民经济增长具有重要影响，"牵一发而动全身"。但主导产业不是"挑"出来的，而是在某种环境下由市场培育成长起来的。

3. 促进国内经济循环，提升消费对经济增长的贡献

在19世纪，美国以高关税著称。高关税保障了美国的财政收入来源，也保护了美国的幼稚产业，给美国制造业发展带来积极的作用。与此同时，美国政府致力于畅通国内贸易网络，构建统一市场，完善交通基础设施并修建大量铁路。这些工作都有力促进了美国的国内经济循环，居民的收入和消费也不断提升。因此，在没有深度参与国际贸易的情况下，美国依然实现了国力的显著增长，成为制造业第一大国，这与中国的发展经验十分不同。因此，对于中国的启示是：第一，国际贸易固然重要，但不是大国崛起的必由之路。美国在特定时期的经验提供了依靠内需和内循环发展的案例。作为借鉴，中国须更加重视国内需求对经济发展的牵引作用，着力发挥好超大规模市场优势。第二，将内需作为

新的增长引擎，要从循环入手。以居民需求为牵引，做好生产、流通、分配、消费四个环节的工作，缺一不可。特别要注重改善目前部分地区、部分部门、部分环节还存在的消费占比过低、分配不均、流通不畅等问题。第三，要继续扩大中等收入群体，加强社会保障，提升居民消费意愿，推动实现橄榄型社会。

4. 不断优化产业结构，促进服务业高质量发展

一方面，美国能够成为制造业强国，运输、金融、信息技术等服务业功不可没。美国的内陆航运和铁路网络联通了国内大市场，金融业的发展为实体经济发展提供充足资金，信息技术则全面提升了企业的办公和通信效率。另一方面，服务业不仅为制造业服务，其本身的发展也体现了人们丰富的、不同层次的需求变化。服务业相对于制造业比重的合理提高，意味着经济发展水平和服务业竞争力的提升。这对中国的启示是：第一，建设制造业强国，需要强大的服务业，特别是生产性服务业，这样才能获取产品增加值微笑曲线上的高附加值部分。第二，服务业不能笼统地看，其涉及行业众多，在协调生产、配置资源、人力资本积累、人民生活需求等各方面发挥着重要作用。当前，制造业企业内部的生产、管理效率不断提升，但服务业的生产率还有很大的改进空间，因此，要分类研究各个服务业部门的高质量发展问题。这对于降低交易成本、提高全要素生产率具有重要作用。

5. 着力提高工资和居民收入，加快数字化智能化转型

19世纪美国的"高工资战略"虽然可能有损其制造业的优势，但美国通过机器换人的方式有效提高了生产率，从而成为制

造业强国。与此同时，许多经济学家将改革开放前30年的中国增长奇迹归结于外贸和人口红利，即通过大量廉价劳动力生产出口产品，参与国际市场竞争赚取外汇，这与美国十分不同。这对中国的启示是：第一，劳动力成本攀升未必损害制造业优势。过去人口红利建立在廉价工资的基础上，未来可以建立在高工资、高人力资本和高内需的基础上。高工资可以倒逼企业资本深化，高人力资本可以更好地服务于企业创新发展，提高生产率，而高工资还意味着高内需、高消费，从而形成国内活跃的消费需求。应当说，如果保障就业充分，这是一条长期可持续的发展道路。第二，保障就业需要政府有力地鼓励创业、提供就业机会等，并设置必要的就业蓄水池。第三，从工业革命伊始，社会上对机器的恐慌就未曾停息。然而，越是大胆拥抱机器、拥抱自动化技术的国家，往往发展得越好，生产率越高。因此，要更好地使用和发展数字化、智能化技术。

当然，美国经济发展也遭遇了多次经济金融危机的冲击，特别是1929年爆发大萧条，美国经济遭受重创。2007年，美国又爆发次贷危机，直到当前也未能完全摆脱去工业化和过度金融化的困境。这些教训值得我们深刻警醒。总而言之，没有"放之四海而皆准"的发展模式，各国的发展模式要内生于所处的政治、经济和社会环境，我们需要做的是深刻把握一般性的经济规律，正确处理政府与市场关系，因地制宜，推动新旧动能转换，从而促进经济持续高质量发展。

三 培育壮大发展新动能的德国经验与借鉴

(一) 背景

第二次世界大战后,德国在战争的废墟上,经过几十年的努力,创造出不凡的经济成就。短短几年内,德国经济实现重建。[①]战后十年,德国经济年均增长8.8%(见表1-7)。1989年,国内生产总值(GDP)达到1.4万亿美元,经济实力仅次于美国和日本,成为世界第三经济大国。德国经过短短几十年的发展,实现了由劳动密集型到资本密集型,再到技术密集型产业的转变,实现了经济增长方式由粗放型向集约型转变,成为发达的资本主义国家。对此,我们聚焦1945—1989年这段时期,讨论德国经济的发展经验。

表1-7　　　　　　　　西德战后的经济增长

时　期	增长率/%
1950—1954年	8.8
1955—1958年	7.2
1959—1963年	5.7
1964—1967年	3.6
1968—1975年	3.8
1976—1982年	2.5
1983—1993年	2.7

---

① 如未特别说明,在两德统一前,本书指的"德国"是联邦德国。

续表

时　期	增长率/%
1994—2003 年	1.6
2004—2008 年	1.7

资料来源：［德］维尔纳·阿贝尔斯豪塞：《战后德国经济史》，史世伟译，中国社会科学出版社 2018 年版。

（二）德国新动能的主要来源和做法

1. 最重要的生产要素——专业资质的熟练劳动力

长期的人力资本积累构成经济重建的强大"后备军"。1946 年，德国人口降至 6531 万，但劳动力素质基本维持在战前水平。外地移民迁入促进了西德劳动力人数的增长和素质改善。1949—1990 年，总共有 460 万外来人口来到西德，其中包括大批工程师、医生和其他高技能职业从业者，且以年轻人和中年人居多，优化了西德居民的构成结构。[①] 随着大规模的外国务工人员迁入，本土劳工也在竞争中逐渐转向高技能职位。

发达的教育和培训体制造就高素质劳动力。战后，德国基本沿用了早期基础教育、中期实用性知识传授、高级研究性人才培养的三级分类体系。20 世纪 60 年代，为适应社会对应用型人才的大量需要和对创造性人才的高质量要求，德国进行教育改革，缩短基础教育学制，并在中学时期进行分流，将学生引向不同层次的应用型领域。德国教育的发展还与职业市场紧密相连。1969 年，德国正式

---

① 王涌：《两种主张的较量与战后德国经济发展》，《外国问题研究》2011 年第 4 期；王涌：《战后德国经济与社会结构变化研究》，世界图书出版公司 2016 年版。

实施"双元制"教育体系,由企业和职业学校在职业教育目标中共同合作和担负责任,为德国培养了大批技术精湛的劳动者。

2. 产业结构

具有强大的工业体系。德国的经济复兴战略将工业扩张置于优先发展地位,并在很大程度上依赖于战争中遗留下来的潜力储备。在这个阶段,德国以满足内需为主要目标,大力发展能源工业、钢铁工业、机械工业、化学工业和建筑业。① 直至20世纪60年代,德国一半以上的国民生产总值已具备"工业化"特征。战后20年,德国在化学塑料品、化纤、矿物油加工、车辆制造、电气和电子工业等领域都处于世界领先位置(见表1-8)。1990年,德国机械产品的出口额占世界机械产品出口额的比重上升到了21%,超越了美国和日本,成为世界第一。②

表1-8 1960—2008年德国、英国、美国的产业部门结构比较

(单位:%)

年份	德 国			英 国			美 国		
	农、林、渔业占比	工业占比	服务业占比	农、林、渔业占比	工业占比	服务业占比	农、林、渔业占比	工业占比	服务业占比
1960	5.7	54.4	39.9	3.9	47.7	48.4	4.0	37.8	58.2
1970	3.7	48.1	48.7	2.7	42.6	54.6	3.4	33.9	62.2

---

① 陈明:《德国制造业与德国创新体系研究》,载裴钢、江波、辜学武等《德国创新能力的基础与源泉》(汉德对照),社会科学文献出版社2016年版。

② 杨海洋:《德国制造业优势产生并保持的原因分析》,《改革与战略》2013年第1期。

续表

年份	德国			英国			美国		
	农、林、渔业占比	工业占比	服务业占比	农、林、渔占比	工业占比	服务业占比	农、林、渔业占比	工业占比	服务业占比
1980	2.4	41.1	56.9	2.1	40.7	57.2	2.9	33.3	63.7
1990	1.5	37.3	61.2	1.8	34.1	64.1	2.1	28.0	69.9
2000	1.3	30.3	68.5	1.0	27.3	71.7	1.2	24.2	74.6
2008	0.9	29.8	69.3	0.9	23.6	75.2	1.3	21.8	76.9

资料来源：[德] 维尔纳·阿贝尔斯豪塞：《战后德国经济史》，史世伟译，中国社会科学出版社2018年版。

工业和第三产业维持合理比重。 20世纪初至60年代，德国总体上属于工业社会。不过，从60年代开始，德国工业增长出现停滞，工业品（例如，食品与奢侈品、家具、家用电器、衣帽服饰等）需求持续下降，如表1-9所示。70年代，工业领域逐渐向第三产业领域转型，社会快速转向服务业社会。不同于其他发达国家，尽管德国出现了快速第三产业化的趋势，且第三产业达到了绝对优势，但第二产业依然拥有较高的份额。

表1-9　1950—2007年私人家庭由下列支出项表示的需求结构

年份	1950	1960	1970	1980	1990	1991	2000	2007
食物及嗜好品	43	38.6	30.6	28.1	24.1	18.2	15.6	14.4
衣服、鞋	15.4	12.5	10.6	9.3	8.1	7.9	6.4	4.5
房租	7.2	7.6	12.5	16.4	21.6	20.1	24.5	33.5
电、气、热	3	3.9	3.7	6.5	5.3	4.3	3.8	
其他家庭支出	12.1	13.5	12.3	9.4	7.2	8.1	7.2	5.8

续表

年份	1950	1960	1970	1980	1990	1991	2000	2007
交通及通信	5.7	7.8	13.6	14	15.9	17.3	16.9	17.4
健康与美容	3.2	3.6	4.6	3	3.7	3.2	4	4
教育、娱乐	6.6	7.6	7.3	8.6	10.6	10.5	10.4	9.8

资料来源：[德] 维尔纳·阿贝尔斯豪塞：《战后德国经济史》，史世伟译，中国社会科学出版社 2018 年版。

就业结构和社会阶层发生变化。自 20 世纪 60 年代起，德国工业部门从业人数逐渐下降，而从事服务业劳动的公务员和职员数量急剧上升。1950—2005 年，工人就业占比从 51.0% 下降到 29.5%，而公务员及职员却从 20.6% 上升到 58.2%（见表 1-10）。工人群体内部也分化出了工人精英、专业工人和一般工人。不过，这些差别更多的是体现其所从事的工作差别，而不是社会地位的差别。就业结构的变化使得 60 年代的德国社会呈现"两头小、中间大"的新社会结构。阶层间差异逐渐减小，社会中层人数不断扩大并成为经济发展的中坚力量。一方面，这与联邦德国的产业发展和社会的开放度密不可分；另一方面，又得益于政府奉行的扶持中产阶层政策。

表 1-10　1950—2008 年德国各经济部门及社会阶层就业人数占比

年份	总就业人口/千人	各部门就业人口占比/%							
		农、林	工业	贸易、交通	服务业	独立职业者	帮忙的家庭成员	公务员及职员	工人
1950	23.5	22.1	44.7	15.9	17.2	14.5	13.8	20.6	51.0

续表

年份	总就业人口/千人	各部门就业人口占比/%							
		农、林	工业	贸易、交通	服务业	独立职业者	帮忙的家庭成员	公务员及职员	工人
1957	26.1	15.8	47.6	19.6	17.0	12.7	10.8	25.1	51.4
1960	26.7	13.3	48.4	19.9	18.4	12.4	9.8	28.1	49.7
1965	27.2	10.9	48.1	17.5	23.5	11.4	8.2	32.5	47.8
1970	26.6	8.9	48.0	17.2	25.3	10.4	6.7	36.2	46.6
1975	26.0	6.7	44.7	18.7	29.9	9.2	5.0	42.9	42.9
1980	26.9	5.3	45.3	17.6	31.8	8.6	3.4	45.6	42.3
1985	26.5	4.5	40.8	18.6	36.1	9.1	3.4	49.3	38.2
1990	28.5	3.5	39.7	18.6	38.1	8.8	2.0	51.8	37.4
1995	37.4	3.0	32.7	24.9	39.4	9.1	1.4	53.5	36.0
2000	38.7	2.5	29.2	25.4	42.9	10.0	0.9	54.5	34.6
2005	38.9	2.2	25.9	25.2	46.7	11.2	1.1	58.2	29.5
2008	40.330	2.1	25.3	24.9	47.7	10.7	0.9	88.4	

资料来源：德意志联邦共和国历年统计年鉴。

3. 政府促进政策

建立市场经济的制度基础。德国在二战后实施社会福利市场经济，主张建立自由的竞争秩序和指向社会均衡的经济政策。二战刚结束，德国进行了币制改革，采用西德马克取代帝国马克，并陆续出台《货币改革后管制原则与价格政策法》等一系列法律及指令。1949年，联邦德国颁布基本法，确保了竞争秩序为主要目的的经济政策的主要任务，就是保障币值稳定和完全竞争。在

"社会市场经济"的口号下,德国政府实施终结商品配给制、取消工资与价格冻结、废除各项经营管理、反垄断、减税退税、紧缩财政、私有化、推行外贸自由化和稳定汇率等措施,促进了从生产到消费各个环节的自由竞争。

以稳定通货为基础,实行稳定的财政政策和灵活的货币政策。例如,币制改革后,政府通过货币从紧和减低税率来刺激投资与生产,以应对价格上升。随着"买方市场"竞争机制的形成,工人失业加剧,政府通过降低银行贴现来刺激国内投资,同时通过贬值德国马克20%来刺激出口。20世纪50年代初,国家调控下的市场经济初见成效:货币稳定、生产上升、出口大于进口、价格回落、失业率降低,为西德经济增长奠定了基础。

兼顾社会调控和社会建设。在经济建设的同时,德国适时地兼顾了社会调控和社会建设,向战争受害者提供救济,大力兴建住房,设定最低工作条件,重建养老、失业、工伤与医疗等各类社会保险,发放子女补贴金和社会救助等。1948年,德国通过养老金调整法,1957年又进行了养老金改革,将缴纳金额与劳动贡献数据挂钩。这一改革使得养老金能够依据工资的发展形势进行动态化调整,社保基金大幅增长。不过,这也为后续德国经济发展带来了沉重负担。

成熟有效的中小企业促进体系。为促进有效市场竞争,联邦德国设立了联邦卡特尔局。20世纪80年代后,政府实施了大量中小企业促进政策。在立法方面,大多数州级政府因地制宜制定了中小企业促进法。在融资方面,政府拨出专款进行扶持,并通过贴息担保政策,由德国政策性银行向中小企业实施低息贷款,确保各种类型的中小企业都能找到合适的贷款项目。在创新创业方面，联邦政府提供了大量的资金补贴和技术转化支持。除了资金和补贴外，联邦德国还根据行业、地区状况等对中小企业进行有序分类，帮助中小企业在行业中寻找合适定位，促进其在市场中形成有效的企业规模。在对外贸易上，德国成立贸易及投资署，提供参展、行业发展信息等多项服务。

中小企业具备专营独特的竞争优势。德国的利基企业在出口中具有独特的领军地位，其聚焦于生产链中间产品，以专营性和技术优势取胜。利基企业大多分布在机械制造、汽车业、化学和电子等产业。[①] 德国利基企业的产品中，69%集中于工业产品，20.1%为消费品，35.6%从事机械制造业，12.1%从事电子工业，11.4%从事金属加工业，6.8%从事化学工业。[②] 这些企业凭借其小而专的特点占据市场，能够根据需求快速调整市场策略，制订个性化生产方案，满足多样化的产品需求。这种细分市场策略有助于产品的差异化发展，也抑制了企业间的恶性竞争。

（三）德国培育壮大新动能的认识和效果评述

德国经济的快速复苏固然离不开其原有的工业基础和人力资源储备，更为重要的是，政府的有效作为、发达的教育体系和高素质劳动力、合理的产业结构和及时的产业转型，以及一系列积

---

① 徐聪：《德国经济治理》，时事出版社2015年版。
② ［德］赫尔曼·西蒙：《21世纪的隐形冠军：中小企业国际市场领袖的成功策略》，中信出版社2009年版。

极的政府促进措施。二战后,德国面临着严重的高素质人力资本流失。此时,由于良好的人才吸引政策,外地人口陆续西迁,极大促进了德国劳动力人数的增长和素质的改善。这些人力资本转移成为德国生产率提高、技术进步,以及对外贸易发展重要的前提条件。

劳动力的迁入使得德国战后工业创建获得了"量"上的保障。更为关键的是,德国的教育和培训体制能够实现技术和知识的持续创造,成为保证经济实现"质"的有序运转的坚实基础。德国的教育改革和"双元制"教育体系,让劳动力的技能培训与就业直接对接。这种方式有效避免了教育资源的浪费,也更加符合人口状况,延长了实际就业年龄。德国的社会阶层结构与其教育参与结构高度契合,即学历与就业和社会阶层基本吻合,这也是德国20世纪60年代以后渐渐出现大量中间阶层的原因。

20世纪70年代以前,德国一直以工业产业为主要发展方向。50—70年代,面对日本钢铁、汽车、照相机和家用电器厂商带来的标准化和大批量生产的激烈竞争,联邦德国制造业开辟了小批量定制模式,主要关注工艺技巧密集产品的制造,并及时调整产业结构,把生产重点转移到对技术和投资要求更高的机械工具的模具设计、大型工业设备、精密机床和高级光学仪器等领域。① 科技进步推动了工业生产领域的合理化变革,尤其是化工与电子尤其需要先进的科学技术和无形资产做支撑。于是,德国的工业

---

① 陈明:《德国制造业与德国创新体系研究》,载裴钢、江波、辜学武等《德国创新能力的基础与源泉》(汉德对照),社会科学文献出版社2016年版。

领域开始第三产业化。较之于欧洲老牌资本主义国家，德国第三产业化启动较晚，且一直维持着第二产业的合理比重。

在产业转型过程中，当大企业无法吸收大量就业人群时，德国采取中小企业扶持政策。这些措施不仅有效吸纳了大规模人群，还通过中小企业的技术创新和对特定技术的掌握，创新打造独特的出口优势。这也使得德国具有全世界独一无二的"德国制造"。

（四）对中国的借鉴启示：经验与教训

1. 正确处理政府与市场的关系，发挥有效市场和有为政府的双重优势

德国战后的经济发展成功地揭示了正确处理政府和市场关系的重要性。政府应确保市场的秩序和公平竞争，通过制定货币政策、财政政策和社会政策，为市场提供稳定的环境。对中国的启示是：在经济发展初期，政府应发挥积极的引导和扶持作用，通过制定产业政策、提供资金支持等手段扶持新兴产业发展，并提供基础设施建设、教育培训、科技创新等支持，推动产业发展壮大。当经济发展步入稳态，政府应更加注重引导和监管，避免对市场进行过度调控，以维护公平竞争的市场环境。在此过程中，还要做好如下工作：一是制定合理的法律法规，加大市场监管和执法力度，防止市场垄断、不正当竞争及市场失灵。二是建立有效的监管机制，确保公共权力的透明度和廉洁性，以实现公共资源的合理分配和有效利用，避免腐败丛生和资源低效率配置的问题。三是关注社会公平和环境可持续性，通过引导企业实施绿色发展和社会责任，促进经济的可持续发展。此外，还应当探索适应社会需求变化的经济建设理论。例如，战后德国在传统的调控和市场二分思路无法很好适应现代社会的经济治理需求时，转向福利时代的经济建设理论。总之，政府应寻找政府和市场的平衡点，灵活应对经济形势的变化，同时确保干预的时机和力度适宜。

2. 稳定制造业合理比重，以创新驱动实现产业结构转型

在产业结构转型的过程中，一方面，德国一直坚持创新驱动引领产业升级，通过主动放弃技术含量较低或竞争优势较弱的产业领域，加大技术创新和研发投入，来实现制造业的升级和转型；另一方面，制造业在德国的产业结构中一直保持着相当大的份额。对中国的启示是：第一，要加大对研发的支持，鼓励企业加强技术攻关，掌握核心技术，防止关键产业陷入技术发展陷阱，为在产业链位置上移争取充分空间。第二，要加强对产业发展的引导和监管，着力推动制造业的转型升级，避免资源浪费和低效重复建设。第三，要推动产业结构的合理转型。产业结构演变也是消化过剩产能和优化经济结构的过程。当前，中国面临着制造业传统比较优势减弱过快的问题，要正确处理产业移入与产业移出的关系，警惕"去工业化"现象过早发生，避免经济硬着陆可能带来的风险。

3. 加强中小企业培育，制定有利于中小企业的创新政策和法律法规

德国政府通过实施一系列明确且高效的策略，在引导和支持中小企业提升创新能力方面发挥着关键作用。对中国的启示是：第一，继续研究制定有利于高校、科研机构与企业合作创新的政

策和法律法规，不断完善知识产权保护和共享的相关法规和政策，为中小企业与各类创新主体的合作创新提供法律保障。第二，继续优化产业政策和财税金融政策，为中小企业发展提供支持。一方面，精准发现和培育专精特新中小企业，识别产业链各环节的空白点，通过补链强链延链提高产业链供应链韧性；另一方面，注重财税与金融政策的协同配合，健全完善的财税与金融扶持政策体系，为中小企业培育和成长创造公平的竞争环境。第三，鼓励中小企业与大企业建立紧密的供应链合作关系，在合作中"走出去"，并改善中小企业的国际融资环境，提升中小企业的国际化能力。第四，保持前瞻性思维，确保法律监管框架能够适应科学和技术的新发展要求，采取中立立场对法律法规进行创新审查，以促进创新和发展。

4. 重视人才队伍建设，培育高素质人力资本

二战之后，德国凭借高素质的人力资本成功实现了第二产业的迅速发展和经济的复苏，其颇具特色和发达的教育体系功不可没。首先，德国的教育体系注重因材施教，并以就业为导向实施教育分流，形成了适应社会市场经济模式的人才培养机制。例如，德国的初等教育同时兼顾对基本知识的掌握和综合素质的培育，高等教育强调科研与教学的统一，以及学术的充分自主性。其次，德国的职业教育与技能培训体系对于培养各类技能型人才至关重要。尤其是其"双轨制"职业教育模式，将职业教育纳入义务教育体系，为人才提供了充分的职业技能培训和实践机会。对中国的启示是：第一，职业教育领域应采取实践导向的教学方法，结合理论知识与实践应用，培养具有实际操作能力和问题解决能力的人才队伍。第

二，应建立与企业密切合作的职业培训机构，提供实用的技能培训课程，并加强在职人员的职业培训和进修，为青年人才提供必要的职业规划和就业指导，以适应技术发展的需要。第三，注重综合素质培养，不仅注重专业知识的传授，还要培养学生的创新能力、团队合作能力和社会适应能力。

四 培育壮大发展新动能的日本经验与借鉴

二战后的日本经济，经过50年代的准备，60年代便进入高速成长阶段，到1973年石油危机时，已基本实现现代化，让日本迅速崛起为世界经济大国。根据世界银行WDI数据，日本人均GDP在1968年超过12000美元，在1987年超过24000美元，人均GDP年均增长率为4.62%。当前，中国的人均GDP约为1.2万美元，与日本1968年的情况相当。[①] 从历史数据来看，日本人均GDP从1.2万美元实现翻倍到2.4万美元共计花了19年时间，总结日本在此期间的增长动力有助于我们寻找支撑中国经济持续向好的动力来源。

（一）背景

1. 日本的自然资源禀赋

日本是一个位于亚洲东部的岛国，东部和南部为太平洋，西临日本海、东海，北接鄂霍次克海。日本由4个大岛和众多小岛

---

① 均为2015年不变价。

组成。由于日本是一个岛国，其拥有丰富的海洋资源，海岸线全长达到33889公里，东部太平洋一侧海岸线有多个入海口，形成了许多天然的优良海港。同时，日本鱼类资源丰富，拥有许多天然渔场，使得日本成为世界第二大渔业国。日本矿产资源相对匮乏，但仍有煤炭、铁矿石、铜、金、银和稀土元素等矿产资源，但这些资源的产量相对较小，多数工业生产所需的主要原料、燃料等都要从海外进口。总体而言，虽然在自然资源方面相对贫乏，但通过技术创新和高效利用已有资源，日本成功地发展了自身经济，并在一些领域取得了国际竞争力。

2. 日本的人力资源禀赋

劳动力资源是拉动经济增长的重要投入要素。根据联合国数据，日本1965年和1990年的总人口分别为1.0亿人和1.24亿人，25年间增长约2400万人。从人口结构来看，日本65岁及以上人口占比呈逐渐增长的趋势，从1965年的6.5%增长至1990年的12.6%，并在1968年进入老龄化社会。14岁及以下人口占比则呈逐渐减小的趋势，从1965年的24.9%下降至1990年的17.6%，25年时间下降了7.3个百分点，反映出日本在该阶段具有老龄化持续加深、低生育率的少子化特征。从受抚养人群占比来看，日本14岁及以下人口、65岁及以上人口总数占比在此期间未发生较大波动，基本上处在30%—32%的水平（见图1-2）。但整体来看，日本的人口抚养比在该阶段呈现先降后升再降的波动趋势。在人力资本方面，日本政府在1945年战败之后先后出台了学校教育法、教育委员会法等相关法律，奠定了新型教育制度的基本框架，并将义务教育年限由6年延长至9年。20世纪50年代之后，随着日本经济的逐步复苏和政府财力的改善，日本陆续出台了一系列旨在改善义务教育阶段就学条件的法律。60年代，日本文部省提出高中"多样化"政策，采取了加强职业教育、制订发展工业高中计划、创建高等专科学校等措施。同时，还制定了放宽私立学校设置条件、促进高等教育扩大招生等措施，使大学、短期大学的数量，以及在校生人数迅速增加。1960年至1970年间，日本的高等教育入学率从10.2%增加到18.7%。[①] 总体来看，尽管日本老龄化和少子化进程逐渐加深，但其高素质、高效能的劳动力能够对国家经济发展做出积极贡献。

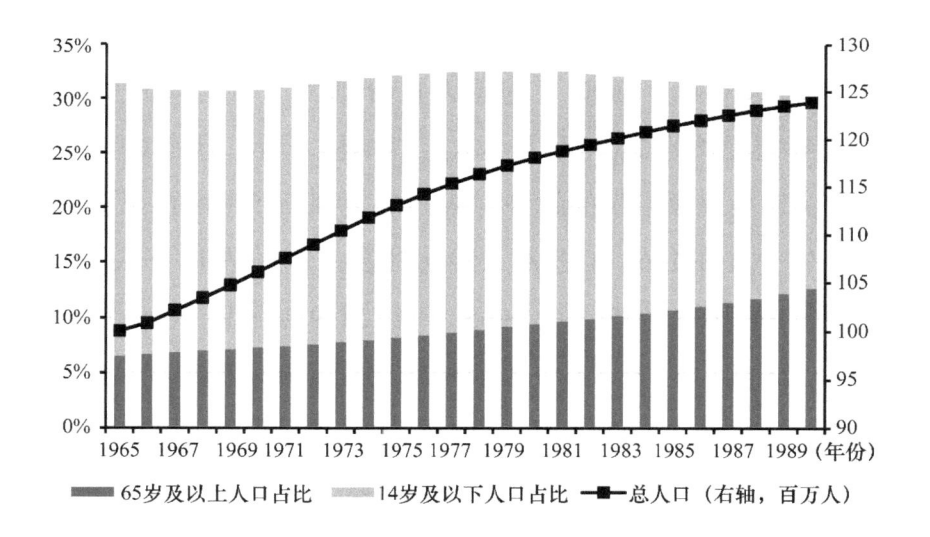

图1-2 日本人口总量和人口结构情况

---

① 资料来源：https://drcnet.com.cn/www/TrainInterview/TrainInterviewDetail.aspx? interviewid=154。

3. 日本的经济基础

第二次世界大战结束后，长期战争使日本的经济发展遭受了沉痛打击，全国约 40% 的工厂和基础设施被毁，经济陷入低迷。战后初期，日本以举国之力进行了大量的基础设施建设和重工业投资，直接推动了其经济在战后短时间内实现快速复苏，并且为后期的经济腾飞打好基础。20 世纪 50 年代初，朝鲜战争爆发，日本凭借向美国远东军提供物资迅速恢复了农业和工业生产，这是日本经济开始复苏的重要原因之一。1955 年，日本进入"神武景气"时期，不再依赖军需或者战后复兴需求，而是真正通过投资和消费等内需推动经济发展，经济也恢复到战前的最高水平，黑白电视机、洗衣机和电冰箱得到普及。20 世纪 60 年代，日本在钢铁、能源、石化产品等基础器械和工业设施方面的巨大投资增强了其工业产品的国际竞争力，并依靠低廉的劳动力大量出口工业产品，促使经济增长进入"快车道"。到 1965 年，日本的汽车、钢铁、电子等制造业开始崭露头角。同时，日本独创的新产品、科技和程序不断增多，使得平民消费品独具优势，国外贸易继续大幅增长，基本实现贸易顺差。总体而言，在战后重建的基础上，日本通过出口导向、制造业发展、技术创新和资本投资等手段，逐渐实现了经济结构的转型和增长。这奠定了日本后来几十年高速经济增长的基础，使日本成为世界经济的重要参与者。

4. 日本面临的国际环境

20 世纪 60 年代初，世界经济经历了繁荣时期。许多西方国家经济增长迅猛，促进了全球贸易和工业化不断深化。1960 年，美日安全条约得到续签，强化了两国之间的军事和政治合作。此后很长一段时间，日本与美国保持了紧密的安全和经济关系，美国在保护日本安全方面扮演着关键角色。1965年2月，随着美国军队直接介入南越南抵抗北越南的共产主义势力的斗争中，越南战争进入关键时刻。日本通过向美国提供物资和军备支持，尤其是为美国军队提供战争所需的物资，迅速扩大了对外贸易。这为日本经济的增长提供了契机，尤其是在出口领域。在国际经济合作方面，日本在这个时期与其他国家建立了经济合作关系，特别是与亚洲邻国的贸易关系逐渐增强。总体而言，日本在人均GDP处于1.2万美元时面临的国际环境相对有利，美日同盟的加强为日本提供了安全保障，同时出口导向的经济政策也使其在国际经济中占有一席之地。

（二）日本新动能的主要来源和做法

当日本人均GDP在1.2万美元左右时，其经济正处于快速增长期。根据世界银行数据，日本的国内生产总值在1966年超过英国，在1968年超过西德，成为世界第二大经济体。至石油危机爆发之前，日本经济仍维持在高位增长。1968—1973年，日本GDP的年均增长率达到7.2%。1973年石油危机之后，日本经济虽然受到重要影响，但仍保持4.1%的年均增长率。这段时间，支撑日本经济增长的主要动能可以归为以下几个方面。

一是国内消费需求的拉动作用。日本在经历了一段经济高速增长期后，陷入了低福利、低产业结构和高外贸依存度的"两低一高"发展困境。1960年，日本政府开始制订和实施"国民收入倍增计划"，旨在10年内实现将日本的国民收入翻一番的目标。

这一计划在日本的经济历史上扮演了重要的角色，帮助日本在 20 世纪后半叶崛起为世界经济强国。同时，该计划极大地推动了日本国民收入增长，为日本国内消费需求提供了良好的经济基础，有效助推日本发生第二次和第三次"消费革命"。1971—1980 年，日本家庭开始普遍购买汽车、彩电和空调"新三大件"商品，国内消费需求由"生活合理化"向"更加舒适化"不断升级，为创造"消费时代"打下基础。在第三次消费革命中（1981—1990年），日本娱乐和交际消费从无到有，从少到多，保龄球、高尔夫球、旅行等休闲产业成为时尚。日本进入了"大众消费型"社会，并逐渐降低对重工业的依赖程度。由于日美之间贸易摩擦全面爆发，日本于 1985 年 9 月签订"广场协议"，直接导致了日元急剧升值，致使日本经济遭受极大冲击。为应对日元升值和日益激化的国际贸易摩擦，日本政府实施了以扩大内需为主导的政策。1987 年，日本经济企划厅明确提出了"从外需依存转换为内需主导战略"。1988 年，日本通产省产业政策局系统提出了"构筑内需型产业结构"的设想，其中特别强调要对新的内需型产业发展和外向依存型产业向内开拓给予资金、财税、信息、人才等方面的政策支持。同时，日本政府以大规模基础设施建设和生活质量提高为主要政策切入点，推行地方公债来修筑下水道、电力、煤气等公共设施，大力充实教育、医疗等社会公共投资，促进企业提高工资，鼓励发展进口，缩短劳动时间和改善劳动条件等，有效刺激了国内需求增长。不仅如此，日本政府还通过积极引导预期，不断巩固市场和民间对未来经济的积极预期，几乎没人相信经济衰退会真的到来。

二是国内投资的拉动作用。投资在推动日本经济增长、实现产业升级和全球竞争中发挥了重要作用。1968—1987年,投资在推动日本经济的高速增长中扮演了至关重要的角色。日本政府通过大规模的公共投资,在交通、能源、通信等基础设施领域进行了大量的建设和改造工作,为制造业的发展奠定了坚实的基础。同时,国家引导的产业政策促使企业加大设备投资,特别是在钢铁、汽车、电子等重化工业部门,使得日本能够在短时间内实现产业结构的高度现代化。日本政府高度重视技术创新与研发领域的投资,通过建立长期稳定的研发体系,推动了半导体、机器人、精密仪器等高技术产业的崛起。这些产业不仅提升了国内生产效率,也增强了国际竞争力,使日本在全球产业链中占据高端位置。随着企业规模扩大和技术水平提升,日本企业开始大量增加对外直接投资。这既是为了寻求更广阔的市场,也是为了利用海外资源和劳动力降低成本。这种全球化战略进一步促进了资本输出和技术转移,拉动了国内外市场需求。

三是增强外需的拉动作用。1968—1987年,出口不仅成为日本经济增长的重要引擎,而且对日本产业结构升级、国际竞争力提升和全球经济格局重塑都起到了决定性的作用。70年代初,日本基本形成了出口导向型的经济结构,外需在这一时期对日本的出口业务产生了巨大的推动作用。得益于对国外先进技术大力引进、工业劳动生产率快速提高,日本出口商品在国际市场上的竞争力增强。尤其是占出口比重较大的钢铁、化学、精密机械、运输机械等部门出口的剧增,发挥了拉动日本经济高速增长的重要作用。日本通过向欧美出口重化工业制成品,极大地提升了日本重化工业产品生产率和质量，有效推动了日本经济发展，促使日本实现了以重化工业为重点领域的高速增长。20世纪70年代中后期，随着全球经济陷入滞胀及石油危机爆发，日本经济亦从高速增长进入了低速增长阶段。在企业设备投资下滑、个人消费低迷等内需疲软的背景下，拉动出口成为日本摆脱危机的重要动力。此后，日本的贸易依存度不断提高，最高时达到25%以上。不仅如此，日本通过优化产业结构和贸易结构，增加了对美汽车、半导体等资本密集型和技术密集型产品的出口，进一步增加了对外贸易收支的巨额顺差，实现了以外需拉动内需的经济发展战略目标。

四是人力资本提升的推动作用。人力资本的提升包括教育、培训、技能和劳动力市场的改革等方面，对日本经济的技术创新、产业升级和全球竞争力提升发挥了关键作用。20世纪70年代中期，日本经济增速自顶回落，人口红利逐渐衰减，对此，日本通过教育改革强化人力资源培养的个性化、终身化、国际化及信息化，通过提升人力资本水平不断提高劳动生产率。1976年，日本开始建立技术科学大学，接收高等专门学校等中高级技术学校毕业生，形成了独具特色的职业技能教育。另外，日本的短期大学于二战结束后大量出现。短期大学增加了更多的职业技能课程，对提高社会对女性的尊重、促进女性觉醒、增加女性就业发挥了重要作用。女性短期大学毕业生进入企业工作的机会得以增加。伴随经济的高速增长，日本探索形成了适合本国国情的、日趋完整的企业职业技能培训体系。到1980年，日本大企业基本实现了员工全员再教育，八成的中小企业实现了全员再教育。除继续推动教育系统的职业技能培养外，日本政府还加强推动人力资源开发。许多日本企业投入大量的人力资源开发经费。即使是在两次石油危机期间，日本企业教育培训投资的年增长率仍超过了10%。①

五是科技创新的推动作用。20世纪80年代以前，日本科技发展战略的关键是模仿、消化、吸收国外的先进技术，并在此基础上积极开发新技术。这一发展战略使日本的工业技术水平急剧提高。到了70年代初，日本大量的生产技术都赶上或超过了西欧发达国家水平。到70年代末，日本在机器人、集成电路、光纤通信、激光、陶瓷材料等方面的技术已处于世界领先水平。随着经济实力不断增强以及经济大国地位的巩固，日本与欧美国家之间的技术差距不断缩小，世界各国对日本在科技引进方面进行了限制，日本以往的科技引进受到了阻碍，只能通过自主研发来提高本国的科技水平。1980年，日本政府提出"技术立国"的发展战略，强调自主技术研发和知识产权保护，构建以科技创新为核心驱动力的新经济增长模式。② 第一，完善国家创新系统相关法律制度基础，促进官产学之间人才、设备、信息、资金等创新要素的开放流动。第二，聚焦若干关键核心技术领域，政府组织部署研发计划，以此作为官产学合作的重要媒介，建立合作研发机制。第三，提高国家创新系统的开放性和兼容性，着重发展与国际规

---

① 王胜今、王冠鸿：《日本人力资源开发与经济增长研究》，《东北亚论坛》2018年第1期。

② 李慧敏、陈光：《日本"技术立国"战略下自主技术创新的经验与启示——基于国家创新系统研究视角》，《科学学与科学技术管理》2022年第2期。

则一致的政策和工具，使政府干预更好地与国际规则接轨。这一政策有效带动日本基础研究领域快速发展，推动一系列关键核心技术的自主突破。同时，也培育了一批研发型大企业，带动企业研发投入和研发实力提升，最终带动一系列相关产业的兴起和繁荣。

六是经济结构转型的推动作用。日本的经济转型具备世界性战略眼光，遵循了一套"循序渐进"的产业政策，创造了一条主动向国际产业链高端环节攀升的发展路径。战后日本制造业结构实现了四次明显的转换和演进，即"劳动密集→重化工业→高加工度组装工业→技术密集与服务业主导"。日本产业结构高度符合产业结构演变规律，反映了当时日本生产力发展水平。在产业转移方面，日本一直奉行"边际生产转移理论"，坚持有序的梯度转移，把成熟了的或者具有潜在比较劣势的产业转移到亚洲"四小龙"、东盟诸国，以及中国东部沿海地区，形成了以日本为"领头雁"的产业链和贸易圈。这在转移了贸易冲突的同时，也塑造了"海外日本"。比如，在1985年"广场协议"之后，随着日元升值和劳动力成本的大幅上升，日本开始推动"成本主导型"的产业转型升级，将产业结构向节能型、技术密集型，以及高附加值型转变，并开始将制造业产业链向海外转移，从依靠国内组装加工和大量出口，转为国内设计研发、国外组装加工出口，即所谓"雁阵模式"。不仅如此，日本经济发展向资源节约型和高附加值型转变较好地解决了能源环境危机，使其顺利渡过了能源危机，缓解了日元升值压力。

(三) 日本培育壮大新动能的效果评述

日本政府实施的多样支持政策有效地促使日本经济大幅增长，让日本成为发展型国家的典型范本。1980 年之前，日本"国民收入倍增计划"促使国内消费需求逐渐增强，并逐渐成为推动经济增长的重要动力之一。在国内消费拉动下，日本家电、汽车、钢铁、石化等产业产能迅速放大，电器、汽车等企业进一步扩张海外，成为世界性巨头。该阶段，日本消费拉动经济增长动力不断增强，最终消费支出占 GDP 比重由 1970 年的 56.7% 增加到 1980 年的 65.8%。1980 年之后，虽然消费对经济增长的拉动作用受到一定抑制，但国内消费需求依然保持稳定增长，有效支持了日本经济从资源密集型转向技术密集型。投资方面，日本政府大力推行的公共投资有效改善和升级了国内的交通、能源、通信等基础设施，为工业生产和人民生活提供了优质的物质条件，也为后续产业发展打下了坚实基础。日本企业积极进行的设备更新换代和技术创新投资，促使日本在全球范围内形成了技术领先优势，提升了产品的国际竞争力。出口方面，日本通过实施出口导向型战略，大力推动了制造业的发展和技术创新。特别是在汽车、电子、机械等高端制造领域，取得了全球领先地位。这些行业的产品出口量激增，带动了整体经济规模的快速扩大。人力资本方面，日本增加教育和培训的相关支持政策有效促进了日本人力资本的提升。根据 PWT 数据，日本人力资本指数由 1965 年的 2.68 增长至 1990 年的 3.18，达到同期美国的 92.6%，位列世界前十。经济结构转型方面，通过经济结构转型，日本顺利地从一个以制造业为主导的经济体系逐渐过渡为更为多元化和服务业为主导的经济结构，实现了向国际产业链高端环节攀升的目的。总体来看，日本在培育壮大新动能方面的努力取得了显著成效，不仅稳固了它在全球产业链中的高端位置，也在一些新兴领域取得了领先地位，有效支撑了日本经济快速增长。

（四）对中国的借鉴启示：经验与教训

一是进一步扩大内需。内需是经济发展的根本动力，对日本经济增长起着重要作用。当前，中国正面临着百年未有之大变局，亟须构建以国内大循环为主体、国内国际双循环相互促进的经济发展新格局。国内需求潜力的不断释放，对于国内大循环的畅通至关重要。对此，一方面，要继续实施收入分配政策以提升低收入群体和中等收入阶层的收入水平，通过税收改革调节过高收入，构建更加公平的分配结构，缩小城乡、区域以及行业间的收入差距；另一方面，要建立统一开放、竞争有序、制度完备、治理完善的高标准市场体系，构建全国统一大市场，加强体制机制改革，促进商品在全国城乡更好地流动。此外，要鼓励创新和新业态发展，关注消费新业态、新热点，引导消费者向更高品质、更环保、更智能的产品和服务升级，发掘和培育新的消费增长点。最后，要充分挖掘乡村物质文化遗产、非物质文化市场、乡村旅游资源市场，发掘农村的消费潜力。

二是加快建设现代化产业体系。经济发展过程是主导产业交替和更新的过程，产业结构调整是一个动态、长期的过程，而且与经济发展水平具有很强的相关性。根据日本的经验，产业体系要适应经济社会的发展过程。一方面，要以消费结构升级促进产业结构升级。消费结构的升级为产业结构升级提供新的市场空间，是促进产业结构升级的重要力量。中国要通过政策引导、宣传教育等方式，培养消费者对高品质、高技术含量、绿色环保，以及个性化、定制化产品和服务的需求，从而催生相关产业的市场需求。另一方面，要明确重点发展产业，培育与经济发展相适应的主导产业。中国要充分发挥高新技术产业在经济发展中的先导与示范作用，将具有应用水平的信息技术、生物技术及时和切实地导入传统制造业的技术系统，在工业制造业内实现技术升级，牵引和带动其他产业结构升级。

三是注重人力资本积累。从供给侧来看，在经济发展的高级阶段，全要素生产率是经济增长的关键动力。一般而言，全要素生产率来源于技术进步、组织创新、专业化和生产创新等，而这一切都建立在人力资本积累的基础上。随着刘易斯拐点的到来，劳动力供给将日益受到约束，提高劳动者素质将成为解决劳动力供给约束的有效途径。一方面，政府要加大教育投入，提高高等教育人才培养质量；另一方面，需要深化职业教育改革，优化人力资本结构，全面提高劳动者素质。人力资本的积累，有效提高了创新水平，促进技术进步，而技术进步又有效提高了人力资本投资的预期回报，形成人力资本积累和技术进步的良性互动，为经济增长提供持续动力。

四是加强基础研究，增强原始创新能力。日本的经验告诉我们，后发国家在选择技术进步路径时需要提升自主研发能力，以摆脱先发国家的技术控制和封锁。技术引进、消化、吸收等渐进创新模式可以提高现有产业的生产效率，却不能创造新的产业。创造新产业的活动必须在良好的国内科学研究基础上由激进创新完成。因此，一方面，应将基础研究作为国家战略的重要组成部分，制订长期发展规划和短期行动计划，确保稳定的经费投入和资源配置。同时，提高国家对基础研究经费投入占整体研发经费的比例，鼓励社会资本参与，建立多元化、多层次的资金支持体系。另一方面，要加强国家级实验室、重点实验室、大科学装置等科研基础设施建设，改革科技评价体系，注重研究成果的质量和影响力，制定能充分调动科研人员积极性的人才培养与激励机制，给予科学家充分的自由探索空间，形成创新集群效应。

五是将"引进来"和"走出去"相结合，更好地参与国际经济合作与竞争。一方面，要积极吸引和利用国外的资金、先进技术、管理经验及高端人才等资源，通过引入外资、技术合作、引进高层次人才等方式，推动国内产业转型升级，提高产品质量、技术水平和管理能力；另一方面，要通过与国际上有市场需求的国家进行产业合作，将国内成熟产业和技术推广到国外市场，开拓新的经济增长点。最后，要对本国和其他潜在合作国家的产业结构进行深入分析，明确各自的优势产业、关键技术和资源分布，找出双方在产业链中的互补环节，通过制定国家层面的国际合作战略，将产业链互补作为核心内容，构建跨国家的互补性产业链。

五　培育壮大发展新动能的韩国经验与借鉴

根据世界银行 WDI 数据，韩国人均 GDP 在 1994 年超过

12000 美元,在 2010 年超过 24000 美元,年均增长率为 4.62%。当前,中国的人均 GDP 约为 1.2 万美元,与韩国 1994 年的情况相当。整体来看,韩国人均 GDP 从 1.2 万美元到 2.4 万美元共计花了 16 年时间。总结韩国在此期间的增长动力有助于我们寻找支撑中国经济持续向好的动力来源。

(一) 背景

1. 韩国的自然资源禀赋

韩国位于亚洲东北部朝鲜半岛的南部,东濒日本海,西面黄海,东南方向通过朝鲜海峡与对马海峡连接日本,北部则以三八线非军事区与朝鲜民主主义人民共和国相邻。韩国三面环海,海岸线蜿蜒曲折,总长约 5259 公里,有许多优良港湾。韩国领土面积约为 10.329 万平方公里,其中 70% 以上为山地,平原所占比例不足 20%。韩国矿产资源种类繁多,但有开采价值的矿物数量很少,石油、铁矿石、铜、金、银等主要矿产都依赖进口,工业原料自给率仅为 10%。作为三面临海的国家,韩国拥有较为丰富的水产资源,包括各种鱼类、贝类、藻类和其他海洋生物,水产业对于食品供应和出口贸易具有重要意义。总体来说,韩国在自然资源上并不丰富,是一个资源相对匮乏的国家,但这并未阻碍其经济发展。

2. 韩国的人力资源禀赋

韩国为单一民族国家,属黄色人种东亚类型,占全国总人口的 96.25%。根据联合国数据,韩国 1990 年和 2010 年的总人口分别为 4438 万人和 4894 万人,20 年间增长约 456 万人。从人口结构来看，韩国 65 岁及以上人口占比呈逐渐增长的趋势，从 1990 年的 4.9% 增长至 2010 年的 11.2%，并在 2000 年进入老龄化社会。14 岁及以下人口占比则呈逐渐减小的趋势，从 1990 年的 25.6% 下降至 2010 年的 16.1%，20 年时间下降 9.5 个百分点，反映出韩国在该阶段具有低生育率的少子化特征。韩国老龄化和少子化程度加深，导致在此期间韩国受抚养人群占比未发生较大波动，基本上处在 27%—30% 的水平（见图 1-3）。但整体来看，韩国的人口抚养比在该阶段呈现小幅下降的趋势。在人力资本方面，韩国政府早在 1954 年就实行了义务教育计划，到 1966 年，小学入学率已经达到 98.1%，远高于世界平均水平。义务教育的普及给韩国的劳动密集型产业提供了大量合格的劳动力，使产业发展过程中所必需的劳动力生产要素得到了很好的保证。同时，

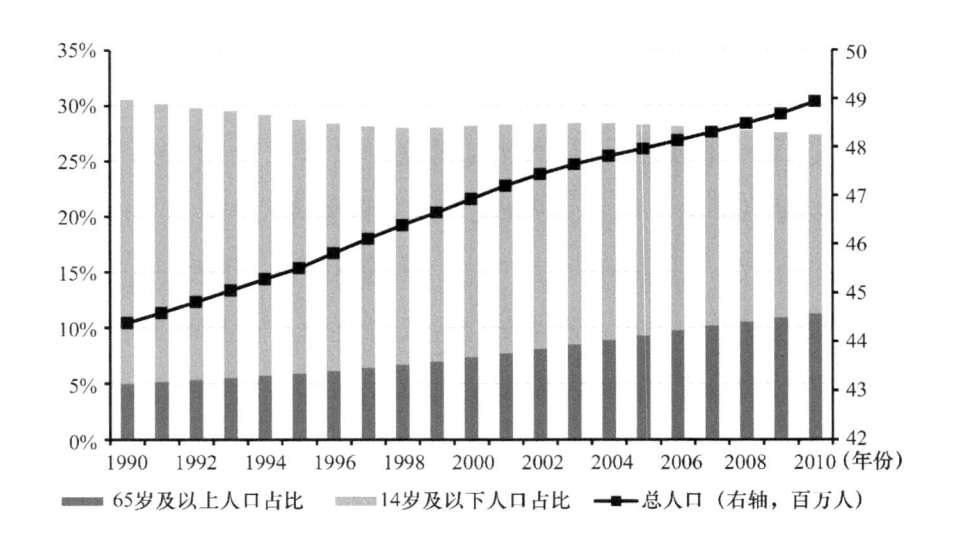

图 1-3　韩国人口总量和人口结构情况

韩国政府自20世纪60年代以来，都始终坚持教育投资优先的政策，政府的教育预算一直保持很高的比例，对其人力资本的形成起到了关键的资金支持作用。总体来看，韩国虽然是一个人口规模相对较小的国家，但其平均人力资本水平已经处于世界前列。

3. 韩国的经济基础

自20世纪60年代起到亚洲金融危机爆发之前，韩国经济经历了一个迅速腾飞的阶段，取得了令人瞩目的发展成就。20世纪60年代初，韩国经历了政治不稳定和贫困的时期。随着韩国在1961年不断推动经济改革，实施第1个"5年经济发展计划"，并鼓励出口和外资流入，韩国经济开始起步。由于具有劳动力成本优势，其出口以轻工业产品为主。70年代，韩国经济的发展方向逐渐从农业和轻工业转向重工业和制造业。韩国政府通过推动出口、吸引外国直接投资、提供低廉的劳动力和实施有效的产业政策，成功地发展起了汽车、电子产品和纺织品等一系列关键产业。80年代，韩国着手进行结构调整，要求大企业进行合并重组，直接促使产生了一批大财阀，加深了这些大企业集团的市场垄断。90年代，韩国继续致力于技术创新和产业升级，并逐步融入世界化进程。电子产业和半导体制造业在这个时期崛起，三星、LG和现代成为国际市场的主要参与者。政府支持研发和技术升级，促使韩国在高附加值产业中取得竞争优势。亚洲金融危机前，韩国的GDP保持较高的增速，并在1995年进入高收入国家行列。总体而言，韩国在20世纪60—90年代间的经济发展得益于坚实的工业经济基础，为其后续发展奠定了基础。

4. 韩国面临的国际环境

20世纪80年代,西方国家实施的贸易保护主义使韩国贸易环境恶化,韩国也在逐步丧失发展劳动密集型产业的比较优势,经济发展面临严峻挑战。进入20世纪90年代初,韩国面临的国际环境有所改善。首先,苏联解体标志着冷战结束,东西方之间的紧张局势有所减缓,为全球经济合作和开放创造了机会。随着贸易壁垒的减少和国际贸易规模的扩大,韩国得以更加积极地参与国际经济体系。其次,韩国与朝鲜双方签署《非军事区军事协定》,两国之间的关系逐渐改善,缓解了朝鲜半岛的紧张局势。然而,1997年亚洲金融危机对韩国经济产生了严重影响,导致其进行财政和金融改革,影响了整体经济稳定。总体而言,韩国在90年代面临的国际环境具有复杂性。冷战结束和全球化为韩国提供了机遇,但亚洲金融危机对其经济造成了巨大的冲击。南北关系的变化和国际合作的加强,也是当时韩国面临的国际环境的重要方面。

(二) 韩国新动能的主要来源和做法

当韩国人均GDP在1.2万美元左右时,其经济已经由高速增长期换挡至低中速增长期。根据世界银行数据,韩国经济的平均增速由20世纪70年代的18.49%下降至80年代的8.39%。受亚洲金融危机和国际金融危机的影响,韩国20世纪90年代和2000—2010年的平均经济增速进一步下降至5.98%和2.41%。虽然韩国经济增速呈现逐渐下降的趋势,但其人均GDP从1.2万美元增长至2.4万美元仅用了16年,比日本少花两年时间实现这一目标。所以，韩国的经验对中国同样具有一定的参考意义。总体来说，1994—2010年间支撑韩国经济增长的主要动能可以归为以下几个方面。

一是企业经营管理变革和企业创新新动能。在企业能动性转化方面，韩国政府要求企业实行柔性生产体系，促使企业摆脱对政府的依赖，努力使自己的企业向世界化发展，对外积极开展与北美自由贸易区的对话，加强与西欧特别是与西欧联盟的合作，开发第三世界国家的新市场。在这一原则方针的指导下，政府对企业的调控采取了一系列措施，积极推动企业经营和管理体制变革，有效提升了企业的生产效率。在企业创新方面，韩国政府积极推动和扩大国内企业与国际企业的交流，充实企业内部开发力量，积极引进国外先进技术。在技术发展方面，韩国政府积极推动由政府主导型向企业主导型转变，采取多方措施鼓励和支持企业技术开发，逐步奠定了企业在自主创新中的主力军作用。

二是高精尖科技人才新动能。"科技兴国"是韩国经济得以腾飞，并跻身世界强国之林的又一重要的内在原因。韩国政府一直重视科技人才培养，坚持"发展科技，教育为本"的原则。为了开发智力资源，发展教育事业，提高全体国民的文化科学素质，韩国不惜财力、物力，实行教育"高投入"政策，发展了各级各类教育事业，尤其是普及基础教育和重视发展高等教育，为社会培养了各种科技人才。韩国还坚持"振兴经济，科技先行"的原则，对科学技术的研究与开发予以高度重视，并一直保持相当高的科研与开发经费的投入，打造了一支庞大的科技研究与开发的人才队伍，成为韩国经济发展的内在动力，为韩国经济成功腾飞做出了巨大贡献。此外，为了培养科技后备人才，韩国对优秀高中生设立"总统科学奖学金"，鼓励他们报考国内外名牌大学的理工科专业，力图培养世界级科学家。

三是全球化与国际贸易新动能。20世纪90年代后，韩国政府逐渐认识到加快世界一体化、亚太地区一体化进程的重要性，开始积极推进世界一体化和亚太一体化进程。随着北美自由贸易协定和亚太经合组织的应运而生，区域内国家之间的交往与合作变得更加密切。在这一背景下，韩国政府从1995年开始制定"世界化战略"，通过改革国内政治和经济体制，以及与新的国际经济秩序接轨来进一步增强其国际竞争力，使国家建设的各个领域全面走向世界。同时，韩国政府积极推行引进外资的政策，重视充分发挥外资的"造血"功能，以弥补国内资金和技术的缺口。此外，韩国政府还积极推进国际贸易的自由化，通过减少限制进口的商品种类等逐步实现无限制的进口多边化，使国内市场和国际市场完全统一，实现韩国经济发展与世界化趋势相吻合。在放宽进口的同时，韩国政府进一步加强了对出口的支持，努力提高出口产品的国际竞争力。

四是"政府主导型"市场经济体制新动能。政府在经济发展中的主导作用，是韩国经济成功腾飞的重要内因。韩国政府作为经济开发的主导力量，发挥着企业家群体的统率作用，在国家外向型经济发展过程中扮演着对经济实行强有力干预的重要角色。其中，制订和执行经济计划是韩国政府干预和指导经济发展的重要手段。韩国政府通过制定各种政策、法规，以及采取各种具体措施，积极引导市场和企业向着政府规定的目标发展，充分发挥政府对经济发展的主导作用。

五是产业转型升级新动能。韩国政府较好地主导了科技发展方向，能够审时度势，扬长避短，及时推出科技战略。韩国在1991年推出了"G7工程"，在2001年出台了《科学技术基本计划》，重点开发信息技术、生命工程、纳米技术、宇宙航空技术、环境工程、文化技术等重点领域。2004年，它启动了包括数码广播、智能机器人、新一代半导体和未来型汽车等十大高新技术产业的"十大新一代成长动力工程"。韩国政府抓住了产业转型升级的发展关口，根据市场需要确定研发项目，集中力量发展对国家经济拉动作用大和市场潜力大的科学技术，逐步实现了产业高端化转型。

（三）韩国培育壮大新动能的效果评述

1994—2010年间，韩国虽然经历了两次大的金融危机事件，但在政府实施的多样性支持政策下，其经济仍表现出明显的增长趋势，人均GDP得到了有效提升。在企业经营管理变革和创新方面，韩国逐渐建立了现代化的企业制度，极大提升了企业的经营管理能力，促进了生产率的提升。同时，政府与企业对R&D投入的比重从1970年的77∶23下降至1980年的52∶48，到2003年，韩国75%的研发投资是由企业筹集的，政府投入仅占25%。企业研究开发实力的增强，对科技进步及国家经济发展的促进作用十分明显。不仅如此，韩国在造船、能源、化工、汽车、通信、半导体等多个领域培育了现代、三星、大宇、LG等一大批优秀企业，在全球范围内展现出强大的竞争力和品牌影响力。此外，韩国在大力培养科技人才方面，同样取得了巨大成果。2002年，韩国科学技术竞争力位居世界第十，研发投资和研发人力分列世界第八和第九，在海外获得的专利数占世界第十，企业研究人员每千人注册的专利数居世界第一位，人力资本也得到了大幅提高。根据PWT数据，韩国人力资本指数由1960年的1.59增长至1990年的2.85，达到同期美国的83%、日本的89.6%，远高于同期世界平均水平。在全球化与国际贸易方面，随着全球化进程不断推进，韩国通过引进外资，不仅弥补了国内资金的不足，而且还提高了国家的技术水平，缩短了工业化进程，有效促进了产业结构和经济结构的调整与升级。对外投资得到迅速发展，使韩国更多地填补了国内资源缺口，减少了贸易摩擦，保持或开辟了新市场，吸收了海外先进技术。韩国也获取了最大转移效益和比较利益，为国家外向型经济的快速发展和持续增长起到了重要的促进作用。产业转型升级方面，韩国是为数不多的依靠产业转型升级、提高生产率实现收入水平跨越式发展的国家。韩国工业和制造业占比在20世纪90年代初期达到顶峰后一直稳定在35%和25%左右，而中高技术制造业在韩国制造业中的比例自1990年有统计数据以来持续上升，至2020年已达到63.8%。可以看出，韩国在已经进入高收入国家后，工业和制造业占比才不再增长，且产业升级的步伐从来没有停止，电子、半导体等高技术制造业持续快速发展。

(四) 对中国的借鉴启示：经验与教训

一是深入推进企业管理创新，加快企业高质量发展。科技和管理是推动经济发展和社会进步的"两个轮子"，两者相互作用，缺一不可。没有国际一流的管理水平，就不可能造就世界一流企业和产业。企业管理突破要比技术和产品创新更能创造持久的竞争优势，不但能够为单一企业带来强大的竞争优势，使行业的竞争格局发生翻天覆地的变化，还能推动产业乃至国家竞争力提升。随着移动互联网、云计算、大数据、人工智能等新技术快速向产业领域渗透，中国需要对企业管理进行一次综合、系统、全面的改造，着力构建适应数字经济发展的新管理模式。

二是强化企业科技创新主体地位，建立健全以企业为主体的技术创新体系。要充分发挥企业市场主体和产业主体作用，强化企业科技创新主体地位，明确科技型骨干企业的主导地位，进一步强化企业作为出题人、主答题人和阅卷人的地位，推动更多任务由企业提出，让企业成为研发主体。同时，要以企业为核心构建科技和产业之间互融互通的桥梁纽带，形成以企业为主体、市场为导向、产学研深度融合的创新体系，引导建立产学研深度融合的利益分配和风险控制机制。最后，要加快建立协同创新机制，围绕产业链部署创新链，围绕创新链完善资金链，打造开放、协同、高效的创新环境。

三是实施人力、智力资源开发战略，建设高水平科技人才队伍。要把培养使用战略科学家和科技领军人才作为人才战略的重点，重点培养和部署在人工智能、量子信息、集成电路、生命健康、生物育种、空天科技等战略必争领域和重要前沿基础领域的战略科学家和科技领军人才。同时，把青年科技人才培养放在更加突出的位置，给予青年科技人才更多的信任、更好的帮助、更有力的支持，为他们成长和发展搭建舞台，拓展空间，着力解决青年科技人才事业发展和工作生活中遇到的实际困难。最后，要主动应对国际环境新变化，坚持"引进来、走出去"，以更加积极的态度、更加开放的政策、更加有效的措施，努力提高对国际一流人才的吸引力和竞争力。

四是积极推动经济全球化，充分利用好内外资源要素。要坚持在开放中获得更好的发展，解决开放带来的问题，坚定不移发展开放型经济，分享机会和利益，实现互利共赢。同时，要正确选择融入经济全球化的路径和节奏，同步进行国内改革和政策调整，在讲求效率的同时注重公平，让不同阶层、不同人群共享经济全球化的好处，尽量缓解全球化带来的负面影响。此外，要进一步优化外商投资环境，加大吸引外商投资力度。重点支持外商投资在华设立研发中心，与国内企业联合开展技术研发和产业化应用，鼓励外商投资企业及其设立的研发中心承担重大科研攻关项目，保障好外商投资企业国民待遇，持续加大外商投资保护力度。最后，要广泛开展国际技术交流与合作，通过在海外设立研究据点、招聘外国专家、派团赴国外考察、参加学术会和博览会等方式，打破发达国家的技术封锁。

五是发展高新技术，推动制造业优化升级。高新技术产业是经济增长的新动力，也是经济高质量发展的主要力量。要努力掌握核心技术和关键技术，大力开发对经济社会发展具有重大带动作用的高新技术，支持开发重大产业技术，制定重要技术标准，构建自主创新的技术基础，打造生物制造、商业航天、低空经济等若干战略性新兴产业，开辟量子、生命科学等未来产业新赛道。同时，要加强传统产业技术革新和设备更新，做好传统产业改造升级，提升价值创造能力，进而提升中国传统产业在全球产业分工中的地位和竞争力。在此过程中，要坚持市场调节和政府引导相结合，充分发挥市场配置资源的基础性作用，加强国家产业政策的合理引导，实现资源优化配置。

第二章

培育"新质引领型"新动能：
由新质生产力驱动的新动能

习近平总书记指出，"发展新质生产力是推动高质量发展的内在要求和重要着力点，必须继续做好创新这篇大文章，推动新质生产力加快发展"①。在全球新一轮科技革命和产业变革加速推进背景下，前沿科技创新进展迅猛，新的颠覆性技术持续涌现，技术创新的链式效应持续溢出，由新质生产力驱动的"新质引领型"动能快速成长。"新质引领型"动能是由技术革命性突破、生产要素创新性配置、产业深度转型升级而催生的先进动能，具有战略性、牵引性、变革性特征。从科技发展态势与中国产业现实来看，"新质引领型"新动能主要包括：以通用人工智能、工业互联网等数智技术驱动的数字经济新动能，以光伏设备、风电设备为主体的新能源新动能，以电动车、动力电池等为主体的新能源汽车新动能，以智能制造、增材制造等前沿制造技术驱动的

---

① 《加快发展新质生产力　扎实推进高质量发展》，《人民日报》2024 年 2 月 2 日第 1 版。

高端装备制造新动能，以现代生物技术与医药产业融合为主体的生物医药新动能，以量子计算、6G等未来科技驱动的未来产业新动能。

一 壮大数字经济新动能

数字经济是建立在人工智能、大数据、区块链等新技术基础上的经济形态，蕴含巨大的科技动能与战略势能，在数字化浪潮下产生一系列新技术、新业态、新模式，为经济社会高质量发展提供支撑。现阶段，国内外经济环境日趋复杂，不稳定性和不确定性因素明显增加，中国经济在持续承压中破浪前行。在此背景下，作为动力引擎的数字经济成为发展新质生产力、扩大经济增量的重要来源。

（一）数字经济动能持续释放

得益于超大规模市场优势和内需潜力，中国数字经济呈现蓬勃发展态势，总量持续增长，领域不断拓展，并逐步进入数据要素价值转化期、数字技术创新激增期、数实深度融合关键期的"三期叠加"阶段。

1. 数据要素价值转化期

当前，数据要素已经渗透融入生产、分配、流通、消费等社会各个环节，成为推动数字经济高质量发展的关键资源，并加速进入价值转化新阶段。一方面，国家数据局促进数据资源体系建设。2023年10月25日，国家数据局正式挂牌和运行，加快了数据要素相关规划和政策的出台，促进了全国数据资源的统筹整合与开发利用，有力推动中国数据基础制度领域建章立制，为数据要素价值的持续释放打下坚实底座。另一方面，数据资产"入表"促进数据要素市场化。自 2024 年 1 月 1 日，财政部发布的《企业数据资源相关会计处理暂行规定》正式施行，数据资源正式进入企业资产负债表，在财务报表中反映数据的业务贡献与经济价值，进一步推动数据要素流通交易和资产化。

2. 数字技术创新激增期

相较于成熟度较高、发展赛道较稳固的传统技术，大多数数字技术仍处于成长过程中，更容易有新的进展。近年来，以人工智能为代表的新兴数字技术不断演进，触发技术创新的链式效应，推动人工智能、大模型、虚拟现实等前沿领域呈现集群式创新态势，促进百度"文心一言"、阿里巴巴"通义千问"、华为"盘古"、360"智脑"等一大批数字技术领域的创新成果加速涌现出来。当前数字技术创新表现出三个显著特点：一是创新频率高，短时间内多种数字技术接续产生创新性成果，本轮数字技术创新成果集中爆发于 2022 年左右。二是创新幅度大，与以往的渐进式创新不同，本轮数字技术领域的创新多数为突进式。三是商业化步伐快，本轮数字技术创新的成熟周期明显缩短，快速形成商品或服务，并将其应用于商业场景。

3. 数实深度融合关键期

伴随数字产业化与产业数字化向纵深推进，产业链供应链数字化水平持续提高，推动传统产业加速突破固有的时空限制和行业边界，使得数字经济与实体经济融合的规模、范围、层次不断提升。在多因素推动下，中国数实融合进入关键阶段。一是传统产业智能化加速。当前，人工智能正在通过生成式人工智能（AIGC）和人形机器人两条路径从"软件"和"硬件"上赋能传统产业发展，推动数字世界与物理世界协同联动，促进产品开发、产业升级和服务创新。二是制造业数字化转型规模化加速。2023年9月，中国召开全国新型工业化推进大会，进一步加快新型工业化发展步伐，数字技术作为核心驱动力在新型制造体系的地位进一步强化。三是工业互联网平台体系化加速。作为数据汇聚与技术创新的关键枢纽，工业互联网平台体系是推动数实融合的硬支撑。数据显示，当前中国跨行业跨领域工业互联网平台发展迅猛，平台数量达到50家，连接设备近9000万台套，已融入45个国民经济大类，核心产业规模超1.2万亿元。[①]

近年来，中国数字经济在快速发展过程中，也暴露了数字治理体系不健全、平台经济发展不规范、数据安全保护不到位等一些问题，因此，中国以法律手段加强平台反垄断，查处不正当竞争行为，加大对数据、算法等领域的治理力度，数字经济治理成效逐渐显现，在国民经济中地位稳步上升，日益成为经济增长的核心引擎。根据测算，未来3—5年，由于数据要素和人工智能等核心要素的进入、优化与组合，加上元宇宙、量子科技等前沿技术的不断成熟，中国数字经济每年将增长5万亿至7万亿元。到2027年，数字经济规模有望超过65万亿元。

---

① 数据来源：中国工业互联网研究院《工业互联网创新发展报告（2023年）》，2023年10月。

（二）培育壮大数字经济新动能的主要着力点

2023年中央经济工作会议大幅提及"数字经济"，不仅连续5年提出"发展数字经济"，而且通过较大篇幅提及数字经济发展相关要点，为推动数字经济发展进一步明确方向。当前，中国数字经济加快由模式驱动向数据驱动转变，数字经济领域的传统动能日渐趋弱。要加快培育新动能，具体有以下三个着力点。

1. 增强头部企业发展信心，提振数字经济续航力

头部企业在数字经济领域具有显著的影响力、号召力，对行业发展方向和产业生态构建有着引领性、示范性作用。当前，数字经济领域的头部企业仍未恢复，多数企业投资意愿不强，投资行为谨慎，需要增强企业发展信心。一是激发平台企业积极性。平台企业是数字经济发展的主力军，要释放出更加明确和积极的信号，支持平台企业发挥更大作用，鼓励开辟新赛道，深度参与社会价值创新。二是大力弘扬企业家精神。聚焦数字经济领域的优秀民营企业和企业家，突出民企发展成果与社会贡献，提升宣传引导的精准度和实效性，切实推动优秀企业家精神弘扬光大、落地生根。三是加强政策预期管理。坚持有益于长期发展的方针政策，持续完善政策设计长效机制，保持数字经济领域政策的连续性、稳定性、可持续性，慎重出台有收缩效应的行业政策，立体化推进政策宣传解读，向市场传递出明确而积极的政策信号。

2. 适度超前部署数字基建，提升数字经济支撑力

数字基建是数字经济发展的支撑和底座。中国在5G基站、大数据中心等数字基础设施方面处于全球领先地位，但伴随人工智能、量子科技等新兴数字技术的迅猛发展，仍需要加强数字基建的战略布局。一是加强顶层设计和总体规划。立足长远发展，强化应用导向，从宏观上把握数字经济发展方向，统筹谋划实施路径，形成数字基础设施建设的系统推进格局。二是适度超前推进下一代数字基建工程。持续推进人工智能、5G 网络、IPv6、大数据中心、移动物联网、工业互联网等新型数字基础设施，加快推动传统基础设施数字化、网络化、智能化改造升级，充分发挥数字基础设施建设对于经济高质量发展的支撑带动作用。三是鼓励因地制宜开展建设工作。注重分区域分级施策，运用好政府和市场两种手段，倡导建设数字化、智能化、多元化的数字基础设施，加强同类型、同体系基础设施的整合与优化，推动适应绿色低碳转型的数字基础设施建设。

3. 促进新技术新产品应用，提高数字经济创新力

加速先进技术和创新成果的扩散是培育数字经济新动能的有效路径。一是加强关键数字技术研发。要充分发挥中国新型举国体制优势和超大规模市场优势，强化国家战略科技力量体系建设，聚焦高端芯片、人工智能、量子信息、关键元器件等重要领域，加强基础研究和应用基础研究，推进基础理论、基础算法等实现突破，突出原创性交融性创新，切实提高关键核心技术创新能力。二是推进数字技术创新应用。以场景为牵引，以应用为导向，推进数字技术与各领域融合，尤其是与制造领域的融合，鼓励行业企业、制造企业与数字科技企业跨界合作，强化有效对接，激发协同创新，积极拓展应用新场景，加快技术创新成果的产业化、市场化。三是提升行业智能化水平。加快完善行业智能化支持政

策,全力推动人工智能技术、机器人技术、智能算法等智能化技术在不同行业应用;加大智能化建设专项资金支持力度,推进智能制造基地建设,进一步降低中小企业智能化升级成本。

(三) 壮大数字经济新动能面临的瓶颈和制约

国家互联网信息办公室发布的报告显示,中国数字经济规模稳居全球第二,是名副其实的数字经济大国,但"大而不强""快而不优"的问题表现较为突出。

1. 技术端:部分关键核心技术仍受制于人

数字科技领域技术的不均衡状态更易形成且不易被打破,更容易衍生技术垄断、数字霸权、"卡脖子"问题。当前,中国数字经济领域的部分关键核心技术仍处于"跟跑"阶段,在未来技术走向和技术路线选择上存在被压制风险,是中国培育数字经济新动能的主要隐忧。一方面,部分关键数字技术直接面临"卡脖子"风险。中国数字技术方面存在大量亟待突破的短板弱项,高端芯片、工业控制软件、核心算法等多项关键技术的对外依存度仍处较高水平,对中国掌握数字经济发展的主动权形成挑战。以工业软件为例,中国是全球最大的工业软件市场,但工业软件仍然面临严峻的"卡脖子"问题。另一方面,全球科技竞争白热化。当前,全球科技竞争进入"高科技冷战时代",具有较强科技实力的国家纷纷加大对重要科技领域的布局,以人工智能为代表的数字技术就是其中的重点。叠加中国高科技领域面临美西方的打压和围堵,未来中国数字科技发展将面临更加激烈的竞争环境。

2. 政策端：数字经济政策体系建设相对滞后

数字经济政策体系是推动数字经济高质量发展的基础条件，但是中国数字经济政策体系建设却相对滞后，与蓬勃发展的数字经济现状不相匹配、不相适应，成为数字经济发展的短板，抑制了数字红利的充分释放。数字经济政策体系建设相对滞后主要体现在两个方面：一是数据要素潜能激发问题。数据确权机制尚未统一，数据资产地位尚未得到切实支撑，数据共享流通尚未形成统一规范，数据孤岛现象仍没有从根本上改善。二是数字经济发展与治理平衡问题。传统治理体系难以适应数字经济快速发展产生的新变化，尤其是对超大型数字平台崛起所带来的垄断、税收、安全等新问题缺乏有效解决办法，兼顾激发活力与规范发展的数字经济治理体系尚未建立。

3. 应用端：行业数字化应用的非均衡发展

数字化应用是各行各业的发展刚需。近年来，中国各行各业加速数字化转型步伐。埃森哲和国家工业信息安全发展研究中心发布的报告显示，中国数字化转型成效显著的企业比例由2020年的11%上升至2022年的17%。[①] 与此同时，不同行业的数字化水平差距也进一步扩大，行业数字化应用的非均衡发展问题日益突出。一是三次产业数字经济渗透率差异较大。从三次产业来看，农业、工业、服务业与数字经济的融合程度差异较大。中国信息通信研究院发布的数据显示，2021年，中国农

---

① 数据来源：埃森哲、国家工业信息安全发展研究中心《2022中国企业数字转型指数研究报告》，2023年5月。

业、工业、服务业数字经济渗透率分别为 9.7%、22.4% 和 43.3%。二是新兴行业与传统行业的数字化应用水平差异较大。信息与通信技术（ICT）、金融科技等新兴产业的数字化水平要显著高于建筑、冶矿等传统产业；同时，细分行业的数字化水平也参差不齐。

4. 企业端：数字经济头部企业避险情绪浓厚

当前，受长短期因素交叉传导、内外部因素同频共振的影响，中国社会预期整体偏弱。在数字经济领域，不仅中小企业投资信心仍显不足，头部企业的避险情绪也较为浓厚。一是减少企业对外投资。近年来，阿里、腾讯、字节跳动等互联网头部企业纷纷收缩对外投资，甚至裁撤投资部门，大幅减少创投业务，加快剥离非核心资产。二是压减员工规模。近几年，因为未来业务优化和发展赛道转换，几乎所有数字经济头部企业进行了较大幅度的裁员，引发整个行业的裁员潮。头部企业还压缩了招聘规模，通过压减项目和员工规模实现降本增效。三是互开生态进程缓慢。长期以来，为了保持核心业务的领先优势，大型数字平台的生态呈现各自为政、相互封闭的状态。虽然在相关政策的推动下，部分平台之间的联通工作取得一定进展，但整体上互开生态步伐仍较为缓慢。

（四）壮大数字经济新动能的建议

1. 强化数字科技战略布局，打造数字技术研发—应用体系

一是加强关键数字技术研发。要充分发挥中国新型举国体制优势和超大规模市场优势，强化国家战略科技力量体系建设，聚

焦高端芯片、人工智能、量子信息、关键元器件等重要领域，加强基础研究和应用基础研究，推进基础理论、基础算法等实现突破，突出原创性、交融性创新，切实提高关键核心技术创新能力，着力解决关系国家安全和发展的关键领域"卡脖子"难题。二是完善数字技术产学研协同创新体系。深化产学研合作机制体制改革，加强跨界合作，推进协同创新，构建开放融通的新型科技资源管理体系，引导各类创新要素向企业聚集，促进数字技术与不同产业技术融合，加快推动一批融合科技成果转化与产业化。三是加强数字技术供给体系建设。加快培育一批数字技术服务企业，打造一批数字经济创新平台，创建一批数实融合新型载体，加大对现有数字技术的管理力度，强化技术源头供给，补齐核心技术短板，进一步完善技术供给系统，推动形成数字技术应用的全流程服务矩阵，加快实施一批数字化改造示范项目。

2. 增强政策适配性，构筑指向性数字经济政策矩阵

一是增强数字产业政策适配性。坚持大企业"顶天立地"、小企业"铺天盖地"的发展格局，既要鼓励大企业在高精尖领域勇担大任，也要推动优质资源下沉，实现从支持成型的大企业向支持成长的小企业转变。二是加强政策评估。以企业的实际政策诉求为导向，建立健全重点政策督导机制，对于落实缓慢、效果不佳的政策建立工作台账，加强专题调度，促进政策尽快落地见效。加强政策评估体系建设，通过部门自评、专题座谈、走访调研、问卷调查等方式，对政策执行成效进行动态评估，持续强化跟踪问效。三是健全和完善数字经济治理体系。加快推进数字经济基本治理框架和规则体系建设，进一步完善

与数字经济发展相适应的法律法规，加强数字信用监管体系建设，有效解决数字经济快速发展过程中产生的平台垄断、无序扩张、数据安全、税款征收等问题。面对数字经济产生的新业态、新模式、新产业，应探索构建以政府为主导的多元参与监管体系，加强跨部门、跨地区协同治理，强化区块链、大数据等科技手段应用，推进监管方式创新。

3. 推动数实融合走向深入，促进数字经济与生产领域双向延伸

一是健全产业数字化转型激励机制，加大企业数字化改造支持力度，增强数字技术赋能深度和广度，鼓励企业上云、设备上云，持续推进实体经济数字化改造，推动数字经济创新活动向实体经济渗透，激发实体经济创新积极性，推动产业链价值链向高端延伸，增强实体经济核心竞争力。二是推进数字技术创新应用。以场景为牵引，以应用为导向，推进数字技术与各领域融合，尤其是与制造领域的融合，鼓励行业企业、制造企业与数字科技企业跨界合作，强化有效对接，激发协同创新，积极拓展应用新场景，加快技术创新成果的产业化、市场化。三是完善数字化赋能平台的作用机制，支持不同行业领军企业构建统一数字化平台，加强规范与监督，充分发挥平台组织在数实融合中的作用，进一步实现数字经济与实体经济之间的"去中介化"，降低交易成本，推动产业链供应链优化，提升数实融合效率。

4. 加强预期引导，提振头部企业发展信心

一是坚定头部企业信心。加大政策支持力度，引导优质资源向头部企业集聚，巩固和扩大企业既有优势，鼓励企业探索创新和规范发展。鼓励头部企业拓展产业生态。鼓励企业以核心技术研发和应用为导向，积极拓展产业边界和应用范围，形成技术与市场的良性互动，促进技术创新链与产业链共同作用，打造核心技术产业生态系统。二是强化头部企业的创新主体地位。加快转变科研思维，强化头部企业在技术创新决策、研发投入、科研组织及成果转化等方面的主体地位，广泛吸引和带动中小微创业企业融入大企业技术生态圈，突出头部企业的创新系统构建者地位。三是积极发挥头部企业头雁作用。征集一批近年来头部企业带动中小企业发展的优秀案例，重点关注头部企业如何带动和牵引中小企业发展，从生态构建、赋能带动、内部孵化等不同方面出发，挖掘特色亮点，总结形成经验，为全国范围内的头部企业发挥头雁作用提供参考。

二 强化新能源新动能

习近平总书记在扎实推进高质量发展第十一次集体学习时强调，新质生产力本身就是绿色生产力。根据国际能源署《2024年电力年中报告》，预计到2025年，太阳能光伏发电将单独承担全球电力需求增长的一半，全球能源转型将迎来重要里程碑，可再生能源总发电量将超过燃煤发电量，在全球电力供应份额中将占35%。2023年，中国在清洁能源领域投资约为6.3万亿元，贡献中国GDP增量的40%，成为中国经济和工业发展的新引擎。芬兰气候智库能源与清洁空气研究中心（CREA）在报告中也指出，如果没有清洁能源的贡献，中国经济增长仅为3%。① 2023年，中国并网风电、光伏、核电装机分别为4.4亿千瓦、6.1亿千瓦和5691万千瓦，合计11.1亿千瓦，② 非化石能源发电装机容量占总装机容量比重首次突破50%，是美国非化石能源发电装机容量的3倍。如果按照中国国家主席习近平在第七十五届联合国大会上宣布的"到2030年，风电、太阳能发电装机总容量达到12亿千瓦"为目标，风电、太阳能装机仅剩1.5亿千瓦的差距。根据2023年太阳能发电装机容量新增并网2.2亿千瓦来计算，2024年仅依靠新增太阳能发电装机容量并网即可实现承诺目标。这意味着中国能源结构转型和电力低碳转型迎来"关键节点"和"重要拐点"，中国很有可能在2024年实现碳达峰，比承诺的2030年实现碳达峰提前6年。

（一）新能源产业发展现状

总体来看，中国风电和光伏发电规模持续扩大，发电量稳步提升。根据国家能源局《2023年能源工作指导意见》统计数据，2023年前三季度，风电光伏发电量达1.07万亿千瓦时，核电发电量为0.43万亿千瓦时，风电、光伏发电量占全社会用电量的比重达到15.3%。

---

① Lauri Myllyvirta, Analysis, "China's Emissions Set to Fall in 2024 After Record Growth in Clean Energy", 13 November 2023, https://energyandcleanair.org/analysis-chinas-emissions-set-to-fall-in-2024-after-record-growth-in-clean-energy/.

② 资料来源：中国电力企业联合会《2023—2024年度全国电力供需形势分析预测报告》，2024年1月31日，https://www.cpnn.com.cn/news/xwtt/202401/t20240131_1673806.html。

第一，新增装机规模大幅增长，技术水平跻身世界前列，国际竞争力显著提升。一是在产业规模方面，新能源新增装机规模成倍增长。2023年前三季度，中国光伏和风能发电新增装机容量分别增长145%和74%，新能源装机超过全球的1/3，风电和光伏发电装机容量均为全球第一。核电装机容量同比增长2.4%，位列全球第三。二是在技术研发方面，研发制造领域全球技术领先。制造全球首台16兆瓦海上风电机组成功实现并网发电，研制123米超长海上风电叶片内部纤维材料实现突破，制造全球首座深远海浮式风电平台"海油观澜号"实现海上油田供电。承担"人造太阳"国际热核聚变实验堆计划（ITER）研发制造任务率先突破。中国具有完全自主知识产权的高温气冷堆第四代核电技术，可控核聚变技术已实现与欧美国家并跑。三是在国际竞争方面，效率规模具备国际竞争优势。中国11次打破晶硅电池实验室效率，N型、P型TOPCon的实验室最高转换效率均达到25%。中国生产的风电机组占全球市场的2/3以上，铸锻件及关键零部件产量占全球市场的70%以上。自主研发的三代核电技术"华龙一号"采用自主品牌核燃料，具有全球最新安全标准。

第二，新能源产业形成外贸竞争新优势，拉动商品出口结构持续优化，产业出口迎来新机遇。2023年，"新三样"产品出口首次突破万亿元大关，其中光伏产品出口首次突破500亿美元，同比增长超过80%。中国成为全球最大的风电装备制造基地，产量占全球市场的2/3以上，出口到全球49个国家和地区，在塔筒和铸件方面具有压倒性优势，分别占据九成亚洲市场和全部全球市场。中国核电技术设备已出口至澳洲、新加坡、美国、韩国等国家和地区，并在大力开拓非洲、中亚和东南亚等发展中国家市场。中国自主核电品牌"华龙一号"、CAP 1400 等技术受到国际市场的欢迎和认可。

第三，项目建设运营拉动产业链发展，形成立体外延产业生态融合发展模式，促进经济增长，增强就业潜力。根据国际可再生能源机构报告，2030 年，新能源产业将创造 2900 个就业机会。"双反"打压后，中国光伏企业从上中游硅料组件向产业下游系统集成转移，在制造端形成包括农光互补、菌光互补等立体外延的产业生态融合发展模式。国内风电领军企业探索海洋能源立体融合开发，自主研发风渔融合一体化装备，推动"电氢氨醇"全产业生态协同发展，依托氢能向下延伸绿氨、绿色甲醇产业链条。从"南南合作"恰希玛核电 1 号机组，到巴基斯坦首个百万千瓦级核电工程 K-2/K-3 项目，再到 C5 项目，核能合作已成为中巴合作的重要组成部分。"华龙一号"带动全产业链加快走出去，已与 60 多个国家和地区达成合作，拉动相关设备价值超过百亿。

第四，从财政补贴政策支持向产业化、市场化和商业化配置转变，新能源产业利用率大幅提高，进入提质增效阶段。2018 年"531 新政"[①] 从加快补贴退坡、降低补贴强度、加大市场化配置力度等方面对光伏政策进行调整，光伏发电成本不断逼近甚至突破煤电成本。2023 年分布式光伏、地面光伏电站和户用光伏已停止补贴，倒逼行业提高能源利用率，全国光伏、风电发电利用率分别达 98.3% 和 97.1%。中国陆风和海风分别在 2020 年和 2021 年国家补

---

① 2018 年 5 月 31 日，国家发展改革委、财政部、国家能源局联合发布的《关于 2018 年光伏发电有关事项的通知》。

贴退坡，通过绿证交易获得收入替代财政补贴。随着风机价格和上游原材料价格的逐步下行，产业链利润逐步向塔筒等零部件环节和头部企业集中。"十四五"时期，风光大基地加速推进，"以大代小"提升风电发电效率。核聚变点火"成功"，意味着该项技术具备实现商业盈利的可能，超级计算机等重大技术进步推动民营企业进入核聚变反应堆小型化领域。2023年12月，全球首座第四代核电技术商业化示范项目"华能石岛湾高温气冷堆核电站"正式投入商业运行，标志着中国核电产业从财政补贴向商业化配置转变。

（二）新能源产业未来潜能

根据"两步走"战略规划，未来3—5年是中国新能源向优向好的关键期，要形成与碳达峰碳中和目标相匹配的发展规模，培育新型能源体系，助力中国经济发展。

首先，新能源产业在全球范围拥有巨大市场和增长潜力，超大规模"大电网"仿真平台为大规模输送提供技术支撑。2030年，新能源将占全球能源供应的1/3以上，新能源产业将在全球范围拥有巨大市场。根据长城证券产业报告分析预测，到2060年，中国风光核等非化石能源发电占比将提高到80%以上，风电和光伏发电量占比从当前的9.5%增长至59.6%—70%，核电发电量从当前的5%增长至10%—18%。[1] 从光伏发

---

[1] 资料来源：长城证券《核能综合利用产业发展研究报告》，2023年3月30日，https://www.djyanbao.com/report/detail?id=3495295&from=search_list&aiStatus=undefined。

电产业看，中国是公认的全球最大的光伏建筑潜在市场，可利用太阳能的建筑面积为 50 亿平方米，如果按 20% 的建筑面积安装光伏发电系统，可以安装 1 亿千瓦的光伏系统。从风电产业看，2023 年全球海上风电基础设施产能满足率不足 70%。"十四五"时期，中国海上风电存在超过 3000 万千瓦的缺口需要在两年内完成，预计在 2024 年迎来行业密集爆发。"十四五"时期，中国运行超 15 年的 1.5 兆瓦容量以下机组的改造置换需求超过 18 GW，市场规模预期达 630 亿元。从核能发展规划看，到 2050 年，全球核电容量需要翻一番，若全球一半能源由可控核聚变提供，市场金额则高达 15 万亿元以上。核能制热替代煤炭供热具有较大市场规模和成长空间。假设 2030 年中国城市建筑集中供暖面积为 150 亿平方米，按照增长面积的 10% 由核能供热，核能供热面积将达到 5.2 亿平方米。从新能源大规模输送看，作为 2023 年度国家能源研发创新平台十大科技创新成果，超大规模"新能源—柔直—大电网"仿真平台为提高中国大规模新能源开发与高效送出提供重要技术支撑。"纯新能源电网一体化控制系统"为提升广域离网纯新能源电力系统可靠性提供技术方案。

其次，新能源一体化基地建设示范区能够打通交叉融合发展壁垒，具有较高的投产扩容需求。国家能源局消息显示，2024 年要加快建设大型风电光伏发电基地，推动基地项目按期建成投产。"十四五"时期，九大基地计划建设 148 GW 光伏、127 GW 风电。随着全球核能产业不断扩容，到 2030 年，核电站对铀的需求将从 2023 年的 65650 吨增加到 83840 吨，到 2040

年将增加到 13 万吨。

再次，中国新能源领军企业降低产品成本，投资回报率不断提升。2023 年，硅料、硅片、电池片、组件等光伏全产业链价格加速回落，风电和光伏发电成本显著下降，产业投资回报率提升。2022 年，海上风电建设成本已从 2020 年 16550 元/kW 下降至 12400 元/kW，下降幅度超 25%[①]，预计"十四五"末仍有 15% 以上的下降空间。国际可再生能源机构（IRENA）报告分析显示，电解槽价格下降和电力成本下降将降低约 80% 的制氢成本，核能制氢的发展前景广阔。

最后，共建"一带一路"合作国家成为国内新能源产能消纳的重要市场，新能源互利合作空间广阔。中国已与 100 多个国家和地区开展绿色能源项目合作，埃塞俄比亚阿达玛风电项目、阿根廷胡胡伊省高查瑞光伏电站项目、黑山莫祖拉风电项目、巴基斯坦卡拉奇核电站项目等"一带一路"新能源合作重大标志性工程相继建成。中央经济工作会议提出，要把核电作为和高铁一样的重要出口项目。根据国家能源局规划，到 2030 年，共建"一带一路"合作国家将新建 107 台核电机组，新增装机占中国之外世界核电市场的 81.4%。据中商情报网预测，到 2025 年，中国将出口新建核电机组 60—70 台，未来核电设备出口空间广阔。

---

① 杜剑强、李木盛、付小军等：《海上风电建设成本趋势分析及石化行业投资建议》，《工程造价管理》2022 年第 6 期。

(三) 新能源产业发展存在的问题与制约因素

1. 产业政策体系不完善，并网接入和大基地建设存在多方博弈

首先，产业政策体系及各方利益亟待完善厘清。对光伏企业来说，一是光伏电站强制配储给投资商带来了巨大负担，而大部分光伏电站所配置的储能系统被电网调度的情况很少。二是工商电价峰谷时段调整将光伏出力最多的时段基本纳入电价谷段，分布式项目收益严重下滑。三是强制产业配套现象依然严重。四是建光伏电站的审批时间较长。中国风电在局部电网中的比重低于12%，而丹麦、德国等风电容量在电网中的比重可达30%。中国核能产业仍处于"三步走"战略的第一阶段，核能产业快堆和聚变堆在产业化和商业化上的进步速度不平衡，如果不能合理规划快堆和聚变堆的综合协调发展，将出现聚变堆"扎堆过剩"的问题，挤出快速发展资源，影响能源结构安全。

其次，税收激励政策和金融配套政策没有形成完整互补的体系。新能源政策体系税收支持制度间缺乏协调性，增加了交易成本。中国对新能源产业的税收激励集中于生产环节，而对终端消费环节缺乏激励机制。对于风电产业政策来说，海上风电大规模发展需要万亿元级资金，有关支持海上风电优惠贷款利率、绿色和蓝色债券等一系列金融支持政策需进一步推出。此外，相比于美国、日本、韩国等核电强国对核电项目的信贷利率为3%—4%，中国核电长期出口信贷美元利率为5%—

6%，中国核电出口企业国内融资成本较高。

最后，对于大基地建设的推进，存在多方利益的博弈。国家主动推进、地方政府犹豫难定、企业申报积极，但项目落地困难。一方面，凸显了在新能源发展权限下放至各省之后，国家与地方在新能源管理方向上仍存在偏差；另一方面，面对巨量的新能源指标发放，项目申报后如何实施及何时实施并不明确。此外，新能源管理权转移至地方后，一些地方将新能源发展重点偏移到如何获取附加值上，指标超发、重复产业配套成为常态，国有企业为拿到项目付出的非技术成本持续上涨。面对承诺的巨量指标，项目难以落地，项目收益率持续压缩，基地建设陷入恶性循环。

2. 产业链全过程研发仍需落地，起点不平衡冲击新能源资本市场格局和秩序

一是光伏风电等新能源产业链较为完备，但仍呈现"两头小，中间大"的分布格局，整体竞争优势有待提高。从光伏产业链构成看，大部分集中在切片、电池片和辅材配套等中间领域，技术含量和利润率相对较低。二是核聚变产业国内创业公司和上市公司在产业链的起点不平衡。目前，中国已有多家A股上市公司涉足核聚变业务，但主要聚焦国际热核聚变实验堆、中国聚变反应堆等科研项目环节，创业公司更多关注产业链全过程研发和整体方案落地，在未来将享受较高的附加值收益，而上市公司只能分得低附加值制造和服务环节利润。价值链地位的差异又会造成创业公司迅速崛起成为新兴上市公司，而在位上市公司面临利润增长乏力的困境。产业链起点不平衡可能

会严重冲击中国资本市场的格局和秩序，从而影响中国资本市场的稳定。

3. 关键零部件制造、关键原材料和核心技术亟须突破，新技术新产品的产业化进程亟待提高

对于光伏产业，近年来出现了包括年产3000吨6N太阳能级多晶硅项目、25MW碲化镉薄膜电池生产线、高效能混合型太阳能电池生产线等技术进步，已处于行业领先水平，但仍处于小规模量产阶段。加速新技术、新产品的产业化进程，是未来亟待解决的问题。对于风电领域，中国风机设备制造水平较国际主流机型制造仍存在差距，大型风机仍依赖进口和与外商合作生产。中国轴承生产制造设备和产品质量相对落后，仅在价值量较低的变桨轴承和偏航轴承上国产替代率较高，主轴轴承仅小尺寸实现国产替代，海风主轴轴承、齿轮箱轴承和发动机轴承几乎完全依赖进口。从核燃料处理技术看，目前中国的乏燃料处理基础研究与俄罗斯、美国、法国等发达国家仍存在差距，后处理关键设备如剪切机、熔接器等也有待进一步研发。

4. 产业发展受到生态环境、资源条件、社会责任、经济成本、退出升级等制约

一是新能源产业发展受到生态环境和资源条件的制约。《关于支持光伏发电产业发展规范用地用林用草管理有关工作的通知》要求光伏电站、风力发电等项目不得在河道、湖泊、水库内建设，如果相关用地政策不能得到完善，可能极大影响中东部地区新增光伏装机规模。二是早期建设的新能源产业存在老化退出、改造安置的问题。根据《我国风电机组退役改造

置换的需求分析和政策建议》进行初步测算,"十四五"时期,累计退役风电机组容量达到125万千瓦,改造置换机组需求将超过2000万千瓦。三是新能源产业建设存在能源安全与社会责任的隐患。可控核聚变技术被不少国家奉为"能源圣杯",但日本福岛核污水排放、英国塞拉菲尔德核泄漏、美国三哩岛核泄漏、中国茨城县东海村核燃料循环工学研究所放射性物质泄漏等事件,暴露了核能建设背后的危机。四是新能源产业发展仍受到经济成本的约束。尽管美国核聚变点火试验是一次"里程碑式技术突破",以目前的技术水平和经济成本仍然难以达到民用电厂的规模发电需求。

5. 海外经济体大力发展本土新能源产业,贸易保护政策等竞争形势加剧新能源发展面临的不确定性

一是海外经济体加大发展本土新能源产业力度。欧盟通过"强迫劳动"草案掌握进口主动权,成立太阳能光伏产业联盟助力欧盟2025年太阳能光伏产能达到30GW。日本以新一代反应堆替代报废的反应堆,计划到2030年将能源结构中的核能份额由目前的7%提高到22%。[①] 在第28届联合国气候变化大会(COP28)期间,以英美法为首的22国联合发起"三倍核能"[②] 宣言,首次将核能列为需要加速发展的零碳低碳能源。二是海外国家通过"贸易壁垒+扶持本国企业"组合拳发展本国制造业,一定程

---

① 根据IAEA数据,2023年日本有33台可运行核电机组,核电约占总发电量的7.2%。
② "三倍核能"的含义为:到2050年,全球核能装机达到目前的3倍。

度上给中国新能源企业带来威胁。美国海关依据"强迫劳动"法案一度扣押了 3 GW 中国出口的光伏组件,通过"反规避"调查意图拆散中国产业链。印度通过 BCD 关税削弱中国光伏产品竞争力;通过不断扩充国内制造商 ALMM 组件制造商批准清单,降低本国制造业准入门槛;通过生产关联激励计划（PLI）补贴扶持国内制造商。2022 年,欧盟对华在风电产品上的贸易逆差达 4.62 亿欧元,欧盟正在考虑调查中国利用补贴来促进风力涡轮机制造商发展的情况。

（四）培育新能源新动能的重点任务与构建路径

1. 打破新能源领域垄断性资源壁垒,实施稳健有效的新能源财税政策

一是打破新能源领域垄断性资源壁垒,通过调度运行和市场交易途径,鼓励新能源产业市场化发展。研究光伏、风电电站电力送出和市场消纳方案,提高新能源产业并网效率和消纳水平。电网企业加大智能化运行调度技术和管理措施,统筹系统内火电、水电等调峰电源与光伏、风电、核电的配置和协调运行。打通核能供热专用小型堆的行政审批及内陆核能发展政策限制,简化新能源产业项目审批程序,缩短主管部门内部决策流程。鼓励核聚变技术研发的市场化发展,加强对社会资本的监督管理。二是实施稳健有效的新能源产业财税政策,财政补贴着眼于产业链上游技术研发、下游消费和末端处理补贴。加大对消费端补贴,扩大国内消费市场,实现国内能源消费升级替代,仍是新能源产业发展的主要目标。对于核能产业,不仅要加大产业的政策支持力度,

在财政、税收等方面给予优惠支持，还要加大对乏燃料后处理环节的支持力度，推动相关技术的研发应用。

2. 构筑"核能—绿氢—可再生能源"三位一体路线，推进"能源—资本—所有制"平稳发展

一是借鉴法国 2030 计划，即走"核能—绿氢—可再生能源"三位一体的碳中和能源发展路线。加大颠覆性创新型核反应堆、绿氢、可再生能源的投资力度，助力实现 2060 年前碳中和目标。借鉴德国、日本的做法，强制电力公司收购民众通过"零碳微单元"生产的电力，最大限度调动民众对光伏发电投资的积极性。以综合能源供应系统的形式利用核能，是远期核能利用的重要形式，即在发电的基础上，与供热、供汽、供水、制氢等应用单向结合进一步开发应用潜力。其中，核能制氢将成为核能在非电应用领域的核心应用形式。中国将通过构建以光伏风电为主、核电氢能为重要补充，以及核能综合利用与居民用能、传统工业用能耦合发展的新型能源体系，实现能源系统净零排放。二是围绕新能源产业链"建链、延链、补链、强链"的整体部署，培育保障新能源全产业链稳定可靠。通过政策引导、产业支持、招商引资等方式，中国要不断强化龙头带动，引进配套企业，打造大中小微企业优势互补、协调发展的业态发展新格局。比如，提高多晶硅生产技术水平，扩大产业链上游优势；加大对硅铸锭和切片环节等中游产业薄弱环节的招商引资力度，完善光伏产业链。三是释放太阳能电池组件及光伏应用产品等产业链下端市场潜力，保障中国核电全产业链稳定可靠，特别是核原料储备、成套项目技术、技术迭代的自主可控。积极布局建设三代热中子电站，支持

能源基部负荷系统的核电技术开发，稳步推进可控核聚变技术，特别重视快堆和聚变堆的协同创新与开发。现阶段，构建以煤炭为主过渡到化石能源与新能源多元发展阶段，进一步构建以新能源和可再生能源为主的发展战略，推进"能源—资本—所有制"平稳发展。

3. 加快"清洁能源供给大基地"建设，规划新型国家级新能源发展示范区

一是打造一批技术先进、生态友好、智慧融合的示范级"兆瓦级清洁能源供给大基地"，尽快探索形成一批可复制、可推广开发模式。按照由易到难、示范先行、分步实施的总体思路，统筹推进产业间协同发展。首先，在制度层面，协调国家与地方政府之间的关系，通过激励协调的方式强化各级地方政府参与实施。地方政府在实施过程中不仅要配套产业，更要给予产业经营所需要的营商环境。其次，在规划上既要体现产业配套的要求，还要更多体现在新技术和新模式的开拓上。比如，中东部地区考虑如何实现土地节约、空间利用和提高土地价值；对于消纳受限地区考核如何推动新型电力系统转型。最后，要着眼供给端，发挥拥有广阔海岸线、优质核电厂址，以及丰富盐碱滩涂地、采煤陷坑区等资源优势，打造海上风电大基地、核电大基地、盐碱滩涂地风光大基地、采煤沉陷区"风光+"大基地、海上光伏大基地。

二是借助"百项千亿"工程，规划包括太阳能、风能、核能等新型国家级新能源发展示范区。以加快建设新型能源体系为依托，坚持新能源产业推进集中式与分布式并举，推动大型风光电伏基地试点建设。有序开发复合型光伏电站，加快建设集中式光

伏项目，积极推广屋顶分布式光伏发电系统，推广光伏建筑一体化建设，积极引导有条件的工业园区、企业和个体进行分布式光伏发电项目建设，重点支持与农业、林业、渔业融合发展，打造渔光互补、农光互补示范区；加快海上风电重点项目建设，拓展海上风电装备等产业链发展环节，加快推进抽水蓄能项目，优化发展常规水电项目。建设分布式光伏发电系统，积极推广屋顶分布式光伏发电系统，推广光伏建筑一体化建设。

4. 打造"智慧新能源"新业态，重点规划未来3—5年新能源领域技术攻关清单

首先，形成互联网、大数据等智能技术与新能源产业有机结合的"智慧新能源"新业态，实现新能源产业技术数字化和智能化协同发展。光伏与智能技术联合打造"光伏＋"应用场景，利用光伏制氢等技术促进形成光伏集成消纳新业态。支持"微网＋储能""新能源＋共享储能"等电源侧储能项目建设，采用区块链等新技术管理绿电，鼓励新增的海上风电、集中式光伏电站建设或购买新型储能服务，保障能源供应安全。

其次，重点规划未来3—5年新能源领域技术攻关清单，抢占新能源产业发展技术制高点。世界太阳能之父马丁·格林指出，未来5年将是光伏电池技术路线角逐的关键期，大概率是主流4项技术的组合，比如TOPCon和HJT，或者TOPCon和IBC，预判光伏未来5年技术路线是扶持初创光伏企业存活的关键。对于风电产业技术，中国未来需要在三个方面重点聚焦：一是加快研制漂浮式海上风电制氢技术；二是轴承研发技术；三是风机材料再处理技术。安全高效核能技术是"十四五"时期能源领域科技创

新的重点任务，主要涉及四个方面：一是核电优化升级技术，主要是三代核电技术型号优化升级和核能综合利用技术；二是小型模块化反应堆技术，包括小型智能模块化反应堆技术等；三是新一代核电技术，包括（超）高温气冷堆技术等；四是全产业链上下游可持续支撑技术，包括放射性废物处理处置关键技术等。

5. 构建"一带一路"新能源制度型开放，巩固提高新能源产业国际竞争力

一是共建"一带一路"高质量新能源多边合作平台。坚持开放、绿色、共赢理念，共建活动丰富、成果务实的高质量新能源多边合作平台。以参与"国际热核聚变实验堆"项目建设为契机，积极对接跟踪国际市场，与发达国家核聚变产业链合作，提升中国核能产业的国际竞争优势。

二是提高金融机构对企业在海外建设电站的融资力度。采取灵活贷款担保的方式，简化贷款管理流程，实行以项目售电收费权为质押的贷款机制。加强光伏、风电等投资企业建设银企战略合作关系，对"四有企业"① 实行封闭贷款，出台各类政策推动新能源电站资产证券化。

三是平衡属地化与国际化的关系。警惕海运费用提升、汇率波动等因素对正常经营造成的影响。不仅要推动风机成套设备出口，还要在目标区建设本地供应链，提高海外抗风险管控能力，更稳健地"走出去"。

四是打造高质量精品国际合作工程项目。共建"一带一路"

---

① "四有企业"指有效益、有市场、有订单、有信誉的优质企业。

倡议深耕新能源市场，将成熟风机设备产业链引进海外新能源市场，带动产业链上下游共同出海。

三 引领新能源汽车新动能

新能源汽车一般是指采用新型动力系统，完全或者主要依靠新型能源驱动的汽车，一般包括插电式混合动力（含增程式）汽车、纯电动汽车和燃料电池汽车等。作为汽车工业的重要组成部分，发展新能源汽车是中国从汽车大国迈向汽车强国的必由之路。

发展新能源汽车对于中国的重要性体现在三方面：一是发展新能源汽车是中国经济转型升级的重要产业支撑。由于新能源汽车核心"三电"（电池、电机、电控）技术避开了传统汽车"三大件"（发动机、变速箱、底盘）的核心专利壁垒，技术上的"弯道超车"能够引领帮助上下游产业链形成自主核心技术，充分发挥出汽车工业规模大、链条长的产业潜在优势，在当前经济转型大背景下对于稳经济、保就业和促消费都将形成重要助力。二是新能源汽车是国家间第四次科技革命竞争的高地。从当前技术革命演变的趋势来看，未来技术重要突破点之一势必集中爆发在绿色新能源、人工智能两大新产业之中，而新能源汽车天然气集交通工具、移动智能终端、储能单元三大特性为一体，是整合两大前沿趋势的重要载体。因此，新能源汽车产业的发展，将成为未来国家间科技竞争的重要"胜负手"。三是新能源汽车大力发展有助于国家能源安全和绿色转型。新能源汽车的发展不仅可以减少对油气的需求，减少对进口的油气依赖，还可以作为储能单元，推动可再生能源电力的发展。新能源汽车的储能和调节过程，可以协助促进可再生能源的消纳，推动经济能源转型与能源革命。

（一）新能源汽车总体分析

2023 年，是中国新能源汽车产业发展的关键节点。一方面，中国新能源汽车产销两旺，产量和销量分别为 958.7 万辆和 949.5 万辆[①]，连续 9 年成为全球新能源汽车销售冠军；另一方面，从自主品牌竞争力来看，2023 年四季度，比亚迪纯电动乘用车销量超过特斯拉首次成为全球第一，是中国自主品牌崛起的重要里程碑。

从产业内部发展情况来看，新能源汽车已经初具驱动汽车工业转型、拉动经济快速增长的引擎作用。这种趋势表现为三大特点：一是行业发展趋势迅猛。自 2009 年国家大力推动新能源汽车发展以来，新能源汽车 2010—2023 年的产量和销量平均增速分别为 103.23% 和 99.75%，远超同期汽车整个行业平均增速的 6.16% 和 6.21%。二是在国内汽车消费市场的重要性凸显。从国内汽车市场渗透率来看，2018 年，新能源汽车国内市场渗透率仅为 4.47%，但截至 2023 年，其渗透率已经达到 31.55%，占据国内近 1/3 市场。三是推动出口增长新动能。2018—2023 年，中国汽车出口平均增速为 37.84%，而新能源汽车出口平均增速为

---

① 李强、杨一、黄培昭等：《中国新能源汽车在海外市场受欢迎》，《人民日报》2024 年 1 月 31 日第 17 版。

160.79%，约为前者的4.25倍。以出口销量计，2018年新能源汽车出口销量仅占中国汽车出口的1.16%，但2023年占比已增长为24.5%，且量价齐升态势明显。2023年，新能源汽车出口价值占汽车整体出口的1/3，大幅超过销量占比，推动中国汽车产业向价值链高端攀升。

（二）培育壮大新能源汽车新动能的主要发展方向

充分挖掘海外新兴市场、本土细分市场，以及推动本土企业海外生产销售，是未来3—5年实现中国新能源汽车产业增长潜能的重要发展方向。

1. 海外新兴市场拓展新能源汽车产业出口增长空间

虽然当前国内市场仍是新能源汽车的最大销售地，[①] 但从同比增长情况来看，新能源汽车出口市场的增速已远超国内市场。2023年，新能源汽车出口销量同比增长77.1%，是国内市场33.6%的两倍多。从全球新能源汽车产业发展来看，2022年全球新能源汽车平均渗透率为14%，仅有中国和部分欧洲国家渗透率超过20%。美国虽然为新能源汽车第三大市场，但2022年渗透率也仅为8%，全球新能源汽车市场潜能空间广阔。

具体到出口细分市场，未来3—5年中国新能源汽车出口竞争的关键区域主要应在东南亚等新兴市场。经计算，2023年我国纯电动乘用车出口排名前二十的国家合计出口量占总出口比例的83.3%，其中，10国位于亚洲（占比44.1%），7国位于欧洲

---

① 2023年新能源汽车出口在总销量中的占比仅为12.7%。

（占比43.3%），大洋洲（占比6.7%）、北美洲（占比3.1%）与南美洲（占比约2.8%）各有1国进入排名前二十。说明目前中国纯电动乘用车以亚欧国家作为主要出口方向。当前，欧洲虽然仍为新能源汽车出口的主战场，但近年来新能源汽车销量增速已出现放缓，同比增长率2020—2022年呈连续下滑趋势，从约142.1%下降到13.1%，渗透率同比增长从2020年约194.1%放缓到2022年约16.7%，这表明欧洲市场可能已经达到相对饱和阶段。同时，考虑到欧洲对于中国贸易壁垒的逐步加深，且伴随德国车企的加速转型和特斯拉的持续开拓，欧洲市场的竞争也将愈演愈烈。而东南亚毗邻中国，与中国经济关联程度较深，且拥有适宜电动车运行的气候环境、丰富的电池原料资源、巨大的市场潜力，以及当地政府积极的支持政策，对于东南亚市场的开拓将是决定中国新能源汽车行业未来3—5年出口增量的关键。

2. 本土细分市场构成新能源汽车产业增长关键点

当前，中国新能源汽车产业正在由"快速增长期"向"攻坚期"阶段转换。从国内新能源汽车的市场占比来看，本土市场增速放缓趋势明显。近三年，中国新能源汽车本土市场销量增速一直处于快速下降阶段，分别为147.48%（2021年）、93.35%（2022年）、33.58%（2023年）。当前，国内新能源汽车渗透率达31.55%，2023年渗透率增长达5.92个百分点，相较于前一年12.2个百分点的增长，下降6.28个百分点，也低于2021年8个百分点的增幅。显然，如何在本土剩余七成市场中扩大新能源汽车的份额，将成为当前新能源汽车产业潜在动能增长的最大难题。

具体来看，未来3—5年本土市场新能源汽车产业的主要增长点将体现在细分市场的拓展上，主要包括三方面。

一是从新能源汽车能源供应方式上，插电式混动汽车将形成未来3—5年消费市场新增量。在政策端补贴逐步退坡之后，消费者偏好逐步主导本土新能源汽车市场发展。由于插电式混动汽车能够在保证纯电汽车驾乘体验的同时，解决纯电汽车的"里程焦虑"和"充电焦虑"，它有望进一步打开传统燃油车市场，同时小部分替代纯电动汽车市场。2023年，插电式混合动力汽车零售销量达278.8万辆，较2022年同期增加83.9%，在新能源乘用车整体零售市场中占比达到29.5%，较2022年底上升了7.4个百分点，增长速度逐年上升。与之相对，纯电动汽车零售销量则为665.5万辆，较2022年同期增加24.3%，低于插电式混动汽车增速。从生产侧来看，虽然插电式混动汽车一般被认为是传统燃油汽车向纯电动汽车转型的中间形态，但受限于现实纯电动汽车基础设施布局进程以及电池技术的发展速度，完全实现这一转换过程尚需时日。从技术层面来看，中国式插混技术已经实现兼具"中国特色"且国际领先的技术水准。未来3—5年，本书预计中国插电混动汽车将迎来爆发式发展，在整个新能源汽车的占比有望突破40%。

二是从新能源汽车市场定位角度上，"性价比"市场和"高端"市场仍有较大增长潜能。2023年新能源A级车（价格一般10万元以下）渗透率仅为23%，在各级别车型中最低，提升空间最大。由于A级车用户对于价格更为敏感，在当前新能源汽车消费市场由增量竞争逐步向存量竞争转换时，随着竞争程度升高带来价格的下降，主打"性价比"的新能源低价车型必然也将迎来较快增长。而 C 级车（中大型新能源汽车，价格一般高于 35 万元）2023 年渗透率为 26%，仅高于 A 级车，也具备较大的增长潜力。同时，从 2022、2023 年的数据来看，35 万—40 万元区间新能源汽车销量在 2023 年的同比增幅最高，且 2022 年同比增幅也仅次于 15 万—20 万元区间的增长，表明新能源汽车消费市场的"高端化"动能正在迸发。

三是从新能源汽车市场分布上，农村地区及华中、西南等区域存在较为广阔的增长空间。2022 年到 2023 年，农村电动汽车的销量从 265.98 万辆上升到 320.87 万辆，同比增长 20.6%，低于全国平均水平 35.6%，且渗透率从 4% 上升到 17%，距离一线城市的 40% 还有较大距离，本文预计随着新能源下乡等政策的逐步推动，将带来下沉市场的进一步打开。此外，按地区划分来看，华南地区在各年份均处于全国各地区新能源汽车渗透率最高水平，而东北、西南、西北地区新能源汽车渗透率较低。具体到省份层面，2023 年渗透率排名前十的省份中，华东地区、华南地区与华北地区分别占据 4、3、2 个，而排名后十名的省份则以东北地区及西北地区为主，各占据 4 个。这表明我国新能源汽车分布较不均匀，经济较为发达省份占据大多数新能源汽车产量。目前华南、华北、华东地区新能源汽车产业相对完善，华中、西南、东北、西北等区域则存在较大的增长潜能。

3. 海外生产销售是新能源汽车产业壮大的未来枢纽环节

借鉴日本汽车工业的发展历史，中国新能源汽车产业要成长为具国际竞争力的战略产业，必将面临从"本土生产"向"海外生产"的阶段调整。原因在于：一是地缘政治竞争格局压力下，本土市场生产出口面临天花板。以日本汽车工业的崛起历程来看，1980年，日本汽车产量超过美国，成为世界第一汽车生产国，也是日本汽车工业遭到美国在内海外发达国家关注和制裁的开始。1981—1983年，日本开始在美国的压力下执行自愿出口限制政策，要求每年进口量达到170万辆，1984年出口限制放宽到185万辆。1985—1989年，限制出口量出现提升，要求不超过230万辆，在此期间日本的汽车出口量达到峰值673万辆。二是海外建厂是日本汽车工业全球崛起的重要经验。以1999—2022年日本汽车国内外产量变化来看，可以发现1999—2022年间日本国内生产汽车总量存在下降趋势，从1999年的989.5万辆下降到2022年的783.6万辆。而海外产量则波动上升，从1999年的581.1万辆上升到2022年的1738.1万辆，年均上升4.88%。以2022年日本汽车产业全球布局的状况来看，日本本土共生产784万辆汽车，出口了381万辆汽车，居当年世界第一。但若以全球化视角看，2022年，日本制造商在日本本土以外制造并销售了1727万辆汽车。这表明，2022年日本全年销售的汽车辆68.8%来自海外市场生产，仅31.2%由本土市场生产，且85%的产量由海外市场消化。

参考日本经验，"海外生产销售"模式必然构成未来3—5年中国新能源汽车行业崛起的重要路径。具体而言，这又将通过整车出海到产业链出海两步实现。首先，以整车企业出海为先导。整车企业需依托消费市场原则，根据重点地区重点渗透原则，对海外市场进行充分的调研，初步建立本地化的生产和销售网络。例如，欧洲发达地区人力成本高、体量小，匈牙利、挪威等汽车工业相对落后，政策相对宽松的国家。东南亚虽然有一定的制造成本优势，但技术、配套不完善。各整车企业可以依据自身优势，以合作共赢的态度积极与当地企业合作，做好本地化工作。其次，协同带动产业链出海。整车企业通过第一步的市场探索，明确当地的生产能力和自身的成本需求，同时结合当地市场对于本土化率的要求，通过"进口零部件组装生产""零部件当地生产"以及"纳入全球生产体系"三个阶段的拓展，逐步带动相关供应商环节协同出海，打造具有全球优势的中国新能源汽车产业出海链条。

（三）培育壮大新能源汽车新动能的主要现实问题

无论是从国内市场的培育还是海外市场的拓展来看，中国要充分实现培育壮大新能源汽车产业的潜在动能，当前仍然存在一些较为严重的瓶颈因素，亟待破除。

1. 充电基础设施建设仍然不足

一是公共充电桩建设不足。近三年，中国公共充电桩平均增长率均在50.17%左右，低于新能源汽车近三年平均增长率60.75%约10个百分点，导致车公桩比在逐年攀升，从2021年的6.84逐步攀升到2023年的7.49，公共桩服务能力逐年下降[①]。二是已有电桩布局不合理。由于充电设施建设早期"跑马圈地"现象严重，选址仅考虑场地和电力资源，缺乏合理布局规划，且目

---

① 唐葆君、王翔宇、王彬等：《中国新能源汽车行业发展水平分析及展望》，《北京理工大学学报》（社会科学版）2019年第2期。

前存在大量缺少维护的"僵尸桩"。这极大降低了已有电桩的服务效率。此外，有限的新能源汽车充电桩主要聚集在一、二线发达城市，在绝大部分中小城市，充电桩数量尚面临严重不足。三是安全监管亟须加强。据不完全统计，2022年新能源汽车起火事故70余起，其中充电起火占比超过20%。目前，车端和动力电池端已经建立了国家、地方、车企三级数据管理体系，但补能设施端还没有建立相关监管体系，无法对充电安全隐患进行及时排查与处理。

2. *后市场建设仍待规范*

一是缺乏规范完整的售后服务体系。当前以传统燃油汽车为主的服务网络，在技术储备、人才培养、维修设施等方面，均与新能源汽车售后服务要求存在巨大差距。按现有新能源车保有量及未来销量增速来算，目前新能源汽车售后单店服务量远超传统燃油车，供给明显不足。与此同时，传统"三包"服务以燃油车为基础，对新能源、智能网联车辆的特性考虑不足，售后服务标准、细则不够明晰，售后政策标准体系不健全，用户权益保障方面也存在较多争议。二是保险市场不完善，维保价格高昂。由于新能源汽车技术差异，原有燃油车保险的商业条款无法满足新能源车投保需求，且不同品牌车企配置、零件型号差异较大，难以标准化，新能源汽车理赔成本明显高于燃油车。此外，由于新能源汽车技术尚处于起步发展阶段，零部件故障率相对较高，各保险公司缺乏新能源汽车故障率及维修数据，原有索赔维修网络大多也不具备新能源汽车技术服务能力，对新能源汽车质保、保险等业务缺乏积极性①。三是二手车市场流动性不足。一方面，新能源汽车类似于消费电子产品，产品更新换代快，且新能源汽车以服务为核心的销售体系不适用于二手车，原车服务如免费安装充电桩难以继承，导致新能源汽车保值率低；另一方面，新能源汽车技术壁垒较高，车商并不开放三电系统的检测权限，二手车行业对于新能源汽车缺乏检测和定价的统一标准与专业技术，更加大了新能源汽车在二手车市场上的流通难度。

3. 国内国际标准差异较大

一是不同海外市场准入标准繁多。例如，新能源汽车出口欧洲，需要欧盟 E-Mark 认证，而出口到美国市场，则需要进行 DOT 认证和 EPA 认证。其他常见的汽车整车出口认证还包括澳大利亚的 ADR 认证、巴西的 LCVM 认证等。这些国际市场的准入标准与国内认证体系存在较大差异，出海企业需要投入大量时间和资源获得所需的认证证书，且依然存在失败的风险，影响企业拓展海外市场成功率。二是国内碳排放标准重视程度不足。以法国为例，2023 年决定未来补贴将与电动车碳足迹直接挂钩。此外，欧盟碳边境调节机制业已进入试运行阶段，未来汽车产业极有可能成为新一批"征税"对象。而国内目前对于碳排放以及碳足迹的核算机制研究不足，新能源汽车尚无明确的碳足迹计算标准，缺乏统一管理。三是各国市场合规条件差

---

① 王存福、夏天：《新能源汽车亟待直面后市场"痛点"》，《经济参考报》2023 年 12 月 22 日第 5 版。

异大。标准各异的海外市场的合规工作亦是出海难点。以德国为例，当车企计划整车出口至德国的时候，将会面临税收制度、无线传输设备法规、数据保护法规、召回制度、行业质保要求等一系列政策挑战。欧洲的《一般数据保护条例》（GDPR），号称"史上最严格数据保护条例"，对个人信息的保护有着严格规定，许多在中国较为成熟的功能，可能无法满足 GDPR 的审核要求。

4. 核心技术仍存短板弱项

一是车载芯片国产化率较低。当前国内汽车芯片自主化率大约在 10%，虽然大多数成熟制程的芯片产品国内厂商基本已有替代能力，但未来自动驾驶平台所需的算力芯片可能存在"卡脖子"风险。近两年车载主控芯片算力攀升速度极快，对于先进制程的要求也越来越高。长期来看，自主可控的半导体制造能力以及先进制程产线，仍是较为严重的短板。二是操作系统国产替代壁垒较大。虽然当前国产自主操作系统研发步伐正在加快，自主品牌如华为的鸿蒙、小鹏的 Xmart OS、飞凡巴赫座舱数字生态均表现优秀，但从底层逻辑来看，大部分国产操作系统厂商仍是基于安卓和 Linux 进行自研升级的，底层系统并未实现自主可控。三是部分核心零部件领域技术仍有差距。在高速轴承、高端材料、智能汽车所需的毫米波雷达和传感器等关键零部件方面，中国目前与世界先进水平相比仍有差距。同时，在某些关键环节的制造技术上，如电机功率密度、碳化硅半导体、高转速轴承等方面，相较于国际前沿也仍有不足。

（四）培育壮大新能源汽车新动能的对策建议

1. 持续推动充电基础设施建设，加强行业规范管理

一是强化公共充电桩数量建设，提升充电基础设施网络覆盖。建设结构完善的城市充电网络，针对高速公路沿线、城市社区、农村交通要道等"补能焦虑"问题突出的场景，通过政府主导的公共建设投资，合理布局充电设施建设网络中的空白点与关键节点。二是规范市场化竞争环境，制定实施统一标准。尽快建立新能源汽车补能设备端的市场化管理体系，从准入和退出机制设定相关要求，维护公平化的市场竞争环境，以市场化的机制提升充电运营效率和服务质量。三是建立健全行业监管体系，加强质量和安全监管。严格坚持充电桩建设各环节安全把关，加强对充电基础设施运行的监督管理，通过打通充电数据、实时监控充电状态、提前预警处置充电危险等方式，建立完整的充电监控系统，实现对充电设施运行的有效管理与合理监控。

2. 加快培育后市场服务新供给，促进新能源汽车服务提质升级

一是建立规范化售后服务体系，促进维修服务持续优化。加快推动新能源汽车维修技术标准体系建设，加强售后维修培训，校企联合增强维修人才培养，发展汽车绿色维修，实施汽车后市场配件流通标准，鼓励发展连锁经营等配件流通模式，提升汽车维修数字化服务能力，更好支撑新能源汽车产业发展和保护车主权益。二是强化政策引领支持，促进保险市场完善向好。在国家和地方层面出台引导政策，鼓励汽车整车厂商、零部件厂商、维修机构、保险企业加强合作，合力搭建新能源汽车生产制造、风险及维修等标准化数据库。鼓励保险企业按照新能源车险专属条款，联合汽车整车厂商、电池厂商、零部件厂商研发创新产品，鼓励支持险企创新发展新能源车险业务，在保险产品定价费率、条款设计等方面适度放宽监管要求，在风险综合评级、SARMRA上适度降低监管标准，为险企积极发展新能源车险等产品和服务创造有利条件。三是推动完善二手车流通、评估体系，增强二手车市场活跃度。加快推动新能源二手车检测、维修、延保、金融等体系的建立，试点完善主机厂后台数据接入支持，建立更加系统的新能源汽车数据库。进一步取消不利于二手车交易流通的负面措施，鼓励厂商给予新能源二手车在售后服务上提供更多支持，促进新能源汽车综合性能评价及保值率提升，提升二手车市场交易的积极性。

3. 推动国际国内标准接轨，创造新能源汽车出海新环境

一是强化公共平台支撑，提高企业海外合规经营能力。以政府为主导，及时跟踪新能源汽车和动力电池领域相关市场准入、环境保护、数据保护、知识产权保护等政策法规，为新能源汽车出海提供指导意见。积极鼓励行业组织、智库机构等开展新能源汽车及动力电池海外合规培训，引导新能源汽车及其供应链企业积极与相关海外企业合作，构建各方共建共享的产业链体系。二是建立健全汽车行业的碳管理体系，增强中国汽车行业的碳管理能力。加快建立健全中国碳核算和碳足迹认证标准，完善碳数据监测体系等，鼓励汽车企业建立完善的绿色供应链管理体系，实现供应链端碳排放管控及优化。注重车辆生产和使用过程中的碳

排放控制，尤其是原材料阶段碳排放的减少。加强相关技术突破，降低材料碳排放因子和能耗水平。三是积极做好国际标准对接，推动前沿领域标准国际化。推动新能源汽车及充电设施、动力电池等领域国内外标准协调对接，开展灵活务实的多双边合格评定互认合作，以政府为主导积极参与新能源汽车及相关领域国际标准制定，特别是在新兴市场以及"一带一路"沿线国家通过强化前瞻技术及标准化基础研究，围绕自动驾驶、网络安全，以及电动汽车安全、燃料电池等汽车重点领域，加快新标准研究制定，积极推动相关标准的国际化。

4. 加强核心技术研发，夺取技术高地

一是加强关键环节政策支撑，提升核心领域自主化水平。对于一批关键核心部件，如车规级智能驾驶芯片、第三代功率半导体器件、车载操作系统、线控底盘等方面，以研发补贴、专项基金、税收减免、金融贴息等政策的形式加大支持力度，推动新能源汽车产业链关键环节的自主可控。二是加强行业知识产权保护，以企业引领促进研发创新。推动创新要素向企业集聚，注重加强市场的知识产权保护，鼓励企业围绕新能源汽车前沿环节进行攻关研发。优化新能源汽车知识产权运营服务体系，加强专利运用转化平台建设，做好知识产权推广清单。三是构建产业链供应链一体化的新能源汽车科技创新体系。鼓励整车企业与零部件企业跨界携手、联合创新，积极推动研发创新、产业化创新、管理创新等。建立产业链和供应链之间的知识产权信息共享机制，提高整个产业链和供应链的知识产权保护与运用水平。推进建立知识产权联盟或专利池，通过实施许可、转让、作价入股、产业化等多种方式,推动高价值知识产权转化运用,提高研发效率。

四 提升高端装备制造新动能

高端装备制造业是工业的核心,是充分发挥新质生产力引领性、带动性的重点领域。在大飞机、光刻机、数控机床、工业机器人等高端装备领域合理运用产业政策、实施国产替代战略等措施,不仅将为中国贡献约0.75%的GDP增速,还将打造下游产业的竞争力,为中国构建现代化产业体系提供生产力支撑。

(一) 高端装备制造业是新动能的重要组成

高端装备制造业一直是衡量一国制造业先进水平的重要标尺,是制造业领域密集型知识、复杂性技术和高附加值的集合,汇聚了众多"工业皇冠的明珠"。大飞机、数控机床、智能装备、船舶、轨道交通装备、精密仪器等众多领域,一直是中国战略性新兴产业布局的重点,代表高端化、智能化、绿色化的发展方向。高端装备制造业既连接上游的新材料、金属冶炼与零部件加工,也直接对接下游制造业需求,处于中国产业链供应链安全稳定的核心地位,是新质生产力的重要组成,更是全球制造业竞争的重点。

1. 中国在高端装备制造业的三个"三分"格局

目前,中国在高端装备制造业领域面临三个"三分"格局。

一是全球装备制造业的竞争格局为"三分天下"。高端装备制造业的门槛较高,目前全球只有三个产业带中的某些经济体可以涉足，即北美、欧盟，以及以中、日、韩为核心的东亚地区，并且参与其中的大部分为发达经济体。从三个产业带的高端装备制造业出口规模来看，以 SITC7 机械及运输设备的出口规模统计数据为例，2022 年，中国、日本、韩国的出口规模占比达到了 30.74%，加上中国香港则达到 36.31%。由此推断东亚核心地区在全球高端装备制造业的占比约为 1/3。

二是中国高端装备制造业的规模占全球三分之一。中国作为制造业大国，制造业总体份额占全球制造业比重约 30%。根据中金研究院的梳理数据，2022 年，以大飞机、船舶制造、工程机械、农业机械、铁路装备等主要产品品类为代表的全球高端装备制造业总产值约为 9 万亿元，其中中国产值约为 3 万亿元，占全球当年高端装备制造业主要产品的 1/3。

三是中国高端装备制造业细分领域的技术水平呈现出"三种"不同的产业链地位，即在部分领域保持领先，在部分领域差距缩小，剩下部分领域面临"卡脖子"的问题。具体来看，中国在光伏设备、船舶制造、轨道交通设备制造方面处于较为领先的地位，已经成为中国在高端装备制造领域的重要支撑；在挖掘机、工业机器人、数控机床等领域处于追赶阶段，在关键零部件领域还难以自主可控，但是差距在逐步缩小；在大飞机，特别是航空发动机、光刻机领域处于落后发达国家的状态，高端芯片、碳纤维复材等重要零部件或材料仍需要从欧美或日本大量进口，产业链存在"卡脖子"的风险。

2. 高端装备制造业的新动能趋势

根据工信部的统计，2022 年，中国全部工业增加值突破 40

万亿元。按照80%的占比估算，中国2022年规模以上工业增加值约为32万亿元。工信部的数据显示，2022年装备制造业占规上工业增加值的31.8%，保守估计中国高端装备制造业占整个装备制造业增加值的35%—38%，因此，2022年中国高端装备制造业增加值为3.56万亿—3.87万亿元，占当年GDP比重的2.96%—3.21%。虽然高端装备制造业自身在GDP中的占比并不高，但是其联动的上下游金属材料、能源、物流、信息技术服务等产业的规模较大。例如，在铁路运输行业，高端装备制造业作为中间投入可占整个行业中间投入的10%左右；在航空运输行业，高端装备制造业的中间投入占比可达8%—9%；在电子元器件行业，高端装备制造业作为中间品投入占比可达6.92%。而且，高端装备制造业的使用成本、生产效率、生产精度，直接影响下游关键工业制成品的竞争力。

从新动能培育发展的角度来看，目前中国主要在大飞机、光刻机、数控机床、工业机器人等领域还处于较为落后的地位，而这些领域具有较大的发展前景，其带动的直接、间接需求是中国新动能的重要组成。根据保守估算，以上领域直接形成的新动能可达9000亿—9500亿元，拉动GDP 0.75个百分点，即高端装备制造业占GDP比重应为4%以上。

（1）大飞机。根据波音公司的预测，至2042年，全球新民用飞机需求将达到42595架，总价值8万亿美元；其中，中国市场需要8560架客机和货机，总价值约为1.6万亿美元，平均一年需要购买和替换的飞机数量达到428架，相当于5800亿元人民币。这也为中国创造了与民航直接相关的工作岗位43.3万个，相当于每年新增就业岗位 21650 个。2022 年的进出口数据显示，中国在空载重量超过 15 吨的飞机领域的出口规模仅为 17.4 亿美元，约为 125 亿元人民币，占世界市场比仅为 2.65%；进口 585 亿元，贸易逆差 460 亿元。同期出口第一的法国规模为 231.32 亿美元，约为 1660 亿元人民币，市场占比约为 35.2%；排名第二的德国出口规模约为 1522 亿元，市场占比为 32.27%。因此，若中国可以占据世界 20% 的出口份额，则可增加 800 亿元的出口；再加上中国每年 5800 亿元的本土需求，每年大飞机的需求可增加 6000 亿—6500 亿元，约为 GDP 的 0.5%。

（2）光刻机。光刻机是生产芯片的关键设备。近年来，中国的芯片技术发展一直受到美国的阻挠，严重影响了中国电子信息制造业产业链供应链的安全。2022 年，中国在 HS8486 芯片生产设备领域进口额超过 2400 亿元，贸易逆差达到 2100 亿元，而日本、美国、荷兰、新加坡四国的出口总额达到 7000 亿元，出口占比达到 75.98%，贸易顺差总额更是达到了 4766 亿元。中国如果在光刻机领域实现突破，每年至少能为中国提供 2400 亿元的需求；考虑到未来各国开启的数智化进程，如果中国能够在光刻机领域占据 15% 的出口市场，每年至少又为中国增加 1000 亿元的需求。

（3）数控机床。与传统机床相比，数控机床可以生产加工更复杂、精度更高的零部件产品，因此成为中国制造业体系中不可或缺的一环。作为制造业大国，中国的机床使用量很大，但是数控化率不及日本、德国等发达国家。近年来，中国在数控机床领域的赶超态势较为明显。从进出口差额来看，仅在 HS 8457、HS

8460、HS 8461 几个细分品类，中国存在贸易逆差，① 特别在 HS 8457 加工中心领域，2022 年贸易逆差达到 1414 亿元。目前来看，制约中国数控机床的部分主要是数控系统，距离日本差距较大，如果能够取得技术突破，则会为中国至少提供 1000 多亿元的产值。

（4）工业机器人/服务机器人。中国是工业机器人的主要生产市场、应用市场。2022 年，中国工业机器人产量 44.3 万套，服务机器人产量 49.1 万套。虽然中国机器人产量较高，但是在关键零部件领域的国产替代品质量，距离日本仍有一定距离。例如控制器，日本企业占据全球 40% 的份额；伺服电机，日本占据 40% 的份额；减速器，日本占据 50% 的份额。这也导致中国虽然生产和出口的工业机器人数量较多，但是仍然面临贸易逆差。根据中国电子学会的估算，2024 年，中国工业机器人和服务机器人的市场规模将达到 789 亿元、718 亿元，如果能够完全实现国产化，则会为中国提供至少 1000 亿元的新动能。

（二）发展高端装备制造业的重点任务

高端装备制造业是先进制造业的代表，发达国家均耗费多年时间进行技术和工艺积累，这些行业秘密也成为发达国家产业竞争力的来源。随着高端化、智能化、绿色化成为未来高端装备制造业的发展方向，中国仍有机会在新的市场环境中取得技术突破。

---

① HS 8457 为用于加工金属的加工中心；HS 8460 和 HS 8461 为对金属或陶瓷进行加工的器具。

一方面，对技术路线较为稳定的领域，应继续采取独立自主的措施加速国产替代；另一方面，则需要关注人工智能等技术进步催生的新需求，提前进行战略布局。

1. 在落后领域需国产替代与产业升级并举

第一，在光刻机、大飞机、工业机器人零部件等领域加快国产替代。高端装备制造业竞争较为激烈，发达国家对关键零部件等核心技术的保护力度不断加强，中国难以通过收购、并购等市场行为完成对核心技术的学习。随着发达国家对本国制造业产业链完整性、安全性的重视与日俱增，未来中国在很多高端制造领域将不时面临"断供"的风险。针对一些短期内容易被"卡脖子"的领域，中国只能加快国产替代的速度，通过独立自主获得产业发展的"生存权"。第二，加速扩大优势产业的辐射力度，带动其他产业数智化升级。中国是中等收入国家，很多基础设施建设面临数字化、智能化改造升级的需要，因此，国内市场会催生出对高端装备制造业的强劲需求。中国要先行一步，加快制定优势行业的行业标准，同时需要关注数智化、绿色化的产业升级需求，推动光伏、锂电、机床等生产环节和设备改造升级。

2. 在优势领域需国内大市场与海外市场联动

从产业链的角度，中国高端装备制造业必须统筹国内国外两个市场的安全和效率。一是要关注国内市场未来的战略发展，尽量确保战略产业的产业链完整性，关注战略产业的产业链留存率。尤其是对中国处于落后地位、容易被"卡脖子"的领域，要通过扩大国内市场对这些中间产品的需求，加速技术的迭代和进步。二是要主动部署海外，提升中国企业辐射海外的能力。

中国仍需要以东亚产业带为核心，布局高端制造业领域，将具有竞争优势、技术积累较为容易的高端制造业的终端产品或加工组装工序有序转移到东南亚、共建"一带一路"国家，如纺织机械等类似产品；其他产品也需要根据海外市场需求，积极部署海外市场。

（三）发展高端装备制造业的主要问题

从现有的发展环境来看，中国高端装备制造业部分领域仍然面临"两头夹击"的局面：从供给侧来看，中国在产业链前端的先进材料领域较为落后，短期难以取得重大突破，直接导致中国高端设备制造业精度不够，关键零部件国产替代能力不强；从需求侧看，中国不仅面临高端装备制造既有领域的工艺技术竞争，也面临软件、人工智能发展带来的配套服务升级竞争，产业链"中国＋N"的布局重构也不利于中国装备制造业外需市场的开拓。

1. 产业链前端技术积累不足，重整机、轻配套的问题短期难以消除

高端装备制造业是集先进材料、化工、光学等众多前端产业的综合，需要大量前端产业的技术和工艺积累。目前，中国在先进材料、光学电子等领域仍然处于赶超状态，长期以来采取重整机、轻配套的发展模式，使得核心零部件难以在短期实现国产替代。加之近年来美国、日本等发达国家对中国高端装备制造业实施的"脱钩断链"计划，为中国高端装备制造业未来积累技术制造难题，威胁中高端领域产业链供应链的安全。

2. 中低端产品竞争压力持续增大，中高端产品试错成本过高

第一，中国在高端装备制造业的中低端产品领域原本具有成本优势，但是随着发达国家制造业回流力度的加大，以及采取的"中国+N"政策，外资企业纷纷在东南亚地区设厂，加剧了中国在中低端领域的竞争。第二，在中高端产品领域，下游产业的应用需求会优先选择技术先进、性能稳定的国外设备，而非性能不稳定的国产替代产品，导致国内厂商不愿意开发试错成本较高的中高端产品。第三，数字技术的发展和广泛应用使得制造业与服务业深度融合，装备制造业利润空间相对较大，配套服务占比也会较大，未来该领域会面临激烈的竞争。

3. 全球产业布局加速调整，国内产业链稳定性受到考验

近年来，受到中美贸易战和地缘政治影响，全球产业布局加速调整。外资企业加速在东南亚等地区布局，国内企业纷纷在国外投资建厂，绕过美国制定的原产地要求。这使得留存国内的产业链供应链的安全与稳定受到极大威胁。

（四）对策建议

1. 善于运用产业政策，强化前沿技术的积累

产业政策已经成为全球各大经济体培育战略性新兴产业和未来产业的主要手段，中国应随时关注发达国家的产业政策，针对中国高端装备制造业不同细分领域制定更具有技术异质性的产业政策，为前沿技术积累提供时间窗口。一是要在比较有优势的产业领域，加大对前沿技术的趋势预判力度，鼓励龙头企业与科研院所展开合作，持续强化前沿技术。二是要在暂时落后的领域，

一方面，通过首台套、产品购买补贴等多种手段鼓励国内下游厂商使用国产替代产品，降低产品研发试错成本；另一方面，要采用白名单、关税等贸易保护制度，为国内厂商提供发展空间。三是要加大对数字技术应用的扶持力度，鼓励国内企业利用大模型等数字化工具辅助生产，加强对行业内数字软件及配套服务的研发。

2. 关注产业链外迁动态，鼓励企业参与全球竞争

一是要持续观察高端装备制造业产业链主要环节的本土留存率情况，通过集成化的形式将主要零部件以中间品运到海外生产基地，尽量将核心生产环节留在本土，保持产业链的完整性；同时，要完善专利制度，保障核心技术的安全。二是要鼓励优势行业的企业走出去，在海外投资建厂，并鼓励龙头企业通过申请专利、参加行业标准制定等途径提升它们在优势领域的技术话语权。三是要为企业提供便利化的金融、法律等服务，优化企业海外投资建厂的汇率结算、境外法律咨询等事项，利用贸易规则合理为中国企业争取合法利益。

3. 以国有企业为核心，大力实施国产替代战略

国有企业在高端装备制造业具有较强的抗风险能力，理应承担起更为重要的社会责任。一是要以行业内部的龙头企业为牵引，由国有企业承担重大装备研发的首台套工作，建立重点产业的装备中试平台、研发中心，以政府、企业、金融机构三方共担的形式进行重大国产设备的研发工作。二是要加快实施国产替代战略，以产业链群、产业生态的形式进行供需对接，加大对下游采购国产设备的补贴力度，同时建立成本分析台账，对采用国外机器与

国产机器的企业进行分类对比，从税费、补贴等形式弥补下游企业的使用损失，加快国产替代的步伐。三是要加强对产业链中"专精特新"企业的培育，以龙头企业为核心，通过设立科研基金、共同研发课题的形式，加强各生产环节的技术孵化，并将"专精特新"培育率纳入产业链安全考核指标。

五　培育生物医药新动能

习近平总书记指出，"把保障人民健康放在优先发展的战略位置"①。培育生物医药新动能，将为人民群众生命健康保驾护航提供可靠支撑。从现状来看，生物医药产业在疫后经济修复阶段的战略意义进一步凸显，是中国重点发展的战略性新兴产业，也是加快形成新质生产力、增强发展新动能的重要着力点。

（一）生物医药新动能加速壮大

生物医药是关乎民生福祉和人民生活品质的基础性产业，是关系经济发展和国家安全的战略性产业。近年来，中国不断加强对生物医药领域的政策支持，推动行业发展与创新，生物医药产业的重要性日益凸显。

1. 助推健康中国建设

全面推进健康中国建设是实现中国式现代化的重大战略部署，也是一项多层次、全方位、立体化发展的复杂系统工程。推动生

---

① 《习近平著作选读》第 1 卷，人民出版社 2023 年版，第 40 页。

物医药产业发展，将为提高疾病治愈率、增强全民身体素质提供坚实的物质保障和有效的技术手段。培育生物医药新动能是满足人民日益增长的卫生健康服务的必然要求，是助推健康中国战略落实落地的重要路径。

2. 应对人口老龄化

近年来，中国人口老龄化进程加速。截至2023年底，中国60岁及以上人口占全国人口的21.1%，其中65岁及以上人口占15.4%，平均预期寿命在78岁左右。伴随人口老龄化程度加深，中国慢性病患病形势将更加严峻。目前，慢性病造成的疾病负担已经占中国总疾病负担的70%以上。生物医药在老年群体的药物研发、疾病治疗和健康管理等方面发挥着重要作用，培育生物医药新动能是积极主动应对人口老龄化的重要内容。

3. 推动现代产业体系建设

作为现代产业体系的重要组成部分，生物医药产业是现代生物技术与医药产业融合形成的重要产业，涉及中药材、原料药、药物研发、医疗设备及器械制造等多个产业链，与化工、环保、能源等基础制造行业密切相关。它的科技含量较高，能源原材料消耗较少，体现了国家较高的科学技术水平与产业创新能力。截至2022年底，中国生物医药领域上市企业数量为1385家，总市值达12.14万亿元，涵盖制药、器械、服务等多个领域。[①] 培育壮大生物医药产业，提升行业整体发展水平，对推动上下游产业

---

① 王小理：《加快统筹生物医药产业发展和安全》，《学习时报》2023年8月28日第5版。

链协同、促进化工等传统行业转型升级有着巨大作用。

总体来看，中国生物医药领域呈现蓬勃发展态势，医药技术创新与应用取得显著进展，生物医药研发能力不断提高，一大批国产仿制药、创新药等代表性生物医药成果纷纷涌现。自2011年以来，中国批准上市新药达到510个品种，目前在研的生物医药管线占全球比重达到35%。① 根据测算，未来3—5年，由于健康老龄化理念深入人心，中国生物医药市场前景将更加广阔，行业市场规模每年增长率约为8.5%，到2027年有望超过6万亿元。

（二）培育壮大生物医药新动能的重点任务

近年来，中国高度重视生物医药产业发展，"十四五"规划将生物医药产业列入"抢占未来产业发展先机"的战略性新兴产业。2023年中央经济工作会议提出，"打造生物制造等若干战略性新兴产业""开辟量子、生命科学等未来产业新赛道"。从经济社会发展的需求来看，培育生物医药新动能的重点任务主要包括以下几个方面。

1. 生物医药发展主线将从以仿制药为主逐渐转向创新药

近年来，中国仿制药质量显著提高，目前通过仿制药质量疗效一致性评价或者按新标准批准的仿制药超过8400个品规，其中部分仿制药的疗效和安全性与原研药等效甚至超过原研药。经

---

① 数据来源：《毕井泉：推进健康中国建设，需增加有关产业和领域投资》，http：//m.peopledailyhealth.com/articleDetailShare? articleId = 31cfdb0bc6644a3bbebede9edc7502da。

过长期技术储备与积淀，中国生物医药领域的科研水平显著提升，加速由跟踪仿制向自主创新转变，国内多个头部药企的仿制药占比不断缩小，创新药占比不断扩大，研发管线逐步以创新药为主。在此过程中，一大批创新药成果竞相涌现，与世界医药强国的差距不断缩小。国家药监局发布的数据显示，2023年，中国药品研发创新活跃，新药上市许可申请470件，同比增加40.72%，批准上市的1类创新药数量达到40个，约为2022年获批数量的两倍。

2. 生物医药产业空间形态由核心城市逐渐转向产业集群

生物医药产业对资源要素集聚程度要求较高，其发展过程受地区区位条件、产业基础、政策环境等多方面因素综合影响。传统的生物医药产业空间形态以核心城市为主，形成较为完善的产业集群，如上海、北京、苏州、广州、亳州、福州等核心城市，推动中国生物医药规上企业营收超过千亿的省份达到13个。与此同时，由于核心城市功能定位与产业发展趋势变化，部分地方生物医药产业初步形成资源集聚发展的态势，产业外溢效应不断显现，形成了京津冀、长三角、粤港澳、成渝等生物医药产业集群。伴随区域协作持续深化，中国产业链衔接配套能力不断增强。

3. 生物制药研发与制造由传统模式逐渐转向数智模式

伴随通用人工智能技术的快速发展，数智技术在生物医药产业发展中扮演的角色日益重要。越来越多的生物医药企业开始探索人工智能赋能生物医药产学研新场景，借助人工智能技术手段来加快药物研发速度，提高研发成功率。目前，主要智能化应用包括新药设计、药剂分析、疾病诊断等方面。与此同时，生物医药产业体系复杂化程度高,细分领域多,各个产业系统间的"信息孤岛"问题较为严重。伴随生物医药产业数字化协同水平不断提升,中国要进一步打破行业信息不对称的困局,促进各类信息与资源的汇聚、融合与共享,提升交易效率与便捷性。

4. 生物医药发展理念从追求增长转向发展与安全兼顾

近年来,中国生物医药产业在取得巨大发展成就的同时,也存在关键核心技术受制于人、部分科研仪器和试剂耗材依赖进口、大量重要专利药物被国外垄断等隐患。生物医药领域关系到人民群众的生命健康,面临的安全风险问题更加突出,一旦出现事故,可能造成严重社会危害。同时,从全球角度来看,围绕科技创新与产业化应用,主要大国在生物医药领域的国际竞争日趋激烈。安全和发展是保障生物医药动能成长与壮大的两翼,未来中国将更加注重统筹生物医药产业发展和安全。

(三) 培育壮大生物医药新动能面临的瓶颈和制约

从长远来看,生物医药领域具有广阔发展前景。然而,受全球性、周期性变化的影响,以及国内前期发展的行业泡沫,中国培育生物医药新动能目前仍存在人才、政策、资源、资本等方面的制约。

1. 高端生物医药人才短缺

生物医药产业是典型的知识密集型、资金密集型产业,其发展对高端人才的依赖性较大。近年来,中国吸引了一大批生物医药领域科学家、专业人员回国创业,目前高级人才的薪酬已经接近发达国家水平。然而,中国生物医药领域的高端人才仍处于紧缺状态。一是海外归国的高端人才总量有限，且大部分被国际医药巨头聘用，全球学者库公布的10万名科学家中，生物领域顶尖华人科学家前30名，并且在国内工作人数较少。二是国内高校和研究机构毕业的新生代人才，在创新能力和研发能力方面与高端人才相比，仍存在明显差距。三是企业内部培养的储备型人才，供给速度跟不上医药产业的高速发展趋势。

2. 医药科技资源配置亟待优化

当前，中国生物医药领域的科技创新资源配置缺乏整体规划，"国家队"建设布局体系尚不健全，尤其缺乏"国家实验室"和大型研究机构；科技项目资助额度小，研究周期短，低水平重复资助现象仍较为突出；各领域研究呈"拼盘式"，协同创新体系有待进一步完善；科研项目设置中按管理职能划分造成的人为分割现象仍较为突出，自上而下的管理体系尚待健全。与此同时，科技创新与产业发展之间存在脱节现象，产业链、供应链、人才链和资金链"四链融合"存在较多堵点和卡点，中国在生物领域的科研产出与美国相差4—26倍。

3. 财政资金支持的精准性有待提升

目前，中国生物医药领域的基础研发投入强度和投入绝对额与发达国家均存在较大差距。有鉴于此，中国出台多项支持生物医药基础研究的财政政策，通常以专项基金或引导基金形式存在，但这些财政资金的关注焦点更多在于企业投资强度、缴纳税金额度、用工规模等方面，评价导向偏重单笔资金投入效果。而以试验为基础的生物医药领域，大部分研发活动是探索性、验证性的研究，最终成果存在较大不确定性。由于容错机制、评价标准等尚不健全，大量资金被用于基础设施建设，引导基金未能充分用在"刀刃"上，引导作用发挥不够充分。

4. 风险投资金额大幅降低

生物医药产品研发是一个复杂、漫长、成本高昂的投入过程，需要有充足的资金支持。受国际格局深刻演变和全球经济低迷影响，风险投资市场增速近年来有所放缓，中国生物医药领域的风投金额明显下降。2018—2019年，中国生物医药领域风投和私募资金达到172亿美元，2020—2021年则减少到162亿美元，2022—2023年（截至9月26日）继续下降到45亿美元。[①] 生物医药领域的"资本寒冬"，导致一大批生物医药企业难以获得融资，研发活动无法深入推进，部分企业甚至面临倒闭的风险。

5. 创新药发展仍面临多重现实困难

创新药是具有自主知识产权专利的药物，对中国生物医药领域发展具有重大意义。近年来，随着技术的进步与市场需求的变化，越来越多的企业开始进入创新药领域。然而，目前创新药发展面临多重困难：生物医药行业监管趋严，新药审批流程普遍较长；社会对于药品疗效和安全性的关注度不断提高，企业面临的研发压力加大；部分创新药因价格谈判降价幅度达不到医保部门要求的底价，未能进入医保报销目录的创新药面临销售困难；创新药在医院采购环节面临约束。艾昆纬（IQV）2022年发布的报

---

① 毕井泉：《支持生物医药创新 推动高质量发展——在中国医药企业管理协会中国医药科技论坛上的主旨发言》，2023年12月16日，https：//www.cciee.org.cn/Detail.aspx？newsId=20914&TId=685。

告显示，国内近 5 年只有约 10% 的三甲医院采购了列入医保目录的创新药。

（四）加快培育生物医药新动能的建议

1. 紧抓新一轮生物医药行业变革机遇，持续优化产业创新生态

把握好新一轮生物科技革命和产业变革，加强基因编辑、基因驱动等前沿生物医药技术的研发应用，加大对"国家实验室"和大型研究机构的投入力度，奋力抢占技术制高点。持续优化营商环境，推进投融资体制改革和模式创新，不断打破民间资本参与生物医药领域投资的限制。坚决从法律和制度上落实国企、民企同等对待要求，确保民企在融资成本、项目申请等方面得到公平对待。以培育专精特新企业、隐形冠军为导向，加快推动有利于民营企业参与的 PPP 新机制出台，进一步引导民营企业进入生物医药领域。促进产业链、供应链、人才链和资金链"四链融合"，推动生物医药领域形成高水平创新循环新生态。

2. 加快世界一流水平人才队伍建设，扩大人才自主培养规模，提升人才自主培养质量

制订并启动生物医药顶尖人才行动计划，通过引进、培养、"海外人才基地"三管齐下，造就一批顶尖人才队伍。完善医药高层次人才培养体系，加大对素养高、潜力大的骨干人才培养力度；加强本领域的基础学科人才培养；加大对生物医药前沿新兴领域人才的培养与引进，做好系统性递进式青年人才培养方案。健全人才激励约束机制，持续完善生物医药重大项目的"揭榜挂

帅""赛马"等机制；深化生物医药科技人才岗位设计，完善首席科学家、首席技术专家等制度；进一步完善科学的生物医药人才评价激励机制，强化中长期激励，激发和释放人才的创新创造活力，持续推进人才服务保障工作科学化、规范化和效能化。

3. 推动生物医药科技资源优化配置，强化有组织科研活动

探索设立国家健康科技管理领导小组，统筹管理科技资源；制订优化生物医药科技资源配置行动计划，以"国家实验室"和大型研究机构为重点，加快制定并启动高端科学仪器科技重大专项；以科技成果质量为导向，持续优化科研项目管理制度。持续推进生物医药基础研究，加强研究体系设计，加大生命科学基础研究投入，强化动态布局，整合重点方向，有组织、有导向推进基础研究工作；完善生物医药学科专业体系建设，加大对相关学科支持力度。推进模式创新和机制改革，探索生物与医药前沿领域交叉中心建设；鼓励开展非共识研究和原创性研究，支持"无人区"探索。强化国家战略科技力量协同创新，推动实施一批具有靶向性国家重大攻关项目；以人民群众迫切需求为导向，设立一批基础研究与应用研发互促类项目。

4. 优化生物医药产业发展环境，增强产业发展接续性和竞争力

持续深化生物医药领域商事制度改革，简化审批条件，持续完善药品审评审批制度，继续清理在政府采购、招投标等领域的障碍和隐性壁垒，塑造更加公平透明、可预期的市场氛围。对标国际标准，推进规则规制管理标准等制度性开放，营造国际化、法治化、市场化营商环境。鼓励生物医药龙头企业在产业链中发

挥引领作用，促进产业上中下游有效衔接，引导新产业、新业态、新模式可持续发展，开拓生物医药产业发展新空间。完善药品招标采购机制等，健全仿制药支持政策体系，加快优质仿制药进入临床的速度；以支持创新为出发点，统筹医药企业的成本负担与收益分配，加强公平的价格竞争环境建设，积极探索创新药合理定价新模式；进一步降低创新药进入医疗机构的制度性门槛。

六 培育未来产业新动能

未来产业是由原创新技术、交叉融合技术推动，创造新需求、新场景，重大科技创新产业化后形成的前瞻性新兴产业。与战略性新兴产业相比，未来产业更能代表未来科技和产业发展的新方向，对经济社会变迁起到关键性、支撑性和引领性作用。未来产业发展具有"不进则退，慢进亦退"的特点。只有加快前瞻布局，未来产业才能赢得发展先机。在国家层面，《关于推动未来产业创新发展的实施意见》提出加快前沿科技产业布局，明确了包括未来制造、未来信息、未来材料、未来能源、未来空间和未来健康在内的六大未来产业新赛道。在全球范围内，美国、欧盟、日本等都已发布未来产业发展战略，加速未来产业布局，试图通过技术创新抢占竞争制高点，未来产业发展成为国际竞争焦点。

（一）未来产业的发展潜能

第一，在制造数量、市场规模和技术发展方面前景广阔。一是制造数量有望保持增长。加大卫星空间基础设施建设仍将是中国未来 3—5 年空天信息领域的主要工作，卫星发射及制造数量未来均有望保持增长。二是市场规模潜能巨大。2022 年，中国 AIGC 核心产业规模 11.5 亿元，预计在 2030 年将达到 4441 亿元；2025 年，中国储能电芯产量将达到 390 GWh；2030 年，元宇宙技术将为全球 GDP 贡献 3.01 万亿美元。三是关键技术领域发展空间广阔。预计 2025 年，中国将拥有约 479.9 亿元的市场规模，中国 NFT 市场规模预计从 2021 年的 1.5 亿元增长至 2026 年的 151.12 亿元。

第二，产业呈现收入增长、价值提升、成本下降趋势。一是行业整体收入持续增长。"元宇宙第一股"Roblox 在 2023 年第四季度整体收入同比增长 30%，元宇宙科技巨头 Reality Labs 同期业务实现收入 10.71 亿美元，同比增长 47%。二是产业关联及衍生具有较高的商业价值。生成式人工智能有望在全球范围内创造约 7 万亿美元的价值增量。中国液冷系统市场空间预计将达到 160 亿元。三是研发成本可能突然大幅下降。尽管元宇宙分布式多人协作平台尚未搭建，但一旦出现某种革命性开发平台，研发成本有望突然下降。

第三，供给端和需求端"双向发力"，创造就业机会和发展空间。一是供给端和需求端"双向发力"助力产业发展。从卫星通信产业供给端看，中国是全球第二大在轨有效卫星的拥有国，华为依托"北斗三号"率先实现智能手机进入"太空新赛道"。从需求端看，2025 年，卫星通信产业潜在市场空间有望达到每年 250 亿元，整体市场增速有望迎来历史提速拐点，提升至 15% 以上。从储能产业核心环节看，中国电化学储能电芯产量预计将在

2025年达到390 GWh。随着未来峰谷价差的持续拉大，用户侧储能经济性将得到显著提升。二是创造大量的就业机会，扩大收入来源。未来产业包括数字经济行业创造了大量的就业岗位，元宇宙也创造了大量的就业机会。三是多领域应用发展空间广阔。卫星互联网将成为未来移动通信网络的重要基础设施，在太空中实现高带宽低时延宽带覆盖。脑机接口技术可以帮助患有严重神经障碍的患者恢复运动能力和感觉功能。

（二）未来产业的发展现状及趋势

第一，国家政策加大扶持助力产业快速发展。一是各国政府高度重视，国际机构积极关注。日本金融厅与FXcoin、CoinBest等虚拟货币平台配合，计划将日本打造成为元宇宙发达国家；韩国政府推出《元宇宙五年计划》，致力于打造元宇宙行政服务生态。二是中国具有集中力量办大事的体制机制优势。中国通过国家发展规划、专项规划、年度计划以及重大工程项目等集中力量组建新型研发机构科技攻关，调动中央企业和地方国有企业将科技创新和产业发展向未来产业领域倾斜。三是大量基地涌现。工信部设立的国家人工智能创新应用先导区已经达到11个，覆盖长三角、京津冀、粤港澳、成渝四大战略区域，以及长江中游城市群，成为人工智能应用和创新的重要基地。四是设置国家重点研发项目及试验平台。2022年，中国6G前沿技术研究进入测试及验证的初步阶段，信息通信领域的诸多实验室、新型研究机构相继开展6G研发试验环境与平台搭建工作。

第二，多领域技术水平及原创项目获得突破。一是多领域技术水平获得突破。在人工智能方面，中国人工智能行业竞争力进入全球第一方阵，东数西算工程全面启动。鹏城实验室已研发建成全面自主可控的 E 级人工智能算力平台"鹏城云脑Ⅱ"，实现全球 IO 500 总榜单七连冠。在空天信息产业方面，截至 2023 年 5 月 1 日，中国在轨卫星数量已达到 628 颗，初步建成了通信中继、导航定位、对地观测等系统，通导遥融合发展态势基本形成。在人形机器人方面，中国专利申请数位居全球第一，预计到 2025 年，中国人形机器人将实现批量生产。在量子信息技术方面，中国拥有亚洲第一的量子科技研究水平，实现了世界上最长距离的量子安全直接通信。在 5G 基站建设方面，中国累计建成 5G 基站 337.7 万个，"5G + 工业互联网"项目数超过 1 万个。在融合应用深度拓展方面，已建成 2500 多个数字化车间和智能工厂，研发周期缩短了约 20.7%。二是原创项目连创纪录。2021 年，智源研究院悟道大模型项目连创"中国首个 + 世界最大"纪录，智源"悟道 3.0"进入全面开源新阶段。三是与发达国家差距不断缩小。在超算、人工智能、5G、空海探索等多条"新赛道"上，中国具备与发达国家并跑乃至领跑的综合实力，未来产业发展指数综合评分位居全球第二，中国城市占最具影响力的"未来产业"企业排名的 17.5%。

第三，市场优势、金融赋能积极推动产业发展。一是形成产业链和市场优势。先进通信、智能联网汽车、光伏等领域已形成完整的产业链和市场优势。中国是全球第二大人工智能市场，2022 年，国内人工智能市场规模为 2845 亿元，同比增长 43.18%；中国 AIGC 市场规模为 42 亿元，占据全球的 91.3%。

中国储能市场规模增速高于全球平均水平，国产电化学储能电芯占据全球储能市场的90%，拥有绝对的市场垄断地位。根据IDC统计和预测，2026年，中国AR/VR市场规模将超130亿美元。二是多领域交叉融合推动市场一体化。元宇宙的兴起可以整合商品和要素市场，实现虚拟世界和现实世界的"跨界流通"，突破商品和要素市场的地理限制，打破市场分割和制度性阻碍，推动统一大市场建设。三是促进金融领域创新。首先，以区块链为基础的去中心化金融给金融底层逻辑带来了颠覆性改变，典型代表如数字货币、数字资产等。其次，以数字孪生技术为基础的虚实交互赋能传统金融业务，如场景金融、模拟风险管理等。

第四，企业成为产业转化和成果孵化的主力。一是企业是产业转化的主要力量。布局未来产业就是布局未来产业主体，从国内企业看，华为、小米、OPPO等企业先后布局未来产业。二是带动相关产业快速发展。通用人工智能、量子信息等前沿技术领域呈现巨大发展潜力。有关数据显示，2022年，中国人工智能核心收益为2417亿元，带动产业规模为9504亿元。三是产业转化快速发展，成果孵化收益显著提升。由企业主导的产学研创新联合体、"揭榜挂帅"、"企业家出题，科学家答题"等产学研协同创新及技术转移转化加快发展。2022年，中国发明专利产业化率达到36.7%，通过产学研合作产出的发明专利产业化平均收益达到1038.5万元/件。

第五，电力、算力"两力"发展成为未来趋势。一是算力产业是最具确定性的产业。算力规模位居全球第二，核心产业规模达5000亿元。2024年政府工作报告提出，适度超前建设数字基础设施，加快形成全国一体化算力体系。2025年，中国算力规模将超过300 EFLOPS，算力产业进入全速增长周期。二是算力增长瓶颈约束电力产业发展。全球范围内算力比拼离不开水、电等资源要素的支撑，人工智能行业正在走向能源危机，埃隆·马斯克更是直言人类处在有史以来最大的技术革命边缘，算力芯片紧缺之后，最迟2025年将会出现电力的短缺。

（三）中国未来产业发展存在的问题与制约因素

1. 国家顶层设计文件及产业差异规划尚未出台

第一，国家顶层设计文件尚未出台，未来趋势及技术路径存在争议。一方面，国家尚未出台未来产业培育发展的顶层设计。成都、杭州、郑州、南京等地相关部门反映，目前国家尚未出台未来产业培育发展的顶层设计，地方缺乏权威的上位文件指导。另一方面，未来发展趋势和技术路线尚不明确。未来产业发展面临更长的试错周期，技术类型和认知方式存在争议。同时，一些商业模式被证伪，比如元宇宙概念早期的NFT价值已经归零，许多区块链游戏被认为是"庞氏骗局"。

第二，存在重复规划和产业重叠的现象。首先，主体目标差异造成层级间和区域间重复规划。国家和地方政府在推进未来产业建设时，存在产业重复性规划支持。其次，产业政策划分过细导致产业重叠，比如元宇宙技术包括区块链、人工智能、5G、数字孪生等。最后，企业支持政策存在交叠，初创企业支持不足。一方面，不同地区在布局产业时，对未来产业企业的政策支持存在交叠；另一方面，一些规划资金无法支持到部分中小初创企业。

第三，地方缺乏依据产业资源基础制定差异化政策的能力。其一，地方政府对未来产业的理解有所偏差，对于选择的重点赛道是否"真正"属于未来产业范畴不确定，可能与日后出台的国家顶层设计有偏差。其二，地方政府不能很好地以地区产业资源条件和空间禀赋为基础制定产业政策。有的地区提出从0到1构建未来产业，而这些地区并不具备量子产业资源基础，可能引致无效建设和资源浪费等问题。其三，地方产业规划存在"照单全收"式发展问题，缺乏对优势产业的精准支持。有些地区调研发现，产业链存在产业空白，以此得出要"以链招商""一链一策"填补现有产业链空白。而中国未来产业链布局一定是"依据自身条件广泛参与到国内分工，入侵国际分工"，根据地区优势产业予以精准支持，构建国内大循环产业链，并非"照单全收"式发展。

2. 高端人才及技术水平在国际竞争中存在差距

首先，高端复合型人才需求紧缺。一是人才培养体系不健全。中国人工智能人才培养体系尚不健全，通用人工智能领域同时精通算法和工程实现的顶级人才稀缺。二是学科壁垒制约人才培养。中国人工智能的两大支柱学科——计算机科学和统计学存在严重的学科壁垒，学科设置不平衡严重制约了统计学对中国人工智能发展的支撑作用。三是工程经验社会平台尚未搭建。通用人工智能对算力和数据要求极高将堵塞民间发展，而相关社会平台尚未搭建。

其次，技术水平在国际竞争中存在差距。一是原始创新能力不足。中国在基础科研领域与发达国家相比存在差距，传统产业仍处于中低端，关键零部件依赖进口。二是技术标准面临分化风险。各类重点场景需要技术内涵差异化体系支撑，唯有提前布局并掌握技术标准的话语权，才能摆脱自有技术标准被孤立的风险。三是高技术领域存在短板。比如元宇宙涉及增强现实、虚拟现实、人工智能、区块链等多种技术，如何实现复杂技术集成、多技术协同和跨技术合作是主要的挑战。

最后，基础研究和原创算法存在明显短板。一是核心部件仍受制于人。基础研究在高端芯片、关键部件、高精度传感器等硬件方面缺少原生支持。IGBT 国产率仅为 25%，大功率 PCS 仍需要进口 IBGT 模块。二是关键技术迟迟未出现革命性进展。比如，5G 尚未实现不同场景的应用要求，虚拟现实、增强现实技术在过去几年应用和设备发展缓慢，显示材料、新能源技术亟待突破。

3. 市场份额及投资发展处于供应创造需求阶段

第一，投资及市场份额逐步降温。一是产业处于发展早期阶段。图灵奖得主杨立昆（Yan LeCun）认为，现在的人工智能远未达到"知识智能"阶段，仍处于"数据智能"阶段。二是融资规模及金额下降。2019 年，全球人工智能领域融资规模环比下降 7.3%，中国人工智能领域融资金额同比下降 55.8%。三是投资收益不高。知名企业 DeepMind 在 2018 年净亏损 4.7 亿英镑，亏损同比扩大 55.6%。Meta 的 Reality Labs 业务在 2023 年亏损 161.2 亿美元，Roblox 在 2023 财年整体净亏损 11.52 亿美元。四是科技金融机制难以满足产业个性化需求。在未来产业的基础核心技术研发方面，现有科技金融机制仍然以政府补贴为主，产业私募基金、风险投资等市场主导的新型金融产品体系仍然缺乏。

第二，市场处于供应创造需求阶段。一是营收贡献率较低，投资收益短期难以显现。中国只有9%的企业借助人工智能技术成功实现了超过10%的收入增长。而5G基站、元宇宙的投资回报周期更长，研发投入更大。二是市场仍处于供应创造需求阶段。中国移动5G专网业务收入远低于5G建设投资的587亿元，市场渗透率偏低，全国地铁里程栅格综合5G覆盖率仅为55.49%。三是市场培育力度需进一步加大。在未来产业，大多数企业人员规模在200人以下，以中小型创新创业企业为主，缺乏生态主导型领军企业。

第三，企业投资未来产业布局滞后。一是企业的人工智能技术使用率不高。中国的人工智能技术使用率停留在41%，相较于国际平均水平仍有一定的发展空间。二是企业技术路线与公司整体商业布局不协调。仅不足三成的受访中国企业能够确保其人工智能战略与公司的整体商业布局实现协调统一，中国企业有待提升对人工智能技术长远价值的认知。三是企业仍面临"卡脖子"困境。国内开源产业生态建设尚不完善，上下游企业在通用芯片、关键基础软件等领域面临"卡脖子"困境。

4. 国家安全与商业化应用面临技术和法律挑战

第一，国家安全与应用安全问题突出。一是数字技术霸权和网络安全问题突出。美国、日本、芬兰、德国和新加坡可能借助其技术积累优势实施"元宇宙制裁"。中国信息技术公司国际市场份额不足10%，网络安全受到美国优势地位威胁。二是新技术给隐私安全带来挑战。6G 新业务对隐私安全可信的要求达到新高度，需要有效应对"空天地"一体化、人工智能、算力等衍生的新威胁。三是数据隐私与安全问题。人工智能算法设计与优化及元宇宙用户信息等数据一旦被恶意利用，不仅危害个人隐私和企业资产安全，甚至影响社会稳定和国家安全。

第二，新技术可能引发社会问题。一是道德等社会伦理风险。比如，马斯克的 Neuralink 公司在三头猪的体内植入设备，在验证脑机接口效果时引发道德边界的争议。二是合约建立中可能存在隐性歧视。"数字鸿沟"下弱势群体的利益和诉求可能被忽视，从而造成长期的隐性歧视。

第三，商业化应用面临技术和法律挑战。一是数据技术面临技术和法律挑战。欧盟 GDPR 法规要求企业对个人数据处理进行严格管控，对人工智能应用提出更高的标准和要求。二是底层技术存在"不可能三角"问题。以区块链为基础架构的元宇宙底层技术互联网 Web 3.0 存在去中心化、安全和效率难以兼顾的"不可能三角"，匿名机制带来洗钱、偷漏税等风险。

第四，算法可解释性是亟待解决的关键问题。人工智能决策过程的黑箱性质可能导致决策结果缺乏透明度，其分析结论需要确保准确性和可理解性。

5. 各国家加快前瞻部署技术攻关限制中国发展

第一，发达国家高度重视未来产业发展和技术攻关。2020 年以来，美国、日本、欧盟连续出台未来产业多项政策法案和关键与新兴技术领域清单，支持开发对未来具有战略重要性的关键技术。第二，组建联盟形成合力推动关键技术攻关。美国成立"下一代移动通信联盟";韩国与芬兰、瑞典企业联合开发6G网络技术,力求共同占据6G核心技术制高点。第三,对中国存在限制措施和潜在威胁。美国"星链"项目将在空间部署具有多功能探测及潜在攻击的卫星,抢占空间轨位与频谱资源。高端人工智能芯片禁运、大模型未完全开源,将对中国人工智能研发产生较大影响。

(四)培育未来产业新动能的对策建议

1. 强化"自上而下"国家政策引导,前瞻部署未来产业

第一,强化国家政策引导,前瞻部署未来产业。一是成立高级别的国家未来产业发展战略咨询委员会。适时出台专项产业发展规划、专项政策和技术路线图,明确重点发展细分领域的关键环节、关键技术和标志性产品,推动未来产业重点领域发展。二是加强政府产业专业性、科学性评估。政府部门需要排除外部干扰,加强未来产业科学性"净评估",厘清舆论关注和产业引导之间的关系,根据客观结论确定相关政策。三是将产业生态主导权上升到国家战略层面,以自主内循环的移动产业生态为主导,采取自主研发与制造策略构建产业生态链。

第二,积极推进国家级先导区、试验区建设。一是探索设立国家级未来产业先导区。支持科技创新资源密集的地区,瞄准全球科技和产业"无人区",打造一批人形机器人、量子信息、元宇宙等国家级未来产业先导区,探索可推广的经验。二是推进国家新一代人工智能创新发展试验区建设,引导产业链龙头企业、领军企业入驻创新发展试验区,打造未来产业核心团队。

第三，构建国家级公用大型算力数据平台和国家算力总调度中心。一是构建国家级公用大型算力数据平台，充分激发民间创新活力，积蓄国家数据人力资源。二是建立国家算力调度中心，通过研发自主算力芯片及工具链，推动在自主智能算力规模上形成显著优势。三是加快"数据特区"建设。探索打造"粤港澳大湾区数据特区"，在湾区内建立数据流通规则体系，提升通用人工智能的数据规模和质量。

2. 需求为导向整合规划自主可控差异化发展产业生态

第一，以"问题、需求、实效"为导向规划未来产业。一方面，以产业基础为核心打造未来产业。依托西部和东北地区矿产、光伏和新材料等资源优势，推动未来产业与本地特色产业深度融合。另一方面，以未来需求为导向规划"面向地区，辐射全国"的未来产业。根据不同区域的资源禀赋和现有未来产业优势，以需求为导向制定区域未来产业发展政策。

第二，锻造自主、可控、开放的产业生态体系。一是围绕创新链前瞻部署未来产业链。围绕未来产业链关键核心技术创新需求部署创新链，形成"基础研究+技术攻关+成果产业化+科技金融"未来产业培育链。二是强化应用场景和新型基础设施建设，为前沿技术转化提供早期市场并加快产业化应用迭代，释放未来产业发展新动能。三是培育未来产业生态主导型企业。建立未来产业开拓型中小企业孵化机制，支持具备"换道超车"潜力、符合条件的企业申请主导型企业专项培育。

3. 从基础研究到技术体系研究，推动前沿技术成果转化

第一，支持前沿技术创新突破，加快从基础研究到技术体系

的形成。一是支持前沿技术创新突破。持续推进"揭榜挂帅"的创新机制,围绕最紧急、最紧迫的重要技术短板,强化资源投入,助力关键核心技术基础研究攻关突破。二是完善基础理论创新体系。突破发达国家基于经典语法信息论建立的传统生态优势,深化理论基础研究。三是培育从基础研究到技术转化的载体。支持高校、科研院所设立未来研究院、未来技术学院,支持大型科技企业设立面向未来研究的实验室。

第二,推动前沿技术产业成果转化,培育多业态融合协同发展模式。一是培育行业领军企业形成未来产业集群。形成一批颠覆性技术和重大创新成果,培育一批行业领军企业,构建若干全球领先的新兴未来产业集群,带动中小企业深度融入产业链和生态圈。二是打造高水平科技创新平台和行业技术创新联盟。创建"政—企—校"合作新型研发机构,促进国家级实验室、高校、科研院所原始创新,以及重点企业和领军企业科技成果转化和应用创新的有机衔接。三是形成"企业创新+学术研究+风投参与"的参与模式,形成"政府搭台、企业出题、专家答题"的培育模式,推动未来产业培育从"给政策""给项目"向"给机会"转变,发挥创业投资、风险投资对人工智能创新型公司的扶持作用。

第三,加强未来产业靶向人才培养,推动梯队人才团队建设。一是加强未来产业靶向人才培养。制定"高精尖缺"人才引进目录,发挥未来产业靶向人才的"雁阵效应"。二是培养多业态融合产业协同人才。构建"产业+人才"深度融合机制,深度融合计算机科学和统计学本科生培养体系。三是加强梯队人才团队建设,提高工程、材料、仪器等相关产业支撑保障力度。

4. 制定全链条金融支撑和隐私保护政策,强化安全保障

第一,实施积极、有效的金融支持政策。一是完善金融财税支持政策。鼓励政策性银行和金融机构等加大投入,引导地方设立未来产业专项资金,发挥政府采购的需求侧带动作用。二是设立未来产业研发专项基金。稳定支持基础研究和应用基础研究,引导企业增加研发投入,加强应用导向的基础研究。三是构建全链条金融科技生态。针对不同发展阶段、不同规模、不同需求的科创成果和企业,探索设立"贷款+直接投资""商行+多元化金融""融资+融智"的多元化、全生命周期科技金融服务体系。第二,开展网络安全和隐私保护一体化设计。一是开展网络安全和隐私保护一体化设计。中国网络安全和隐私保护需要开展一体化设计,发挥新型举国体制和超大市场规模优势。二是加强反垄断、算法歧视和隐私泄露监管。厘清平台企业的算法界限,贯彻落实数据收集、使用的限度和规范,规避过度收集用户数据、侵犯隐私等问题。第三,完善数字资产技术手段,防范金融犯罪。充分运用区块链等技术对交易全过程加密,依靠技术手段打击金融犯罪。第四,构建自主可控的关键技术体系,强化安全保障。一方面,构建网络安全保障体系。构建"空天地"一体化的网络安全保障体系,注重发展卫星互联网基础技术,适时部署星际文件系统等互联网新兴技术。另一方面,处理资本运作和技术研发之间的关系。政府需要平衡看待前沿技术中的资本、研发、人才等各类生产要素,促进最高效率的结合方式,而非任其野蛮生长之后又瞬间凋零。

5. 高质量参与国际合作与规则制定，抢占国际竞争优势

第一，加强领域开放合作，构建创新产业共同体。一是建设开放共赢的产业生态。加强与发达国家企业联合开展未来产业探索及验证，推动建设开放共赢的全球产业生态。二是整合利用国际高端创新资源。依托"一带一路"、RCEP区域一体化创新建设，与欧盟、亚太等地区国家合作建设科技创新联盟和科技创新基地。三是合作共建研发联盟。鼓励支持有条件的企业、高校、科研院所与国外顶尖科研机构合作，加快建立联合实验室、创新联校和前沿技术应用推进中心等载体。

第二，密切与国际标准化组织合作。一是提高国际组织贡献度。积极参与国际电信联盟、第三代合作伙伴项目计划等国际组织工作机制，提高中国企业在国际组织内的贡献度和影响力。二是密切参与国际标准化组织合作。依托国际合作平台深度参与国际标准制定工作，与其他国家专家、专业组织联合讨论并制订标准方案，扩大中国产业的国际市场影响力。三是高质量参与国际规则制定。参与国际规则制定，在相关国际标准化组织中积极阐明核心观点，提交优质研究成果，为中国技术及标准推广奠立良好的基础。

第三，抢占未来国际竞争优势。一是全面铺开未来产业研发布局，争取未来科技革命化和产业变革竞争优势，抢占未来国际竞争优势。二是组织有世界影响力的未来研究活动，推动国内外未来产业技术研发合作。三是加强企业间的开放合作。企业积极推进行业标准制定，加快在重点领域成立行业标准组织、产业联盟，积极主导和参与重要标准制定。

第三章

释放"需求升级型"新动能：
由传统领域提质升级带动的新动能

习近平总书记在2022年12月中央经济工作会议中指出，"总需求不足是当前经济运行面临的突出矛盾。必须大力实施扩大内需战略，采取更加有力的措施，使社会再生产实现良性循环"①。在需求领域，释放经济发展新动能的关键在于推动各传统领域需求提质升级。具体来说，主要包括四个方面：第一，释放户籍制度改革新动能。顺应人口流动趋势，分类施策，推进户籍制度改革与常住地基本公共服务提供制度，可以有效释放农村劳动力与城市消费需求。第二，释放居民消费扩容提质新动能。中国居民消费占GDP比重偏低，消费结构相对落后，作为国内需求的重要组成部分，持续促进居民消费扩容提质有助于释放经济发展动能。第三，释放民生领域补短板投资新动能。现阶段，中国在基础性的民生保障方面仍存在供给不足、质量一般等问题，同时居民对教育、医疗、养老等领域的需求不断升级。释放民生领域补短板

---

① 习近平：《当前经济工作的几个重大问题》，《求是》2023年第4期。

投资，对促进长期经济增长、扩大内需、促进高质量供给、促进就业、促进人口增长等方面具有积极作用。第四，释放基础设施建设新动能。当前中国传统基础设施提质升级的需求不断增长。同时，随着科技变革与数字经济的发展，新型基础设施缺口逐步显现。基础设施投资作为固定资产投资的重要组成部分，对生产效率提升、经济增长具有不可替代的作用。

一 释放户籍制度改革新动能

着力提升户籍人口城镇化率，有效增加市民化人口规模，实现人口自由流动，既是统一大市场建设的目标之一，也是应对老龄少子化背景下人口红利逐步消失、迫切需要提高人力资源配置效率的重要手段。相比于日、韩等东亚国家和地区，中国在城镇化进程中提早迎来了人口负增长，而深化户籍制度改革，关注重点人群、重点领域与重点地区，顺应人口流动趋势，分类施策，推进户籍制度改革与常住地基本公共服务提供制度，可以有效释放农村劳动力与城市消费需求，培育经济社会发展新动能。

（一）释放户籍制度改革新动能的潜力分析

中国户籍制度改革推进力度与经济社会发展的进程不匹配。全国于2014年启动新一轮户籍改革。2015—2022年，户籍人口城镇化率增速缓慢，从39.9%升至47.7%；常住人口城镇化率从57.3%升至65.2%；户籍人口与常住人口城镇化率差距从2015年的17.4个百分点，扩大到2020年的18.5个百分点。《国家新型城镇化规划（2014—2020 年）》提出，2020 年要比 2012 年（17.8 个百分点）缩小 2 个百分点左右，这一目标滞后 2 年才得以实现。当前仍有近 2.5 亿的进城务工人员及家庭随迁成员，尚未获得城镇户籍。

在供给侧，户籍制度改革通过增加城镇劳动力供给和提高劳动力资源配置效率来释放结构性人口红利。中国劳动力人口数与总人口数分别自 2014 年与 2022 年开始负增长，2021 年正式进入老龄社会，人口总量上的转折成为劳动力供给与经济增长的重要制约因素。[①] 相应地，提高结构层面人口的配置效率迫在眉睫。当前户籍改革滞后导致城乡间的劳动力转移不畅与农业就业份额下降滞后，农村仍存在大量的剩余劳动力。基于中国劳动力就业的超大规模基数（约 7.3 亿人），如果按照高收入国家 3% 的农业就业份额测算，中国有待转移的农村剩余劳动力仍超 1.5 亿人。如果充分释放农村剩余劳动力，一方面，增加城镇劳动力供给，抑制企业成本过快提高，有利于稳定国际的制造业比较优势，提高国内制造业比重；另一方面，劳动力从低生产率的农业转向高生产率的二、三产业，通过劳动力的自由流动与重新配置提高整个社会的劳动生产率。

在需求侧，户籍制度改革可以有效释放外出进城务工群体上万亿的消费、住房与公共投资需求潜力。近年来，中国的人均 GDP 基本达到世界平均水平，但是居民消费率仅为世界平均水平的 69.1%。2022 年，全国进城务工人员总数接近 3 亿人，其中外

---

① 蔡昉：《户籍制度改革的效应、方向和路径》，《经济研究》2023 年第 10 期。

出进城务工人员1.7亿人，年末居住在城镇的"进城务工人员"1.3亿人。这些居住在城镇的务工人员尚未实现社会生活意义上的城镇化，在医疗、养老、子女教育、保障性住房等领域难以享受到与城市居民同等的基本公共服务和社会保障，进一步导致外出进城务工群体的预防性储蓄倾向较高、消费率偏低，成为造成宏观层面总需求不足、国内经济大循环不畅的重要原因之一。①现有研究发现，进城务工人员的平均消费支出比城镇居民平均水平低23%左右，即使只考虑将年末居住在城镇的务工人员转换为城镇户籍，年消费总量将提升9000亿元；而如果是针对所有外出进城务工人员，年消费总量将提升1.2万亿元。此外，2022年进城的务工人员人均居住面积（22.6平方米）仅略超城镇人均居住面积的一半，改善进城务工人员居住条件可以创造住房需求，而市民化又需要城市政府提供配套的公共服务，增加政府的有效投资。

（二）户籍制度改革的重点任务

从重点对象来看，推动有意愿、有能力的进城务工人员尽快完成户籍转变，以个人落户带动举家迁移。对于部分进城务工人员，城市作为就业地而不是归属与生活地，形成了进城而不落户的选择；但是对于在城市中有稳定就业、长期居住并且落户意愿较强的存量进城务工人员及其随迁家属，比如年末居住在城镇的

---

① 冯明：《农民工与中国高储蓄率之谜——基于搜寻匹配模型的分析》，《管理世界》2017年第4期。

"进城务工人员"1.3亿人，要将其作为重点对象，关注其核心诉求，降低落户门槛，有序推动有意愿、有能力的进城务工人员群体在城镇落户。

从重点领域来看，推进住房保障、子女教育与医疗配套，有序提升常住地公共服务均等化水平。当前进城务工人员常见的"两栖生活"，伴随而来的养老、教育、居住、医疗等问题日渐凸显，需要以居住证"强功能、扩数量"，完善城市非户籍常住人口公共服务获取新机制。在教育领域，中国常住人口中儿童的城镇化进度长期滞后于全年龄段人口。2020年，城镇流动儿童规模有6407万人，农村留守儿童规模为4177万人。[1] 流动儿童在流入地进行异地高考和异地中考的教育壁垒仍然没有得到根本性突破，而留守儿童又面临情感缺失、隔代养育等诸多挑战。在住房领域，相对高昂的商品房房价是限制农民工落户的重要挑战；在保障性住房上，进城务工人员尚未享有与本地户籍居民同等的准入条件、审核流程与审核标准，而以家庭为单位解决定居问题，是农业转移人口市民化的关键。在养老与医疗方面，随着进城务工人员平均年龄连续提高，2022年50岁以上进城务工人员所占比重升至29.2%，对养老和医疗的需求不断增加，政策碎片化与统筹层次偏低的医保政策，造成了医保关系转移接续和异地就医困难。

从重点地区来看，提升县域吸引能力与降低超大特大城市落户门槛并行，全面提高户籍人口城镇化率。在县域内部，落户门

---

[1] 吕利丹、梅自颖、唐语新等：《中国儿童人口发展新特点与新趋势——基于对第七次全国人口普查数据的分析》，《青年研究》2023年第5期。

槛基本消失，县内农民工市民化的成本最低，并且公共服务保障难度最小，但是面临就业不稳定、进城落户福利提高不足以及落户吸引力不大的问题，需要推进以县城为重要载体的城镇化建设，综合提升县城落户吸引力。超大特大城市进城务工人员的落户意愿最高，而落户门槛与市民化成本也最高，在结合公共资源承载力基础上，以合法稳定就业和合法稳定居住为前提，适当放开落户限制。

（三）释放户籍制度改革新动能面临的主要问题

一是人口向大城市集聚的流向趋势与政府放开户籍管制程度的错配，导致"愿落不能落"。从人口流动方向看，全国36个主要城市人口占全国比重从1998年的17.4%升至2019年的19.6%，一直处于增长态势；而中部、西部，尤其是东北地区的部分中小城市出现人口流失，成为收缩型城市。从进城务工人员的分布来看，北京、上海、广州、深圳，以及杭州、厦门、温州、苏州、无锡、青岛10个城市集中了全国50%左右的进城务工人员，其中25%集中于北、上、广、深四大城市。中国始终以"控制大城市、有序放开中等城市、全面放开小城镇"为基本思路来推进户籍制度的改革[①]。虽然"十四五"新型城镇化实施方案提出全面取消城区常住人口300万以下的城市落户限制，全面放宽城区常住人口300万至500万的Ⅰ型大城市落户条件，但对特大

---

① 年猛：《中国户籍制度改革的演进逻辑与深化方向》，《经济社会体制比较》2023年第6期。

城市、超大城市的人口规模进行严格控制。不同级别的城市之间户籍福利的差别变大，城市规模越大，行政等级越高，资源越集中，而市场机制下的规模经济效应又进一步加剧了这种不均等，这就导致居民落户意愿更强烈。但受制于城市承载能力有限，落户条件被迫提高，有强烈落户意愿的农业转移人口无法顺利落户，出现了人口流向与政府户籍导向之间的错配。

二是迁徙家庭对高质量公共服务的需求与流入地公共服务供给不到位的错配，导致"能落不愿落"。与老一代进城务工人员更倾向于在城市中工作、获取收入，返回农村消费与养老的生活方式不同，新生代进城务工人员务工不务农与融入城市的倾向更加明显，夫妻迁移、携带子女的举家迁移概率更高，进城买房意愿更强烈，更加城市化的生活方式与价值观念对公共服务需求提出更高要求。作为供给方，在超大特大城市，人口流入较多的地区在教育、医疗、养老、交通基础设施等方面尚未做好充分供应；基本公共服务大多在县域内为基础统筹，进城务工人员在县城落户几乎没有障碍，但县城基础设施与公共服务水平不高，与大城市的差距较大，县内流动的进城务工人员落户的意愿不高，加剧了以县域为载体的城镇化中"能落不愿落"的问题。

三是市民化进程中，中央政府与地方政府收益与成本之间的错配，导致市民化成本比较高的地方政府推动户籍制度改革的积极性不高。中央政府是户籍改革的推动者，起到主导作用；地方政府是具体的实施者，具有一定的改革自主权。在实践中，中央政府在农业转移人口市民化过程中获得的收益远高于成本，地方政府则收益远低于成本。据学者估算,① 2014—2020 年,1 亿农业转移人口市民化中,地方政府财政收益比重达 67%,承担了 97% 的财政成本,地方政府财政净收益为负,达 -5543 亿元;而中央政府由于负担财政成本较少,获得 359 亿元的财政净收益。虽然为鼓励地方政府推进农业转移人口市民化,中央财政每年向地方下拨农业转移人口市民化奖励资金,从 2016 年的 100 亿元上涨至 2023 年的 400 亿元,但人均奖励仅约 1429 元,远低于各类机构测算的万元以上的市民化成本。中央政府与地方政府之间存在明显的责权不匹配,限制了地方政府对推进农业转移人口市民化的积极性,而地方政府为达到为本地筛选优质人才的目的,在实践中将积分落户政策演变为人才落户政策,提高了进城务工人员隐性落户门槛。

(四) 对策建议

由于不同类型城市户籍附加的福利水平差异较大,城市承载力不同,户籍制度改革的政策供给与进城务工人员落户需求意愿存在结构性错配。未来应兼顾不同类型城市发展定位和不同类型进城务工人员意愿,顺应人口流动趋势,以基本公共服务均等化与户籍制度改革相互衔接、相互支持,分类施策,提高户籍城镇化率。

---

① 魏义方、顾严:《农业转移人口市民化:为何地方政府不积极——基于农民工落户城镇的成本收益分析》,《宏观经济研究》2017 年第 8 期;年猛:《中国户籍制度改革的演进逻辑与深化方向》,《经济社会体制比较》2023 年第 6 期。

第一，顺应人口流动趋势，逐步梯次推进基本公共服务由户籍人口向常住人口拓展。在住房保障上，推进建设用地指标的分配要符合人口流动规律，强调土地供应与人口增长之间的协调性，在新增建设用地计划指标分配时，将进城务工人员落户数量作为依据之一；加快保障房建设，并向进城务工人员增加保障房供给指标，尤其是对落户意愿不高的城市，对进城务工人员给予优先申请、优惠配租以及购买支持等。在子女教育上，要探索建立以本地居住年限与本地连续受教育年限为依据的报考制度，逐步取消以户籍为依据的中高考报考限制，为进城务工人员子女提供公平优质的受教育机会，也避免流动儿童与家长因无法接受中学教育被迫选择回流。在养老医疗保障上，进一步提高省域层面的统筹水平，加快城市群、都市圈内的跨省异地就医直接结算水平；探索欧盟"工作地缴费，分段记录；退休日发放，全国结算"的方式来缓解社保关系接续不畅问题。

第二，针对不同城市类型分类施策，加快户籍人口城镇化率向常住人口城镇化率收敛。对于不同人口规模城市，要进一步细化落户规则。一是超大城市，在继续保留积分落户政策的基础上，要留出一定的进城务工人员落户指标与居住证指标，以合法稳定就业与长期居住为前提进行积分落户或办理居住证，打开进城务工人员市民化通道。二是对特大城市，推动具备条件的都市圈和城市群内户籍准入年限同城化累计互认，同时对特大城市分主城区、郊区、新区等区域，分类实施差别化落户政策，逐步取消主城区落户限制。三是针对中小城市与县城，要着力提高就业的稳定性与落户进程福利。既要通过优化产业结构，充分挖掘产业潜力推动域内经济发展，提供更多、更优质的就业岗位；也要改善基础设施、居住生活条件，缩小与大城市的公共服务差距来提高落户吸引力。

第三，完善市民化成本分担机制，提高地方政府户籍制度改革积极性。一是基于可持续原则，健全户籍制度改革的成本分担机制，明晰中央政府、地方政府与个人的分担比例。提高中央财政支出力度，针对基本公共服务的财政转移支付，要更多与人口流动方向保持一致，尤其要加强对财力薄弱、市民化成本较高的地区的专项转移支付，优先覆盖基本公共服务要求。二是增强地方政府的责任意识，将农业转移人口市民化程度以及基本公共服务水平纳入地方政府政绩考核体系，增强地方政府的责任意识。三是对于人口流入地，更多发挥市场的力量增加供应，把民间的资金充分利用起来，缓解当前的基本公共服务资源不足等问题。

二　释放居民消费扩容提质新动能

中共中央、国务院于 2022 年 12 月印发了《扩大内需战略规划纲要（2022—2035 年）》，成为引导中国中长期培育完整内需体系、增强消费基础性作用的纲领性文件，其中强调要"全面促进消费，加快消费提质升级"。2023 年 12 月，习近平总书记在中央经济工作会议上再次强调要培育壮大新型消费，稳定和扩大传统消费。2022 年，中国居民消费支出占 GDP 的比重略低于 40%，这一水平远低于英、美等发达国家，同样也低于日、韩等出口导向型国家。在国际发展环境不确定性上升、国内经济增长动力不足的情况下,释放居民消费扩容提质新动能,对推动经济高质量增长具有重要意义。

(一)居民消费发展现状与扩容提质潜力分析

1. 居民消费现状分析

在宏观层面,最终消费率,即最终消费支出占GDP的比重,反映了一个国家全年创造的增加值中用于国内消费的部分,其中既包括了私人部门的消费,也包括了公共部门的消费。从最终消费支出占GDP比重及其对GDP增长的贡献率来看,2002年以前,最终消费支出占GDP的比重基本维持在60%以上;2002年以来,最终消费支出占GDP的比重基本在50%到55%之间波动,对GDP增长的贡献率也长期低于60%,部分年份甚至低于50%。以2002年为时间节点,发生这种变化的重要影响因素是中国加入世界贸易组织(WTO)后,经济增长更偏重出口导向。疫情防控期间,中国的最终消费率略有下降,2022年为53.25%,相较于2019年低2.5个百分点。若进一步将最终消费分为居民和政府两部分,过去十年,二者之间的比例基本稳定在7∶3的水平。

在消费结构层面,按照中国的居民消费统计办法,我们可以将居民消费分为食品烟酒、居住等八大类。过去近20年当中,居民用于食品烟酒的支出占比下降了近10个百分点,下降的部分几乎全部由居住支出所填补,两者合计占居民消费支出的比重没有明显变化。此外,食品烟酒消费下降、居住消费上升的趋势在2016年之前变化明显,在2016年之后逐渐稳定,与中国房地产市场的发展轨迹较为一致。其他类型中,交通通信类支出占比有所提升，衣着类支出占比逐步下降，而教育、文化、娱乐以及医疗保健等整体变化不大，这在一定程度上反映了中国服务类消费市场发展不够充分。此外，从2020年到2022年不同商品类型的零售数据来看，居民在服装鞋帽、化妆品、珠宝、家电、家具、建筑装潢等方面的消费有所收缩，其中既有受疫情防控影响的原因，也有房地产市场下行、居民资产负债表受损的原因。在城乡消费差异方面，过去十年城镇居民和农村居民在主要食品消费方面的差异逐渐减小，但在汽车、洗衣机、电冰箱、空调、计算机等耐用品消费方面的城乡差异有所扩大。

2. 居民消费扩容提质的潜力估算

对居民消费扩容提质新动能潜力的估算，我们可以分为两步：第一步是估算居民消费本身的增长潜力，第二步是估算居民消费增长对 GDP 的拉动作用。通过对居民消费支出的历史数据进行分析，我们发现，自 2013 年中国经济发展进入"新常态"阶段以来，居民消费的增长率较为平稳，到 2019 年，基本保持在年均 10% 的增长水平。同期居民消费价格指数（CPI）水平也较为平稳，基本保持在年均 2% 的水平，两项综合表明居民实际消费支出的年均增长水平约为 8%。2020 年到 2022 年间，受外部冲击的影响，居民消费支出的年均增长水平下降至 5% 左右，CPI 下降至年均 1.8%，因此居民实际消费支出下降至 3.2% 左右，明显低于疫情前。

假设在经济运行持续恢复，同时配合一系列推动消费扩容提质政策的作用下，居民消费增速有望回到 8% 的增长水平。此外，考虑到疫情防控期间消费增速偏低，假设未来三年，即到 2025 年，每年将在原本增长水平的基础上增加 2% 的回补，两项加总意味着未来三年居民消费实际增速将为10%。再往后,2026年到2030年,由于回补效应的消失,以及随着居民消费规模增大,居民消费实际增速有可能下降至7%的水平。

现阶段,中国最终消费支出占GDP的比重约为55%,其中居民消费占最终消费支出的比重约为70%,即居民消费占GDP的比重约不到40%。观察美国、日本等发达国家的消费占比数据,我们可以发现,居民消费占GDP的比重均在50%,甚至60%以上。假设未来五年,随着居民消费扩容提质,居民消费支出占GDP的比重上升至45%,到2030年进一步上升至50%,那么未来三年,10%的居民实际消费增速将对应拉动4.5%的GDP增速,从2026年到2030年,7%的居民实际消费增速将对应拉动3.5%的GDP增速。

(二) 释放居民消费扩容提质新动能的重要意义

一是有助于促进国内经济良性循环。"十四五"规划提出,构建新发展格局要"贯通生产、分配、流通、消费各环节,形成需求牵引供给、供给创造需求的更高水平动态平衡"。消费作为最终需求的关键内容,是促进国内经济良性循环的关键环节。现阶段,中国国内大循环的重要堵点之一就是消费市场容量不足,部分地区和产业主要甚至完全依靠参与国际循环实现快速增长。尽管这种模式在过去为相应地区和产业带来了巨大的增长动力,但长期来看不可持续。因此,需要充分释放居民消费扩容提质新动能,从而提振经济增长活力,促进经济高质量发展。

二是有助于扎实推动共同富裕。推动共同富裕,不仅需要缩小收入不平等,同时也需要缩小消费不平等。中国居民消费不平等既体现在不同收入群体之间在消费总量和消费结构上的不平等，也体现在城乡之间和地区之间在消费能力、消费场景、消费品质上的不平等。缩小消费不平等固然需要缩小收入不平等，但同时也需要优化消费场景和消费渠道，缩小传统消费升级、服务消费获取、新型消费培育等在不同地区和不同人群之间可及性的差距，从而释放居民消费潜力，提升居民在消费方面的获得感。

三是有助于统筹发展与安全。近年来，国际竞争格局和国际发展环境的不确定性明显上升。在此情形下，如果经济增长和产业升级依旧保持较高程度的对外依存度，那么将会给中国经济稳定繁荣发展带来较大的不确定性。因此，维持经济持续稳定安全发展需要不断提升中国经济增长的内生动力，释放居民消费扩容提质新动能则是其中的重点方向之一。加快提升国内消费市场质量，培育完整内需体系，有助于稳定需求侧的基本盘，减弱国际环境不确定性给中国经济发展带来的冲击和影响。

（三）居民消费扩容提质关键领域和重点任务

中国庞大的人口基数决定了居民消费市场规模巨大且情况复杂。考虑到收入水平是影响居民消费的关键因素，此处将居民划分为低收入群体、中等收入群体和高收入群体三类分别进行分析。

对于低收入群体，重点任务是提升他们的消费能力。低收入群体对应的人群主要集中在农村地区，以及城市中社会保障水平较低的灵活就业人群。结合这些群体的特征，需要发力的关键领域包括：第一，增强对农村居民和城市灵活就业群体的社会保障水平；第二，加快推动城乡基本公共服务均等化发展，特别要注重提升农村居民的养老待遇和对困难群众的补贴救助水平；第三，深化农村土地制度改革，带动农村居民财产性收入增长。

对于中等收入群体，重点任务是激发他们的消费意愿。中等收入群体对应的人群主要集中在城市，拥有较为稳定的收入，但受限于住房、教育、养老等负担，储蓄意愿较强，消费动力不足。结合这部分群体的特征，需要发力的关键领域包括：第一，提升公共部门在医疗、教育、养老等领域的供给水平，降低家庭支出负担；第二，探索实行更有弹性的休假制度，释放假日消费潜力；第三，推动房地产市场平稳发展，发挥资本市场对居民财富保值增值的重要作用。

对于高收入群体，重点任务是创造更加高端、优质的消费环境。现阶段，中国高收入群体的消费外流较为普遍，重要原因是国内的高端消费市场建设不够完善，难以满足高收入群体的消费需求。结合这部分群体的特征，需要发力的关键领域包括：第一，增加优质、高端消费品和服务供给；第二，加快在特大城市和一线城市建设高端消费中心；第三，进一步放松对高端住房市场的行政性限制。

（四）释放居民消费扩容提质新动能面临的主要问题

一是居民消费能力和信心不足。导致居民消费能力和信心不足的原因大体可以分为两个方面：一方面是当前实际收入水平和未来预期收入水平的下降，另一方面是居民资产负债表受损。受前一方面影响较大的人群主要集中在受疫情影响显著的行业，以及近期深度调整的房地产和互联网相关行业，而这些群体恰恰是边际消费倾向较高的低收入群体和年轻群体。受资产负债表受损影响显著的居民则集中于房地产市场快速扩张、房价高位运行时贷款买房且尚未还清贷款的群体。随着房地产市场走弱，且金融市场产品收益率表现不佳，流动性资产收益难以覆盖借贷成本，因此，居民增加储蓄、提前还款的意愿明显提高。

二是消费场景不完善。重点体现在两个方面：第一，文化、旅游等相关消费场景开发不足。从自然资源禀赋的角度来看，中国属于文化、旅游等相关资源非常丰富的国家，但是现阶段，中国在文化领域不论是资源开发还是推广宣传都远远不足，而旅游行业经过过去一段时期的粗犷式发展，商业化、同质化严重，本地化特色创意缺失，对消费者的吸引力逐渐下降。第二，线上线下消费渠道明显分割。随着互联网快速发展，线上消费的渠道逐步增多，但是现阶段线上线下消费渠道更多体现为竞争关系，二者融合不足，尚未形成良性促进模式。

三是消费结构落后。通过与发达国家大类商品消费结构对比可以发现，中国的消费结构相对落后，主要体现在服务相关的消费占比偏低，服务性消费体系建设不完善。其反映出的不足之处重点包括三个方面：第一，适应中国人口结构转型的服务业消费供给不足。当前中国人口结构少子化、老龄化的特点突出，但生育服务、幼儿照顾、养老服务等产业发展均不足，年轻群体生育成本过高，中老年群体则因应对养老问题产生较强的储蓄动机。第二，医疗健康服务不足。看病难、看病贵依然是多数中国家庭面临的重要问题，同时当前的公共卫生、养生保健等行业发展不充分，难以满足居民需求。第三，家政服务、社区公共服务发展不足。随着城市生活节奏加快，居民消费观念发生变化，家政服务已经形成了较大的市场需求。然而，现阶段中国的家政行业仍没有实现专业化、规模化发展，无法充分满足市场需求。

四是中高端消费市场建设不足。重点体现在两个方面：第一，现阶段中国消费领域自有品牌打造相对落后，在国际中高端消费市场竞争中明显处于劣势。第二，中国区域性的中高端消费中心建设不足，难以满足相应的个性化、多样化服务消费需求。这两方面也是导致中高收入人群出国旅游消费旺盛，以及海淘市场蓬勃发展、国内消费市场流失的重要原因之一。

（五）对策建议

一是大力提升居民消费能力，提振居民消费信心。从增加居民收入的角度，一方面，要强化宏观政策的就业优先导向，以更大力度的改革措施激发民营经济活力，增加就业。切实加强就业保障政策在保市场主体、稳增长、保民生等相关政策中的优先地位，有针对性地对劳动密集型中小微企业进行用工补贴，帮助企业降低用工成本。另一方面，要完善就业监测和预警机制，增强对就业的宏观调控能力。逐步健全和完善就业需求、岗位技能需求、失业监测预警等体系，增强就业保障对零工经济、平台就业等非传统就业的包容性。依托技能培训中心、职业学校、普通高等院校等公共平台，构建与新产业、新业态、新模式岗位需求相适应的技能培训体系，形成城镇就业"蓄水池"，缓解就业冲击压力。从提升居民消费信心的角度，一方面，稳定住房市场，增强居民对房地产价格长期平稳发展的信心，缓解居民对资产贬值的预期；另一方面，持续提升上市公司质量，优化投资交易环境，做优做强资本市场，充分发挥资本市场对居民财富保值增值的作用，发挥财富效应促进消费的重要作用。

二是促进线上线下消费融合发展，鼓励各地加快完善消费场景。尝试利用快闪模式促进线上消费品牌开展线下消费宣传体验，提升线上品牌知名度和影响力。加快传统线下消费行业的数字化改造和转型升级，规范平台经济健康发展，完善平台企业服务标准，增强平台企业管理能力和服务意识，帮助个体工商户拓宽线上销售渠道。在消费场景完善方面，鼓励各地利用先进技术对优质文化资源进行开发，培育和塑造本地文化IP，促进中华优秀传统文化创造性转化、创新性发展。因地制宜开发度假休闲旅游项目，根据周边消费市场潜力合理规划设计短期出游线路，充分利用新媒体加大主打项目宣传力度。

三是加快促进消费结构转型升级，大力推动现代服务业发展。在适应人口老龄化发展方面，加快促进养老公共服务体系和养老保健产业协同健康发展。挖掘传统消费、文化旅游、养生保健等行业的适老化市场需求，加快推动公共设施适老化改造和适老化技术开发，释放银发经济潜力。在缓解总和生育率下行方面，鼓励地方政府提升公共服务水平，出台婴幼儿养育配套服务政策。大力提升社区层面普惠托育的供给能力，降低家庭养育负担。持续推动义务教育均衡发展，优化高等教育人才培养体系，缩小省域间高等教育差距，降低家庭教育负担。在适应现代化生活服务需求方面，推动家政服务业专业化、规模化、网络化、规范化发展。完善家政服务从业标准，加强对家政从业者的职业保障，规范家政企业经营模式，鼓励家政市场多样化、多层次发展。

四是鼓励国内企业加强品牌培育和宣传，提升中高端消费供给能力。提升国内市场的品牌培育意识，加快推动国内品牌对标国际高标准发展壮大。支持和鼓励国内具有消费潜力的城市举办大型自主品牌展销活动，充分发挥中华优秀传统文化优势培育特色品牌，促进具有悠久历史的老字号品牌提高国际知名度。加快打造区域消费中心，鼓励各地依据自身经济体量、人口密度、消费需求等建立新的城市消费中心或升级改造原有的城市消费中心，配合交通基础设施发展，提高城市消费中心对周边县城及农村的消费辐射作用。运用现代信息技术对消费中心进行数字化、智能化转型，发展智慧超市、智慧商圈、智慧餐厅等新业态，增强中高端消费品的国内供应能力。

三　释放民生领域补短板投资新动能

当前，中国民生领域仍存在短板：一方面，基础性的民生保障方面存在供给不足、质量一般等问题；另一方面，随着中国全面建成小康社会，居民对教育、医疗、养老等领域的需求不断升级，而目前市场上对高质量民生产品与服务的供给仍存在缺口。补齐民生领域短板的投资，对促进长期经济增长、扩大内需、增加高质量供给，以及实现就业、人口增长等，具有积极作用，是未来经济增长的新动能之一。为加快培育壮大民生领域补短板投资，中国需根据民生领域的需求升级情况调整财政支出结构，带动社会投资，加快构建民生领域产业体系，利用新技术和新平台提供高质量民生服务。

(一) 释放民生领域补短板投资新动能的重要性与发展潜力

1. 民生领域补短板投资促进长期经济增长

民生领域投资对长期经济增长具有重要的促进作用。根据索洛增长模型，有效劳动力是经济增长的核心要素，劳动生产率是经济持续增长的主要原因。教育和医疗领域投资与有效劳动力和劳动生产率的增长密切相关。加强对教育、医疗的投资，不断提高中国公民平均受教育水平、健康资本水平，是提升人力资本积累的重要渠道。在中国人口自然增长率下滑、老龄化程度持续加深的背景下，劳动力供给总量难以在未来成为经济动能增加的驱动因素，亟须促进劳动生产率的提高。教育、医疗、社会救助等民生领域的投资，可促进劳动力平均教育水平、健康水平的提升，对劳动生产率和全要素生产率的提高均有显著的促进作用。

2. 民生领域补短板投资扩大内需

《扩大内需战略规划纲要 (2022—2035 年)》指出，解决人民日益增长的美好生活需要和不平衡不充分的发展之间的矛盾，必须坚定实施扩大内需战略，固根基、扬优势、补短板、强弱项，通过增加高质量产品和服务供给，满足人民群众需要，促进人的全面发展和社会全面进步，推动供需在更高水平上实现良性循环。

从需求侧来看，民生领域补短板投资成为新动能的原因有二。一是中国在教育、医疗、养老等民生领域仍然存在短板，亟须针对民生领域短板进行投资，持续扩大内需，释放经济活力。除了增加投资总量外，还应注意到当前社会需求升级的现象，投资重点向高级需求和细分需求倾斜，需求升级将催生新产品和新产业。二是中国基础性民生需求的市场规模巨大。教育、医疗、养老是大部分居民家庭的基础性需求，因此其潜在的消费市场规模巨大。充分释放民生领域的消费潜力，对社会总需求贡献增量，未来将形成新的经济增长点，成为拉动经济增长的新动能。

具体来看，在教育领域，教育投资不仅在长期内促进人力资本积累，在短期内还可形成教育方面的消费。其中，公共教育投资可以带动家庭教育支出，两者是互补关系而非替代关系。[1] 在养老领域，中国老年人储蓄率偏高，但边际消费倾向较低。原因之一是老年人的预防性储蓄动机较强，即储存"养老钱"以备不时之需；原因之二是老年人的生活需求无法充分满足，消费渠道和场景较为单一。因此，增加养老领域的公共投资，不仅可以减少老人的"后顾之忧"，提高其消费倾向，还能通过满足老年人对养老产品和服务的需求刺激消费。在医疗领域，随着城镇职工医疗保险和新型农村医疗保险的普及，中国居民基础性医疗消费需求已基本满足。但是由于老年人比例提高、气候和自然环境变化、传染病流行趋势变化，中国疾病谱已出现一系列变化，居民对老龄健康、妇幼健康、疾病预防、营养健康等方面的需求不断升级，具有较大投资空间和增长空间。

3. 民生领域补短板投资促进高质量供给

目前，中国基础性需求存在不断升级的趋势，针对这类需求

---

[1] 刘文杰、宋弘、陈诗一：《教育财政如何影响家庭人力资本投资：事实、机制与政策含义》，《金融研究》2022 年第 9 期。

提供相应的产品，将促进教育、健康、养老等相关产业的发展。教育领域，城乡居民家庭的教育需求不断升级，从以往的基础性教育、应试教育的需求逐渐转变为对子女文体艺术全面发展的需求，从线下教学需求逐渐转变为线上远程教学需求。这可促进相关服务和产品的供给，涉及产业包括儿童平板电脑、儿童电教玩具、智能手环、学习机、智能机器人等。医疗领域，居民对医疗保健的需求将促进医疗保健相关产品与服务的供给，如化学药、营养保健品、高端中药材等，涉及产业包括化学制剂、疫苗、医疗器械、生物制药、中药材、农业种植、化工材料等产业。养老领域，随着老年人对居家养老与社区养老的生活品质提出更高要求，中国亟须加强高质量产品供给满足日常需求，涉及产业包括居家监测设备、智能家居、智慧医疗产品等。总体而言，民生需求的不断升级将促进民生领域相关产业的结构升级、技术升级，供给侧具有巨大的增长空间。

4. 民生领域补短板投资促进就业

随着服务业的不断发展和新技术的应用，基础性民生领域急需大量相关服务行业人才。这也是促进就业、降低失业率的重要渠道之一。党的二十大报告提出，"就业是最基本的民生"。由于民生领域的巨大市场空间，促进这一需求的增加与升级，对就业的带动作用不容忽视。根据国家统计局公布的城镇调查失业率数据，2023年，中国16—24岁不含在校生的劳动力调查失业率显著高于其他年龄段人群，有效引导青年人群流向民生领域生产和服务行业，对降低失业率具有积极作用。

具体来看，教育领域，居民对教育的需求不断升级，相应的从业人员数量仍有不足,具有较大的增长空间。城镇地区,当前在婴幼儿托育服务方面存在明显短板,是城镇双职工家庭较为紧迫的刚性需求之一,急需大量婴幼儿托育、婴幼儿保健等服务行业从业人员。农村地区,一方面,当前教育基础设施和硬件条件已较为完善。改革开放以来,中国针对基础性教育的财政支出不断增加,先后实施了义务教育教材免费政策、"两免一补"政策①、校舍改造工程等,落后地区的教育基础需求如校舍、教材与教学工具等,基本得到满足。另一方面,学生对远程教育、线上教育、职业教育的需求不断升级,对文体艺术类师资和职业技术类师资的需求不断增长。养老领域,健康养老产业的繁荣发展不仅可以妥善解决老年人养老问题,同时可创造养老服务相关岗位。除传统的医护人员、护工、保洁员外,还可形成新兴职业,如养老护理师、康复治疗师、老年营养师、老年心理医师等。此外,农村地区的养老院、幸福院等机构可吸纳部分农村未就业与失业女性就近就业、吸纳养老医学等专业高校毕业生就业。

此外,家庭托育和学前教育可通过减轻职工家庭养育负担,增加劳动力供给,提高生产效率。各类养老服务和产品的提供可显著减轻劳动力人群对老人的养老负担,对劳动力供给的增加、劳动生产率的提高均有积极作用,对老年人的家庭照料与医疗服务具有互补性作用。因此,增加家庭照料与养老服务对减轻医保负担具有正向影响。

---

① "两免一补"政策是指,国家向农村义务教育阶段(小学和初中)的贫困家庭学生免费提供教科书、免除杂费,并给寄宿生补助一定生活费的一项资助政策。

5. 民生领域补短板投资促进人口增长

低生育率是全球各国面临的重要问题，也是现阶段中国面临的重要挑战之一。根据国家统计局公布的数据，2023年末，全国人口共140967万，比上年末减少208万人。全年出生人口902万，人口出生率为6.39‰；死亡人口1110万，人口死亡率为7.87‰；人口自然增长率为-1.48‰；中国人口总量持续两年负增长。同时，"少子化"和"不婚化"成为当前生育适龄人口的行为趋势之一。虽然中国自2013年起陆续实施单独二孩政策、全面二孩政策、三孩政策，但是整体来看，生育放开政策的积极作用有限。根本原因之一是配套生育支持措施仍然不到位，存在明显短板，造成生育适龄人口的生育意愿不强。民生领域补短板投资是重要的生育支持措施，国家要加强在教育、医疗等方面对家庭养育子女的政策优惠。教育领域，提供优质托幼服务、优质学前教育服务，能够显著降低单位生育成本，提高家庭生育意愿。医疗领域，较好的医疗条件、完善的医保制度可有效减轻家庭在医疗方面的负担，尤其亟须加大对婴幼儿和青少年医疗保健产品与服务的投资，满足未成年人的医疗保健需求。

6. 民生领域补短板投资具有巨大的增长空间

从增长空间来看，中国的教育水平、医疗水平、养老水平等方面均存在较大的潜在增长空间。教育领域，根据联合国统计，2018年，中国25岁及以上人口平均受教育年限为7.9年，而美国、日本、德国分别为13.4年、12.8年、14.1年。从教育财政支出的角度来看，中国公共教育支出占GDP的比重为2%—3%，而同时期美国、欧洲国家这一比例为5%—6%。

医疗领域，根据世界卫生组织数据，2012年，中国床位数仅为每万人42张，远低于德国（每万人82张）、法国（每万人65张）、韩国（每万人103张）等发达国家（见图3-1）。养老领域，截至2022年末，全国养老床位合计829.4万张，每千名老年人拥有床位数29.6张，而美国2015年每千名老年人拥有养老床位数已经达到34.8张。

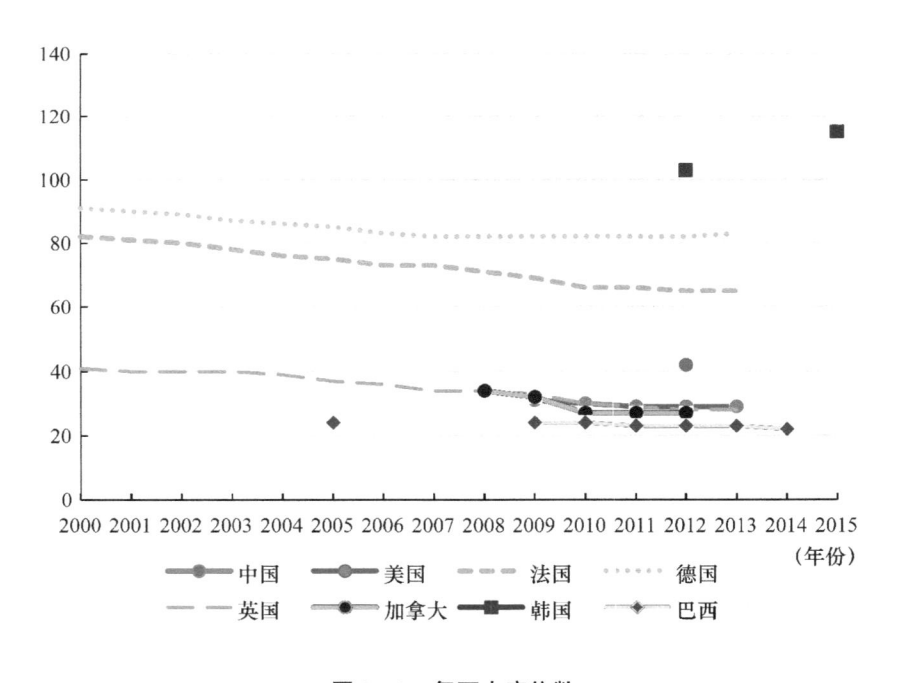

图3-1 每万人床位数

（二）民生领域补短板投资的重点任务

一是在教育投资方面，应注重满足多样化的教育需求，提高教育投资质量。针对城镇地区，应加强托育服务、学前教育、职业教育领域的投资。随着居民收入水平的提高和教育意识的不断增强，家庭对学前教育、职业教育等多样化的教育需求不断上升，父母对子女在艺术、体育、技术等方面的教育期望也持续增强。针对农村地区，学前教育和义务教育阶段是人力资本积累的重要阶段，而中国农村教育水平普遍低于城镇地区，导致农村青少年在中考、高考等地区内统一考试的表现落后于城镇地区学生，长期可能对农村家庭脱离贫困、提高代际流动性以及经济增长产生不利影响。

二是在医疗领域，需加强对基层医疗机构的投资，提高医疗质量。目前，医疗领域的矛盾点在于资源错配情况较为严重，大城市的人均医疗资源紧张，基层医疗机构的技术水平和规模均不足，无法满足居民日常就医需求。图3-2显示，中国医院床位数量持续增长，而卫生院的数量自1979年以后基本保持在较为平稳的水平，这表明卫生院级别的医疗机构规模并没有扩大，基层医疗领域存在较大的短板，仍有一定的投资空间。这成为引领经济增长的重点领域。

三是在养老领域，需大力发展银发经济，促进老年人群消费。发展"银发经济"和应对人口老龄化问题是中国的一项长期国家战略。2024年1月5日，国务院常务会议审议通过《国务院办公厅关于发展银发经济增进老年人福祉的意见》并印发实施。这是新时代中国推动银发经济发展的纲领性文件。随着中国老年人口比例的持续上升，当代老年人需求升级的趋势较为明显。未来十年内进入老龄阶段的群体为1962—1976年出生的婴儿潮人口，随着互联网技术的普及与收入的普遍提高，这一群体的日常需求、消费习惯已经发生重大改变。同时，这一群体的储蓄率较高，财

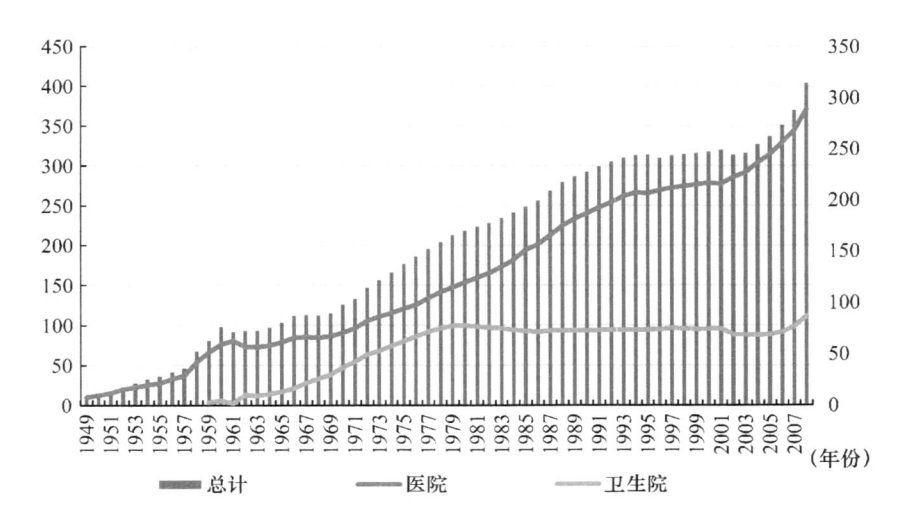

第三章 释放"需求升级型"新动能：由传统领域提质升级带动的新动能

图 3-2 卫生机构床位数（万张）

富积累较为可观，有能力进行高端商品、健康养生、高端医疗、高端旅游的消费，需求更为旺盛。由于城镇与农村地区的社会经济文化背景不同，国家需注重城乡养老需求的差异。针对城镇养老服务短板，仍需增强以社区为单位的服务，在居家助老、社区便民、养老照护、老年问题等老年人急需的服务方面，完善可持续的社区养老服务模式。针对农村养老服务短板，仍需健全县村级养老服务模式，补齐农村养老服务短板，增强村级邻里互助点、农村幸福院、农村养老院的建设与运营，增加健康养老服务相关从业人员，从养老服务终端体验角度充分满足农村养老需求，实现养老服务升级。

四是在重点群体方面，需加强对进城务工人群民生需求的关注。中国进城务工群体日渐庞大，但针对这一群体的民生领域投资严重不足，仍存在短板。来自农村的劳动力平均收入水平远高于务农群体，但是由于户籍限制、工作不稳定等问题，他们在城市无法与城市人口享受同样的社会保障和公共服务，因此其储蓄意愿更加强烈，边际消费倾向低于同等收入的城市户籍人口。[①] 目前，仅有部分城市陆续开设农民工子弟学校缓解进城务工人群子女上学难的问题，但是这一人群的医疗保障、养老、幼儿托育等情况仍然是当前民生领域的短板。妥善解决进城务工人群的民生问题，补齐城市务工农民在民生领域的短板，对刺激消费、拉动经济增长具有重要的作用。

（三）民生领域补短板投资存在的主要问题

一是民生领域产品服务质量不高。当前民生领域投资暂时无法满足居民对民生需求升级的要求。虽然疫情防控期间中国居民的储蓄意愿较强，但是人民美好生活的需要也在日益增长，因此居民在民生领域的消费更加倾向于品质高或性价比高的服务或产品。质量较低的民生领域产品和服务供给不仅无法使居民的储蓄转化为消费，也拉低了民生项目的整体效率，导致无效投资和资源浪费。以高质量供给满足不断升级的消费需求是民生领域补短板投资成为经济增长新动能的路径之一。

二是部分民生服务领域存在严重短板。虽然中国已经建成社会保障制度、义务教育制度等民生领域基本制度，但是随着经济发展和社会变迁，现阶段仍有部分与民生相关的领域存在盲点。

---

① 刘世锦、王子豪、姜淑佳等：《实现中等收入群体倍增的潜力、时间与路径研究》，《管理世界》2022 年第 8 期。

例如，进城务工人员随迁子女的教育供给不足、城乡家庭的子女学前教育问题、双职工托幼问题等，还存在较为严重的短板，居民需求强劲，但是政府与社会的关注度不足，缺乏配套的制度与完善的法律法规。以上领域严重制约了居民消费潜力的释放，以及相关产品和服务的供给。

三是民生领域社会资本参与不足。目前中国民生领域投资主要依赖财政支出，市场参与度不足。根据财政部数据，2023年1—11月，全国一般公共预算支出同比增长4.9%，其中教育、卫生健康、社会保障和就业、住房保障等民生方面支出的增速分别为5.7%、1.4%、8.6%、9%，大部分支出增速高于全国一般公共预算支出增速。中国民生领域的投融资模式和运行管理模式较为落后，无法吸引社会资本的参与。而社会力量参与和市场化运作是提高民生领域投资效率、吸引资金投入的重要方式，是促进民生领域补短板投资成为新动能的重要因素。

（四）对策建议

一是根据民生领域的需求升级情况调整财政支出结构，提高财政资金使用效率。充分审计核查、利用大数据等技术对当前各地区民生领域相关基础设施、服务机构、就业人员进行摸底统计，充分把握民生领域存在的短板现状。充分调查研究居民对民生领域的服务和产品需求，有针对性地供给产品与服务，不断提高财政资金利用效率。教育领域，目前财政投入已基本满足义务教育阶段学生的校舍、教科书、教学设备等方面的需求，相关投资规模不宜大幅度提高。教育需求较为紧缺的是高质量师资力量，尤其是对文体艺类教师、职业教育类教师的需求。医疗领域，仍需针对性地对基层医疗机构进行公共投资，增加卫生院床位数量，满足当地慢性病、常见病患者的日常就医需求。积极建设县域医疗服务共同体，整合县乡医疗卫生资源，逐步提升基层医疗服务能力。对冗余医疗设备和资源进行统计与盘活，结余资金精准满足新需求。配备相应的医疗人员，促进医疗行业毕业生就业。

二是带动社会投资，构建民生领域产业体系。积极鼓励社会力量参与，逐步构建完整的民生领域产业链和产业体系。由于民生领域长期依赖政府公共支出，社会资本对民生领域的关注度不够，并且没有形成较为完善的产业体系，缺乏投资机会。借鉴日本、欧盟等国家在养老领域和医疗领域的产业建设经验，积极引入社会资本，加大在商业养老院、商业医疗保险领域的投资。借鉴德国成熟的"双元制"职业教育模式，积极引入相关企业在中等和高等职业教育学校建设方面进行投资。放宽社会资本准入门槛，完善相关法律法规，为社会资本进入民生产业提供良好的市场环境。

三是利用新技术、新平台提供高质量民生服务。充分利用新技术、新平台，激发民生领域服务相关的行业潜力和市场空间。除现金补贴以外，着力提供民生服务，避免现金补贴直接转化为储蓄，达到刺激消费的目标。教育领域，采用虚拟现实、人工智能等技术弥补传统课堂教育的不足，满足家庭对教育的多样化需求，采用远程教育技术提高偏远地区学校的教育质量。医疗领域，采用机器人、遥感、实时通信等技术进行远程医疗，提高医疗服务的效率和质量，降低地区间、城乡间医疗资源不平等的程度。养老领域，以养老高质量产品的需求促进养老相关产业的培育壮大,尤其是智慧养老、照护康养、护理机器人应用等与高新技术、智能制造相关的养老产业。大力发展老年护理机器人应用、智能居家设备、电视、空调、视频对话系统、可视呼叫系统等高科技装置,促进老年人服务 App 开发、老年人个性化定制服务开发、老年人定制化运动康复服务开发、老年人购物场所多样化等。

四 释放基础设施建设新动能

基础设施投资是固定资产投资的重要组成部分,对生产效率提升、经济增长具有不可替代的作用。当前,中国在基础设施建设方面仍存在提升空间:一方面,传统基础设施提质升级的需求不断增加;另一方面,随着科技变革与数字经济的发展,新型基础设施可带动新兴产业快速发展,为经济增长注入新动能。为加快培育壮大基础设施建设,国家仍需提高存量基础设施利用率,释放其促进经济增长的潜力,提高社会资本对基础设施投资的积极性,促进传统基础设施智能升级,同时加快新型基础设施的培育。

(一) 基础设施建设现状及其重要意义

1. 中国基础设施建设规模巨大

基础设施是支撑经济社会发展的支柱。由于中国幅员辽阔且基础设施具有一定的公共物品属性,社会对基础设施的需求规模巨大。例如,电网、铁路、公路、管道、物流等基础设施布局覆盖全国各个地区,在全国范围内形成联系紧密的网络,以保障各地区居民和企业均可平等使用基础设施。这一特征使基础设施投资和建设的规模往往较大，并且对经济增长的贡献巨大。① 根据中国统计年鉴数据，中国基础设施②投资占全社会固定资产投资的比例常年维持在 22%—27% 之间，并且自 2016 年以来长期稳定在 25% 以上，是全社会固定资产投资重要的组成部分（见图 3-3）。

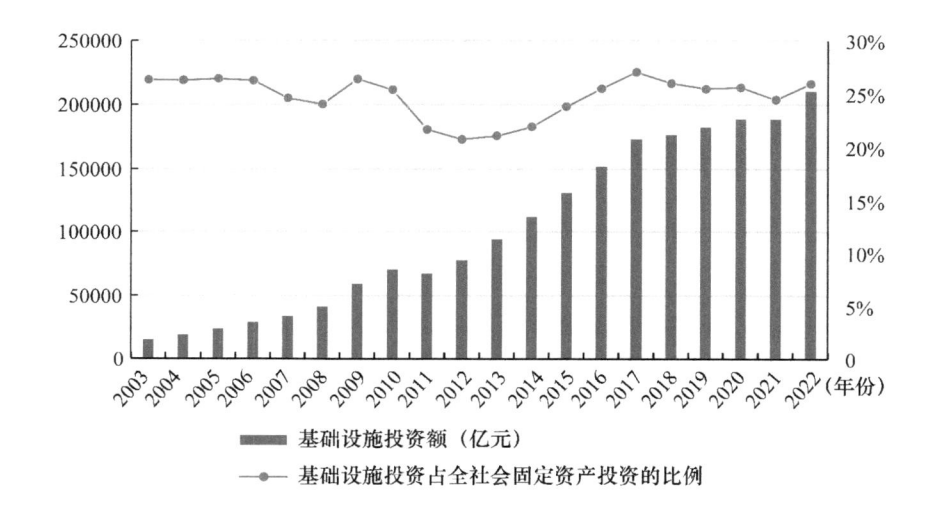

图 3-3 基础设施投资额及占全社会固定资产投资的比例

---

① Fernald J. G., "Roads to Prosperity? Assessing the Link Between Public Capital and Productivity", *American Economic Review*, Vol. 89, No. 3, 1999; Esfahani H. S., Ramırez M. T., "Institutions, Infrastructure, and Economic Growth", *Journal of Development Economics*, Vol. 70, No. 2, 2003; Herrerias M. J., "The Causal Relationship Between Equipment Investment and Infrastructures on Economic Growth in China", *Frontiers of Economics in China*, Vol. 5, No. 4, 2010; Czernich N., Falck O., Kretschmer T., et al., "Broadband Infrastructure and Economic Growth", *The Economic Journal*, Vol. 121, No. 552, 2011.

② 基础设施指交通运输、仓储和邮政业，电力、热力、燃气及水生产和供应业，以及水利、环境和公共设施管理业这三个行业。

2. 基础设施建设提高生产效率

基础设施的公共物品属性使其对企业具有正向的外部性，对生产效率的提高具有积极作用。研究表明，基础设施可以显著降低企业的生产成本，还可以改善劳动力、资本和中间品等要素投入的结构。[1] 交通基础设施可通过影响企业层面的资源配置效率进而改善经济绩效[2]，提高农产品流通效率[3]、城市市场潜在需求水平[4]，以及制造业在全球价值链中的分工地位。[5] 数字基础设施能够促进企业绿色创新[6]，提高全要素生产率[7]，促进企业技术知识扩散[8]，降低劳动力配置扭曲程度[9]，等等。

---

[1] 张光南、朱宏佳、陈广汉：《基础设施对中国制造业企业生产成本和投入要素的影响——基于中国1998—2005年27个制造业行业企业的面板数据分析》，《统计研究》2010年第6期。

[2] 张天华、高翔、步晓宁、谢晓闻：《中国交通基础设施建设改善了企业资源配置效率吗？——基于高速公路建设与制造业企业要素投入的分析》，《财经研究》2017年第43卷第8期。

[3] 李金秋：《电商平台发展、交通基础设施对农产品流通效率影响的实证分析》，《商业经济研究》2023年第20期。

[4] 昝欣、欧国立、吕巍：《交通基础设施如何挖掘我国城市市场潜力——基于生产要素流动的视角》，《经济问题探索》2023年第7期。

[5] 包群、郝腾：《交通基础设施质量对制造业价值链升级的影响研究》，《当代经济研究》2023年第5期。

[6] 肖仁桥、崔琦、钱丽：《"宽带中国"试点政策对企业绿色创新的影响——数字金融、数字化转型的中介效应》，《科技进步与对策》2024年第17期。

[7] 刘传明、马青山：《网络基础设施建设对全要素生产率增长的影响研究——基于"宽带中国"试点政策的准自然实验》，《中国人口科学》2020年第3期。

[8] 薛成、孟庆玺、何贤杰：《网络基础设施建设与企业技术知识扩散——来自"宽带中国"战略的准自然实验》，《财经研究》2020年第4期。

[9] 牛子恒、崔宝玉：《网络基础设施建设与劳动力配置扭曲——来自"宽带中国"战略的准自然实验》，《统计研究》2022年第10期。

3. 消费需求升级扩大基础设施建设空间

随着经济社会不断发展，人们对基础设施的需求持续升级，基础设施建设具有巨大的增长空间。

第一，传统基础设施方面，虽然传统基建对经济增长的边际贡献逐渐减弱，但是社会对传统基础设施的需求具有刚性的特征，未来仍有增长空间。随着人民美好生活需要的日益增长，能源、交通、网络等传统基础设施与居民日常生活关系密切，加之居民收入水平提升和对高质量生活的需求不断增加，对传统基础设施的要求也同步提高。以能源基础设施为例，随着居民收入的提高，家庭电器数量和用电量大幅增加，对用电质量的要求更高，输电电压等级不断提高，促进电网基础设施建设不断升级。随着居民对新能源汽车的需求也不断增加，汽车充电桩等基础设施的需求不断扩张。截至2023年12月，全国充电基础设施累计数量为859.6万台，同比增加65.0%。[①] 全国充电基础设施仍需以较快速度增长，以满足持续增加的新能源汽车需求。

第二，新型基础设施方面，居民对新型基础设施的需求不断增加。伴随新一轮科技革命和产业变革，互联网、大数据、云计算、区块链的技术逐渐在产业链中占据不可替代的地位。与之伴随的是居民生活消费方式的改变，网络购物、线上医疗、线上教育、物联网、自动驾驶、家居服务机器人等产品和服务的需求不断增加，使新型基础设施建设成为经济新动能之一。

---

① 数据来自中国充换电联盟《2023年全国电动汽车充换电基础设施运行情况》报告。

4. 新型基础设施建设带动新兴产业发展

根据国家发展改革委的定义，新型基础设施主要包括三方面内容：一是信息基础设施，包括以 5G、物联网、工业互联网、卫星互联网为代表的通信网络基础设施，以人工智能、云计算、区块链等为代表的新技术基础设施，以数据中心、智能计算中心为代表的算力基础设施等；二是融合基础设施，主要指深度应用互联网、大数据、人工智能等技术，支撑传统基础设施转型升级，进而形成的融合基础设施，比如智能交通基础设施、智慧能源基础设施等；三是创新基础设施，主要是指支撑科学研究、技术开发、产品研制的具有公益属性的基础设施，比如重大科技基础设施、科教基础设施、产业技术创新基础设施等。

目前，中国新型基础设施建设正处于起步阶段，仍有巨大的投资空间与增长空间。从产业链角度来看，由于新型基础设施具有需求规模大、技术壁垒高的特点，其涉及的产业链较长，企业数量巨大，因此新型基础设施建设对相关新兴产业的发展和技术的提高具有重要的推动作用，尤其是对制造业的再次繁荣、保持中国制造业比重稳定具有重要的作用。新型基础设施的不断建设，将带动社会对原材料、设备、相关技术的需求不断增加，从而引致更大规模的产业投资并带来更多的经济增长点。5G 基建可带动基站芯片、半导体材料的研发生产，新能源汽车充电桩可带动高性能有色金属材料的研发与使用，大数据中心建设可带动信息存储材料的研发与产出。

（二）释放基础设施新动能的重点任务

1. 提高传统基础设施质量

以往基础设施具有重数量、轻质量的特点，在经济发展初期，大规模地提高基础设施的覆盖率对区域经济增长确实产生了重要的作用。但是进入经济高质量发展阶段，中国大部分基础设施已经基本实现全覆盖，这一阶段基础设施的质量水平是影响生产效率和经济增长的重要因素。

全面提高传统基础设施质量的重点任务集中在农村地区。改革开放以来，随着农村地区多轮扶贫行动的大规模开展，农村基础设施水平不断提升，但是与城市地区相比，基础设施质量仍待提高。中国农村电网建设与改造工程始于1998年，并早在2005年实现全国所有地区通电，彻底消灭了无电地区和无电人口。但是农村地区和偏远地区仍然长期面临电压等级低、电压不稳定、三相电入户困难，大规模的农业生产活动受到极大约束。进入乡村振兴阶段，基础设施水平的提高对产业振兴具有重要的作用，也是实现人才振兴的重要前提。随着科学技术的发展，传统电力基础设施存量已经无法满足农业生产生活中对高新技术的需求，使用现代科学技术和现代工业装备农业是现代农业发展的主流趋势，设施农业、生物合成、"农业工厂"等模式离不开高质量的电力、水利、数字基础设施的支撑。

2. 促进新型基础设施高质量发展

"十四五"规划纲要提出，围绕强化数字转型、智能升级、融合创新支撑，布局建设信息基础设施、融合基础设施、创新基础设施等新型基础设施。党的二十大报告提出，优化基础设施布局、结构、功能和系统集成，构建现代化基础设施体系。传统的基建投资在以往经济政策中承担以大规模投资刺激经济增长的作用，是政府逆周期调节经济的重要手段，新型基础设施则主要依托新一代信息技术的飞速发展、新一轮产业革命的成果，不仅是促进经济增长的重要引擎，更是高质量发展的重要抓手。国家应以新发展理念为基础，发挥5G基站、特高压、充电桩、大数据中心、人工智能、工业互联网等新型基础设施对推动经济包容性增长的作用，突出新型基础设施创新、协调、绿色、开放、共享的特征，建立起技术创新、接入平等、绿色低碳、安全可控的新型基础设施体系。

（三）释放基础设施新动能存在的主要问题

一是社会资本参与度不足。由于基础设施投资的周期较长，回报率偏低，风险较高，社会资本对基础设施类投资的积极性相对不足。具体来看，传统基础设施建设项目多为公益性项目，虽然长期来看会对经济增长和社会发展产生重要的积极作用，但是短期内的经济效益较小。新型基础设施的技术迭代速度较快，政策不确定性大，投资风险较高，因此，大部分基础设施建设仍然以政府为主导，无法避免监督难度大、效率低、成本高的问题。此外，由于近年地方政府的财政资金压力持续增大，以及企业自身面临资金流和经营等问题，无论对传统基础设施的后续投资还是新型基础设施的投资，均具有一定的负面影响。因此，提高社会资本在基础设施领域的投资，是基础设施成为新动能亟须解决的重要问题之一。

二是传统基础设施的资本回报率持续下降。改革开放以来，中国在传统基础设施方面进行大量投资建设并取得了长足的进步。据统计，1978—2022年，中国铁路营业里程从5.17万公里上升至15.49万公里，公路里程从89.02万公里上升至535.48万公里，输油（气）管道里程从0.83万公里上升至13.64万公里，邮路总长度从486.33万公里上升至1142.5万公里。整体而言，目前中国传统基础设施存量已经达到一定水平，后续传统基础设施的资本回报率呈现持续递减的趋势，[1]但是传统基础设施仍需要对部分地区进行补短板建设和追加投资。在此背景下，如何保持传统基础设施对市场和资本的吸引力，是促进传统基建成为经济新动能的重要问题。

三是新型基础设施仍处于培育期，对经济增长的带动作用不足。当前中国新型基础设施建设发展迅速，但是相较于国际领先水平和技术，仍然处于培育期和发力期，前期投入相对较多，但是对经济增长的带动作用仍显不足。中国部分新型基础设施的应用场景不足，还未充分激发需求侧的潜力，导致新型基础设施相关产业未实现高附加值。整体而言，相较于产业链完整、技术成熟的传统基础设施，新型基础设施对经济增长的乘数和加速数效应未完全显现，与数字经济、先进制造业的融合效应和叠加效应还未充分实现。

---

[1] 柏培文、何慧：《中国基础设施投资、资本回报率与包容性发展》，《南京社会科学》2022年第9期；吴明娥：《中国农村经济基础设施资本存量及其资本回报率测算》，《统计与决策》2023年第17期。

第三章　释放"需求升级型"新动能：由传统领域提质升级带动的新动能

（四）对策建议

第一，提升存量基础设施利用率，释放经济增长潜力。针对目前的基础设施存量，尤其是中西部地区，仍需盘活现有的闲置基础设施资产，实现提升生产效率和项目资本回报率的目标。一是优化基础设施领域的运营管理环节，转变以往基础设施领域"重建设、轻运营"的做法，提高基础设施的运行效率、管理效率、服务效率，对基础设施利用率和质量的提高具有重要的作用。二是提高现有基础设施利用率，充分发挥现有基础设施存量对第一产业、第二产业生产效率的促进作用。中西部地区可充分借助"一带一路"等合作倡议积极开展国际合作，提升重载高速公路桥梁、高通吐量港口、洲际班列等高等级物流基础设施的利用率，达到提升地区全要素生产率的效果。三是提高基础设施利用率，弥补基础设施前期投入的巨额成本，尽早实现正收益。从基建项目的角度来看，提升已建成基础设施的利用率，可缩短前期基础设施投资回报的周期，提高基础设施项目的资本回报率，有助于提高社会资本参与基础设施建设的积极性。

第二，提高社会资本对基础设施投资的积极性。目前，社会资本对基础设施类投资的积极性仍有待加强。社会资本的资金规模大、效率高，能够充分弥补政府主导的基础设施建设项目回报率低、周期长的特点。结合中国地方财政现状，一方面，应积极采用政府和社会资本合作模式（PPP）、基础设施领域不动产投资信托基金（REITs），以及其他多样化的政策性开发性金融工具等方式增强社会资本参与投资的积极性，放宽基础设施建设准入门槛，打造良好的市场竞争环境，逐步引导社会资本进入基建领域；另一方面，仍应警惕基建领域的"市场失灵"问题，保证政府充分发挥监督作用和引导作用，引领基础设施行业健康、良性发展。

第三，促进传统基础设施智能升级。针对传统基础设施资本回报率持续降低的问题，一是进行传统基础设施的技术智能化、数字化升级换代。对电力、交通运输、航运等传统基础设施进行智能化升级，采用国际前沿技术赋能传统基建，建成智慧能源设施、智慧水利设施、智慧市政设施等。例如，采用能源互联网技术、智能电网技术、高压直流输电技术等，实现电力系统升级与效率的提升；采用列车自动控制技术、列车物联网技术等，实现铁路基础设施系统的优化等。二是实现传统基础设施与新型基础设施的连接，以及与新技术的融合。积极推动传统基础设施领域与工业互联网、大数据中心、人工智能等新型基础设施的融合发展，充分促进叠加效应的发挥，不仅有助于传统基础设施升级和回报率的提升，同时加速新型基础设施技术成果的转化，尽早实现对经济增长的推动作用。

第四，加快新型基础设施培育。充分把握技术变革的特征和变化趋势，积极发挥技术优势，加速新型基础设施培育。一是密切关注新型基础设施创新技术的发展，注重科技成果的转化环节，加快相关技术新型基础设施领域投产，实现对经济增长的拉动作用。二是加快新型基础设施体系化、规模化发展。新型基础设施包含众多技术领域、产业链和应用场景，彼此间相互融合协同发展，因此打造新型基础设施体系至关重要。应注重部门协调、系统谋划，强化支撑保障，从总体布局角度加快新型基础设施的培育。

第四章

激活"结构优化型"新动能：
由结构调整优化催生的新动能

激活"结构优化型"新动能，针对各领域面临的突出问题，国家须从四个方面重点发力破解。一是在激活城乡结构调整新动能方面，要求积极推动城乡要素双向、平等流动，增加农村公共资源投入力度，多渠道增加农民收入，率先在县域内破除城乡二元结构。二是在激活区域结构调整新动能方面，要求以统一大市场建设推动产业有序转移，加快培育中西部和东北地区竞争优势，完善"内陆优先、东南亚其后"的产业转移支持政策，破除要素向城市群倾斜流动的体制机制障碍。三是在培育制造业与服务业融合发展新动能方面，要求直面以数字技术、人工智能为代表的全球技术竞争，充分发挥中国制造业规模效应与产业体系优势，完善生产性服务业市场机制，优化与新技术匹配的人才培养长效机制，推进制造业与服务业融合发展。四是在塑造传统领域绿色低碳转型新动能方面，要求加快建立市场化、法治化的绿色低碳转型长效机制，加强碳交易制度和绿色技术创新"双轮驱动"，制定"转型金融"标准和可持续金融评价体系，以数智化赋能传统领域绿色低碳转型,"以我为主"应对欧美碳关税体系的潜在叠加效应,化关税"压力"为转型"动力",化"被动"应对为"主动"培育绿色出口新动能。

一 激活城乡结构调整新动能

中国城乡二元结构的长期存在和深刻演化,成为经济高质量发展的重要挑战之一。二元结构下,城乡失衡与农村发展不充分是社会发展不平衡不充分的集中体现。城乡间经济循环尚不畅通,农村巨大的市场与发展潜力难以充分激活。推进新型城镇化和乡村全面振兴有机结合,畅通城乡经济循环,提高城乡平衡性,既是构建城乡融合发展新格局的题中应有之义,也为经济稳增长提供动力源。

(一) 城乡融合发展孕育经济高质量发展新动能

当前中国已经进入城镇化进程的中后半段,城镇化进程增速趋缓,城镇人口规模逐步达到峰值;而农业农村现代化进程正在全面提速,对实现城乡融合发展下的城乡要素自由流动和产业融合发展提出更高要求。在城市工业生产带动和消费升级促进下,农村的绿色农产品、优质生态环境、文化资源等特色优势加快转化成为全社会的经济价值与社会价值,农村逐渐成为城市空间拓展释压、工商资本下乡和市民体验消费的重要载体,蕴含了巨大的消费与投资潜力。构建新型城乡关系,激活城乡结构调整新动能,逐步推动形成优势互补、协调联动的城乡发展共同体,既是顺应城镇化、工业化发展规律的主动选择，也是全面推进乡村振兴和农业强国建设的重要内容。

城乡二元结构是影响城乡融合发展的主要障碍，制约了城乡要素双向交换、收益平等合理分配，妨碍了农业综合效益和竞争力提高。党的十八大开启了全面构建城乡融合发展的新阶段，着眼于破除城乡发展不平衡不充分问题，实现"工农互促、城乡互补、协调发展、共同繁荣"的新型城乡关系。但当前城乡发展还处于由低水平不平衡向高质量相对平衡的转型过程中，农村居民收入水平与城镇还有很大差距。随着农民收入持续增长与农村消费加快升级，巨大的农村消费力还有待释放，超大的国内市场也有待建立。从乡村建设来看，当前基础设施建设滞后的局面还有待改善。尤其是现代设施农业、高标准农田建设以及水利基础设施建设任务繁重，对建材、水泥、钢筋、机械等基础产业的拉动作用很大。对城镇而言，城乡融合发展是释放城市发展活力的重要抓手，可以增强城镇在资源整合、新业态孕育等方面的先发优势。

（二）激活城乡结构调整新动能的重点任务

要畅通城乡经济循环，实现城乡平衡发展，挖掘城乡共同发展潜能。城镇与农村是人类生产生活的两大空间载体，城乡经济失衡既影响城镇的健康发展，也阻碍农村劳动生产率提升。畅通城乡经济循环要求把城乡问题放到整个经济社会发展全局的战略高度综合考虑施策，挖掘和释放城乡共同发展的潜能。在城乡融合发展目标下，加快畅通城乡经济良性循环，有利于提升国民经济体系的整体效能。一是加快城乡要素双向、平等地充分流动，这是实现城乡经济良性循环的基础。这以要素自由流动、不存在市场垄断与不合理的行政限制为前提，同时要求建立更加完善的市场来发挥更有效的资源配置与供需匹配作用。二是提高城乡产业的关联畅通与深度耦合性是畅通城乡经济循环的保障。随着新技术变革、城乡关系转变，以及不依赖城市集聚的产业增多，依托现代农业产业体系、生产体系和经营体系的建立，产业在城乡之间转移布局，从单一地由农村流向城市转变为双向流动。三是城乡间的供需高效匹配。城乡之间存在分工，随着城乡居民消费需求升级与生产技术革新，城乡间的供需产品在不断变化。要着力减少无效供给，扩大有效供给，通过现代流通提高供需匹配效率，让农产品"上行通畅"、工业品"下沉顺畅"，进而有效满足促进城市食品消费升级和农村耐用品消费增长的城乡居民多层次、多样化消费需求。

要有力有效推进乡村全面振兴，破除农村内部发展不充分的障碍，增强农村发展动力。全面推进乡村振兴，要坚持农业农村优先发展，加强乡村振兴政策、资金、人才的持续供给，实现"农业强、农村美、农民富"。农业强是基础，是将14亿多人的"饭碗"牢牢端在自己手里的保障，是社会主义现代化强国的根基。推进人口规模巨大的现代化，必须坚持保障粮食安全和重要农产品有效供给，通过建立现代化农业，尽最大可能提高自给保障水平，推进农业由增产导向转向提质导向。农村美是重点，针对中国农村基础设施和公共服务体系还不健全，部分领域存在一些突出短板和薄弱环节，提升农村基本具备现代生活条件，推动乡村建设取得实质性进展，农村人居环境持续改善，农村公共基础设施往村覆盖、往户延伸取得积极进展，农村基本公共服务水平稳步提升，农村精神文明建设显著加强。农民富是关键，是检验所有农村工作的重要尺度，既要巩固拓展脱贫攻坚成果，确保不发生规模性返贫是全面推动乡村振兴的底线任务，又要多渠道增收致富，补足农村短板，激发农民内生发展动力，让其具备持续增收能力，推进共同富裕。

（三）激活城乡结构调整新动能存在的问题与挑战

农村现代化调整滞后，城乡经济发展协调度有待提高。一是农业生产率仍然不高。高收入国家的劳均农业增加值约为4万美元（按2015年美元不变价计算），并且与其他产业的劳均增加值相当。2022年，中国第一产业劳均增加值约为5万元，仅为第二产业的一半左右，与高收入国家也有很大差距。二是农业就业份额下降远远滞后于农业产值份额的下降。发达经济体农业产值份额与就业份额一般收敛于2%左右，中国2022年农业就业份额为24.1%，不仅高于发达经济体收敛值20个百分点以上，滞后于农业产值份额近17个百分点。三是农产品阶段性供过于求和供给不足并存，难以满足城乡居民对高品质农产品的需求，农业供给质量和效益亟待提高。农村现代化调整滞后，农业生产经营质量和效率依然偏低，限制了农业产业链的延长和城乡产业之间深层次的融合。

城乡公共资源配置均等化程度不高，城乡二元结构制约明显。一方面，农村基础设施是农村经济社会发展的重要支撑，也是扩大农村有效投资、畅通城乡经济循环的着力点。由于自然地理条件限制、历史文化发展约束,特别是在部分偏远或纯农业地区的农村,水、路、电、燃气、公共交通、污水垃圾处理,以及网络信息化等公共基础设施与现代化基础设施建设薄弱,成为农村经济社会发展的制约因素。另一方面,城乡间基本公共服务水平差距十分明显。一是城"优"乡"差"。[①] 在曾经长期偏向城市的政策下,农村公共服务的历史欠账很多。优质的教育、医疗卫生和养老服务资源主要集中在城镇地区,农村居民在优质资源的获取和享有方面存在较大短板。二是城"多"乡"缺"。虽然农村已经建立起基本的养老和医疗保险制度,但保障水平依然不高,与居民的实际需求有很大差距。

城乡收入失衡局面尚未彻底扭转,农村居民内部收入差距扩大显现。农村内部收入差距正在持续扩大,从人均可支配收入均值与中位数的偏离程度看,二者的比值从2015年的1.11增长到2023年的1.14。农村居民财产性收入处于较低水平,2022年财产性净收入为509元,在可支配收入中仅占到2.53%,财产权益还未充分体现。中国城乡居民相对收入差距持续缩小,2022年的城乡收入比首次降至2.5以下(2.45倍)。根据发达国家城乡收入差距变迁的经验,在工业化进程中,基本呈现出"城乡收入差距扩大—城乡收入差距缩小—城乡居民收入水平相当"的发展趋势。对照国际经验,中国城乡收入差距在世界范围内是偏高的,

---

① 李实、杨一心:《面向共同富裕的基本公共服务均等化:行动逻辑与路径选择》,《中国工业经济》2022年第2期。

农村居民的消费能力受到极大的限制。

中西部县域经济综合承载力不足,连接城市、辐射农村的作用发挥不充分。县域经济发展整体相对落后。2020年的数据显示,县域人均GDP为全国平均水平的68%,县域第二产业增加值占全国总量的5.4%,第三产业增加值占全国总量的4.1%。[①] 县域之间的不平衡性突出,从经济百强县的入围可以看到江苏、浙江与山东县域经济发展水平很高,而中西部地区县域经济发展缓慢,产业承载力不足,很难提供充足的就业机会。县城在燃气普及率、污水处理率、供水普及率等城市基础设施建设,以及教育、医疗、社会保障等公共服务方面均低于全国城市平均水平,进一步导致县城对流动人口,尤其是年青一代流动人口的吸引力不足,无法承接回流的农民工群体。整体上,县域经济盘活农村资源、打开广大农村消费市场的能力有限,进一步降低了发展活力。

(四) 对策建议

中国长期的城乡二元结构既有社会发展进程中城乡要素价格、边际报酬差异构成的客观基础,也有偏向城市政策的历史原因。当前以城乡融合的方式,挖掘城乡共同发展潜能,增强农村发展内生动力,将激活中国式现代化的经济增长新动能。

第一,与城乡融合发展相适应,积极推动城乡要素双向、平等流动,提升农业生产效率。将生产要素更多地向城市单向流动

---

① 王立胜、朱鹏华:《以县城为重要载体的城镇化建设的内涵、挑战与路径》,《中央财经大学学报》2023年第6期。

转化为城乡双向流动。一是人才是城乡融合发展与全面推进乡村振兴最活跃、创新能力最强的要素。尽快打破户籍制度限制,加快推进农业转移人口市民化,同时进一步拓宽人才服务乡村的领域,吸引各类人才源源不断下沉,构建"靠产业吸引人才,靠人才带起产业"的正向循环,形成城乡人才双向流动。二是深化农村土地制度改革,充分利用农村现有土地资源和条件,充分发挥土地这项农村资源优势,吸引各种要素向农村流动,调动社会各界参与乡村振兴的积极性。三是建立财政优先保障、金融重点倾斜、社会积极参与的机制,支持涉农主体拓宽资本市场融资渠道,带动产业融合发展。

第二,与追求机会平等的诉求相适应,增加农村公共资源投入力度,提升城乡配置均衡性。在城乡公共服务方面,要带动城乡全体人民共同享有。坚持政府主导原则,融入社会力量,吸纳个人资源,形成政府、社会和个人有机结合的基本公共服务供给体系。不断完善公共服务资源向农村下沉的分配机制,结合农村人口、经济与自然环境特点,因地制宜改善养老、教育、医疗等方面的公共服务质量。在社会保障体系方面,基于对城乡经济发展状况的比较,统筹社会保险的筹资比例和待遇标准,加快实现城乡统筹,带动农村弱势群体共同发展,提升城乡居民发展的机会均等性。不仅要缩小基本养老保险、基本医疗保险等项目待遇的城乡差距,还要补齐农民、大病患者等群体的保障短板,完善灵活就业人员、新业态从业人员的社会保险体系。

第三,与扩大消费需求相适应,多渠道增加农民收入,持续缩小城乡收入差距。让农村居民能消费、敢消费、愿消费，关键在于提高收入水平。一是拓宽农民就业渠道，通过政府购买服务的方式，为有就业需求的农村居民提供就业指导，提高就业技能，增加成年人人力资本，适应数字化时代的就业需求，从而促进农民工资性收入较快增长。二是化零为整，实现撂荒耕地规模经营，同时发展农产品加工业和特色农业，提高农产品的附加值，从而提高农民经营性收入。三是赋予农民更加充分的财产权益，唤醒"沉睡"的土地资源。既要完善农村闲置宅基地盘活利用政策，探索宅基地自愿有偿退出机制，还要推进建立健全城乡统一的建设用地市场，探索兼顾国家、集体与农民自利的土地增收调节机制与分配机制，充分保障农民权益。四是持续重点关注脱贫农户，根据潜在风险对其进行更加细致的分类，根据致贫风险类型与家庭成员劳动能力及发展需求，构建"赋能＋兜底保障"相结合的帮扶措施，促进低收入农民转移性收入的增长。

第四，与推动县域经济发展相适应，以县域为核心，优化生产力布局，率先在县域内破除城乡二元结构。县域经济是连接城市经济和农村经济的桥梁，也是农村稳定与发展的关键所在。一是给予县级更大的自主选择权和资源配置权，依据县域产业、人口实际情况，调整设置县域内乡村振兴的具体目标和实现形式，针对大城市周边县域、专业功能县域、农产品主产区县域、重点生态功能区县域、人口流失县域的不同特点分类施策。二是推进县域"城—镇—村"产业融合，大力发展县域一、二、三特色优势产业，以差异化分工布局提升产业竞争力，创造更多本地就业空间，充分吸纳农业转移人口，推动本地就业与就地城镇化进程。

三是推动"城—镇—村"空间融合,在县域内着力推动以县城和中心镇为中心、辐射集镇和中心村的"城镇圈"建设,优化配置公共资源和要素投入,着力推动实现县域乡村整体振兴和县域居民生活、生产、生态条件的全面提升。

二 激活区域结构调整新动能

(一) 区域结构调整孕育经济增长新动能

区域结构失衡所带来的资源空间错配问题,是阻碍中国经济增长空间动能释放的关键症结。[①] 党的二十大报告强调,"深入实施区域协调发展战略、区域重大战略、主体功能区战略、新型城镇化战略,优化重大生产力布局,构建优势互补、高质量发展的区域经济布局和国土空间体系"。在区域发展"五大战略"要求下,积极推进区域结构优化调整,将促进不同地区持续发挥比较优势,推动区域产业转移以及空间布局优化,并引导要素与产业向人口净流入地区转移,塑造新的空间经济增长极,重塑中国经济增长区域新动能。

一方面,激活区域结构调整新动能要求不同地区发挥比较优势以及持续培育竞争优势,促进区域产业有序转移,缓解不同地区产业同构带来的效率低下及资源浪费问题。基于雁阵模

---

① 陆铭:《城市、区域和国家发展——空间政治经济学的现在与未来》,《经济学(季刊)》2017年第4期;范恒山:《中国促进区域协调发展的理论与实践》,辽宁人民出版社2023年版。

式理论①，对于区域产业转移而言，从国际"跨国雁阵模式"到国内"大国雁阵模式"，其突出特征都是留存高价值产业或环节，将低价值产业或环节转移到其他地区。作为区域空间变化的主导力量，不论是溢出型转移（产业链延伸）还是撤退性转移，都有助于促进区域产业转型升级，形成区域增长中心，激活区域发展新动能。通过发挥比较优势以及积极培育竞争优势，中西部、东北地区承接东部集聚地区的产业转移，是消除空间资源错配以及实现区域协调发展的现实需要。近些年东部地区的服务业尤其是生产性服务集聚水平迅速提升，将研发、设计等高端价值链环节留在东部，将生产环节转移到中西部地区已是大势所趋。② 这有助于为东部地区承接国际高端产业链环节腾出空间。

另一方面，激活区域结构调整新动能要求遵从区域发展规律，依托城市群都市圈新型城镇化空间载体，推动要素与产业向中心城市、城市群与都市圈进一步集聚，从而以城市群都市圈为代表的空间高级组织形态，将充分发挥产业集聚和协同效应、地区专业化效应、规模经济效应、知识溢出效应、资源配置优化效应等，在供给端持续强化产业前向关联和后向关联效应，提升地区创新

---

① Akamatsu K., "A Historical Pattern of Economic Growth in Developing Countries", *The Developing Economies*, No. 1, 1962; Kojima K., "The 'Flying Geese' Model of Asian Economic Development: Origin, Theoretical Extensions, and Regional Policy Implications", *Journal of Asian Economics*, Vol. 11, No. 4, 2000.

② 蔡昉、王德文、曲玥：《中国产业升级的大国雁阵模型分析》，《经济研究》2009年第9期。

能力以及全要素生产率水平，在需求端则促进扩大住房、基础设施建设、产能扩张以及创新研发投资规模，拓展更加多元化的消费空间。最终，通过上述渠道，中国加快塑造城市群经济增长极，激活区域结构调整新动能。

（二）中国经济增长区域动能分解与产业转移特征

1. 中国经济增长区域动能分解

基于经典偏离—份额分析法（shift-share），我们可将地区经济增长空间动能分解为"区域产业结构分量"和"区域竞争力分量"两部分，它们分别反映了地区产业结构优势动能和区域竞争力优势动能。[①] 本书将研究时间窗口界定为2013—2022年，将党的十八大阶段（2013—2017年）界定为"经济转型阶段"，这一时期处于"三期叠加"阶段，将党的十九大以来（2017—2022年）界定为"高质量发展阶段"，进而对中国东中西和东北地区、南北地区以及各省（自治区、直辖市）经济增长动能进行分解。

表4-1呈现了不同阶段各地区增长动能分解结果。分析可知：（1）东部地区第三产业结构优势逐步成为正向增长动能，但区域竞争力优势动能有所弱化。党的十八大以来，东部区域竞争优势有所弱化，可能与劳动力成本上升因素有关。第三产业区域竞争力优势由负转正，表明东部地区在发展服务业尤其是生产性服务业方面表现出突出的区域竞争优势。分省看，虽然东部区域

[①] 张可云等：《中国区域经济格局变动与增长极重构》，经济管理出版社2023年版。

第四章 激活"结构优化型"新动能:由结构调整优化催生的新动能

表4-1 不同阶段区域增长动能分解

(单位:亿元)

年份	地区	产业结构分量	区域竞争力分量	总偏离	第一产业结构分量	第二产业结构分量	第三产业结构分量	第一产业区域竞争力分量	第二产业区域竞争力分量	第三产业区域竞争力分量
2013—2017	东部	2596.4	-5475.3	-2878.8	-4373.6	-19874.6	26844.6	-706.8	-318.3	-4450.1
	中部	-3477.1	5652.7	2175.6	-3254.6	-8746.6	8524.0	-327.3	-1625.3	7605.3
	西部	-2071.9	3852.4	1780.6	-3469.6	-7541.2	8939.0	1695.3	504.9	1652.2
	东北	-898.7	-10982.4	-11881.1	-1337.7	-2469.9	2908.9	-786.2	-6914.2	-3282.0
	南方	-1922.4	17508.6	15586.3	-6861.2	-23618.8	28557.7	2454.1	5095.9	9958.6
	北方	-1928.9	-24461.2	-26390.1	-5574.2	-15013.4	18658.8	-2579.1	-13448.8	-8433.3
2017—2022	东部	404.3	-23292.5	-22888.2	-680.8	483.1	602.0	-2076.5	-21892.0	676.0
	中部	-90.4	4737.2	4646.8	-513.0	208.7	213.8	-181.0	-2392.2	7310.4
	西部	-218.7	7054.3	6835.7	-612.0	185.0	208.3	2026.2	615.2	4413.0
	东北	-90.0	-7312.2	-7402.2	-190.1	41.9	58.2	-586.6	-2054.0	-4671.6
	南方	84.4	5639.3	5723.6	-1181.6	588.6	677.4	-848.0	-12017.5	18504.7
	北方	-79.2	-24452.3	-24531.5	-814.2	330.1	405.0	30.0	-13705.4	-10776.9

竞争力分量加总值为负，但各省竞争优势明显分化：经济转型阶段的江苏、福建、广东、海南等，以及高质量发展阶段的北京、浙江、福建、海南等地区竞争力分量均为正。（2）中西部地区竞争力优势逐步增强，对传统产业结构优势不足产生"补偿效应"。中西部区域竞争力分量都持续为正，并且这一优势均弥补了产业结构优势的不足，使得加总值为正。除河南、内蒙古、广西等地区外，其他省份区域竞争优势有进一步强化趋势。对于中部地区而言，这一竞争优势贡献来自有利于第三产业发展的外部环境；对于西部地区而言，三次产业都表现出突出的竞争优势特征，这一优势与劳动力及资源禀赋优势、交通基础设施建设，以及营商环境改善等多种因素有关。（3）东北地区在全国竞争中劣势明显，产业结构优势和区域竞争力优势动能均不足。2013年以来，黑龙江、吉林和辽宁三省的产业结构优势、区域竞争力优势都呈现下降趋势，发展动能不足。（4）南方地区在产业结构优势以及区域竞争力优势方面都显著优于北方地区，经济增长动能更加充沛。这一事实也为中国南北差距持续扩大提供了一个框架性解释。从经济转型阶段到高质量发展阶段，南方地区产业结构优势由负转正，北方地区产业结构优势持续为负。南方地区的区域竞争力分量一直为正且体现在三次产业中，它正在形成有利于各类产业发展的外部竞争环境，而北方尤其是东北地区的竞争力分量持续为负，成为南北差距持续扩大的重要原因。

2. 中国省级经济增长动能模式及跃迁路径

根据表4-2和表4-3，对比不同省份结构动能模式和跃迁路径，可以发现，2013年以来，从经济转型阶段到高质量发展阶

第四章 激活"结构优化型"新动能：由结构调整优化催生的新动能

表4-2　不同阶段各省（自治区、直辖市）增长动能模式

空间新动能识别	经济转型阶段（2013—2017）	高质量发展阶段（2017—2022）
第Ⅰ类（$I>0 \& R>0$）	广东省、西藏自治区、重庆市、海南省、青海省	浙江省、北京市、山西省
第Ⅱ₁类（$I>0 \& R<0 \& N>0$）	上海市、浙江省	无
第Ⅱ₂类（$I>0 \& R<0 \& N<0$）	北京市、天津市、吉林省	广东省、江苏省、上海市、天津市、山东省、重庆市
第Ⅲ类（$I<0 \& R<0$）	宁夏回族自治区、甘肃省、云南省、新疆维吾尔自治区、山西省、辽宁省、陕西省、河北省、黑龙江省、山东省	吉林省、辽宁省、内蒙古自治区、湖南省、河南省、河北省、广西壮族自治区、黑龙江省
第Ⅳ₁类（$I<0 \& R>0 \& N>0$）	贵州省、江苏省、内蒙古自治区、湖南省、福建省、安徽省、江西省、四川省、广西壮族自治区、湖北省、河南省	宁夏回族自治区、福建省、西藏自治区、青海省、陕西省、甘肃省、江西省、安徽省、海南省、新疆维吾尔自治区、贵州省、湖北省、云南省、四川省
第Ⅳ₂类（$I<0 \& R>0 \& N<0$）	无	无

表4-3　不同阶段各省（自治区、直辖市）区域动能模式跃迁路径

省　市	经济转型阶段（2013—2017）	→	高质量发展阶段（2017—2022）
重庆市	Ⅰ	→	Ⅱ₂
西藏自治区	Ⅰ	→	Ⅳ₁
青海省	Ⅰ	→	Ⅳ₁
广东省	Ⅰ	→	Ⅱ₂
海南省	Ⅰ	→	Ⅳ₁
上海市	Ⅱ₁	→	Ⅱ₂
浙江省	Ⅱ₁	→	Ⅰ
北京市	Ⅱ₂	→	Ⅰ

续表

省　市	经济转型阶段（2013—2017）	→	高质量发展阶段（2017—2022）
天津市	II_2	→	II_2
吉林省	II_2	→	III
山西省	III	→	I
云南省	III	→	IV_1
陕西省	III	→	IV_1
甘肃省	III	→	IV_1
宁夏回族自治区	III	→	IV_1
新疆维吾尔自治区	III	→	IV_1
河北省	III	→	III
山东省	III	→	II_2
辽宁省	III	→	III
黑龙江	III	→	III
安徽省	IV_1	→	IV_1
江西省	IV_1	→	IV_1
河南省	IV_1	→	III
湖北省	IV_1	→	IV_1
湖南省	IV_1	→	III
内蒙古自治区	IV_1	→	III
广西壮族自治区	IV_1	→	III
四川省	IV_1	→	IV_1
贵州省	IV_1	→	IV_1
江苏省	IV_1	→	II_2
福建省	IV_1	→	IV_1

段,各省产业结构及区域竞争力优势动能明显分化,从"双优"到"单优"、从"单优"到"双优"、从"双劣"到"单优"、从"双劣"到"双优"的情况都存在。具体而言:(1)经济转型阶段位居第Ⅰ类的五个省级行政区(广东省、西藏自治区、重庆市、海南省、青海省)全部跃迁至非Ⅰ类,但没有落入第Ⅲ类的情况,或者是产业结构分量下降(如西藏自治区、青海省、海南省),或者是区域竞争力分量下降(如重庆市、广东省)。(2)从第Ⅲ类跃迁至第Ⅰ类的仅有山西省,煤炭资源城市转型取得重要突破,多数Ⅲ类省份跃迁至第$Ⅳ_1$类,即区域竞争力分量有所提升,大多数处于中西部地区,说明中西部地区对于承载产业转移具有重要的区位优势。(3)需要注意的是,浙江省、北京市分别从第$Ⅱ_1$和$Ⅱ_2$类跃迁至第Ⅰ类,浙江省产业结构优势以及北京市区域竞争优势均有不同程度的提升。(4)其他省份大都处于第$Ⅳ_1$类,即区域竞争力分量为正,产业结构分量为负,除了安徽省、江西省、四川省、贵州省、福建省为第$Ⅳ_1$类别不变外,其他大多数地区(如河南省、湖南省、内蒙古自治区、广西壮族自治区)都落入第Ⅲ类,区域竞争力有所下滑。

3. 区域产业转移呈现"大国雁阵模式"特征

区域产业转移是培育地方产业结构优势的重要途径,其同时依赖于地区竞争优势环境。本书进一步从区域产业转移视角考察区域结构调整新动能来源。结合中国第三次、第四次经济普查,2022中国工业统计年鉴,以及东盟国家有关数据,我们将"行业总体从业人员占比"变动和行业"区位商"作为产业转移的核心指示指标,可以得出以下结论。

一是国内劳动密集型产业呈现自东向西、自西向东"双向转移"的态势，传统劳动密集型行业自东向西转移，一些具有资本密集属性的非传统劳动密集型行业自西向东转移。中西部省份传统劳动密集型行业（如食品、纺织、制鞋、印刷、家具制造）的人口聚集趋势显著，从业人口占比有所提升，在引进劳动密集型产业方面还存在较高的积极性。比如，2013—2021年，湖北接受的转移产业主要包括纺织业、印刷复制、文体工美、设备修理和木材加工等。另外，中西部和东北地区一些资本密集型产业（如金属制造业），呈现向东部经济发达地区转移的态势。

二是国内资本密集型与技术密集型产业"溯洄"转移特征突出，呈现从长江经济带下游地区向上游转移的趋势。一些典型的资本与技术密集型行业，如医药制造、专用设备制造、汽车制造、仪器仪表等，主要集聚在东部地区，相关产业向拥有长三角城市群、长江中游城市群、成渝地区双城经济圈等长江经济带省份所在城市群"溯洄"转移。

三是国内资源密集型产业具有较强的地域依赖性。"双碳"背景下，高耗能产业向新能源富集的西部地区转移成为新趋势。石油、煤炭等燃料加工业倾向于分布在拥有港口、便于运输石油的东部沿海省份和富含煤炭的山西、内蒙古等地。新能源产业分布于西部风光资源丰富的地区，"双碳"目标下，东部地区高碳产业倾向于向新能源富集的西部地区转移布局。

四是RCEP合作框架下东部制造业向东南亚持续转移，有效促进国内区域产业价值链重构。出于追求RCEP政策优惠、劳动力成本优势、适应原产地规则和规避关税壁垒的需要，近两年，中国东部制造业（主要是服装鞋帽、玩具以及木材制品等产业链短和附加值低的劳动密集型产业）向越南、马来西亚和菲律宾等东南亚国家持续转移。① 据《东盟营商环境报告2023》，近两年东盟国家营商环境稳中有升，比前几年有较大改善。2023年，中资企业在东盟的总体经营情况较好，51.11%的受访企业预期实现盈利，拟扩大在东盟业务的企业占比达70.95%，但也有部分企业因为水土不服选择"回迁"。

（三）激活区域结构调整新动能面临的问题

1. 空间资源错配问题：内因是行政性垄断下的要素市场分割，表象是中西部要素配置效率恶化与南北差距持续扩大

一是反行政垄断进度滞后，行政壁垒依然坚固，加剧了市场分割与资源错配。中国反垄断法实施以来，反市场垄断取得重要进展，但反行政垄断进展总体上相对滞后。2023年，全国依法查处各类垄断案件339件，其中针对滥用行政权力排除、限制竞争行为的行政垄断案例仅为十分之一。行政性垄断妨害自由竞争机制的形成和发展，导致商品及生产要素流通受阻，加剧了市场分割和效率损失。②

二是经济资源配置到效率低的行业和地区，导致中西部与东部地区资本回报率和全要素生产率（TFP）差距有扩大趋势，收

---

① 岳圣淞：《第五次国际产业转移中的中国与东南亚：比较优势与政策选择》，《东南亚研究》2021年第4期。
② 马草原、朱玉飞、李廷瑞：《地方政府竞争下的区域产业布局》，《经济研究》2021年第2期。

入绝对差距也在持续扩大。行政干预生产要素跨地区再配置问题突出,大量土地和资本以赶超型产业、开发区、新城建设的形式配置到西部地区,投资效率较低,导致中西部与东部地区的资本回报率和TFP差距依然存在较大差距,甚至有扩大趋势。受疫情防控影响,2020年以来,云南、贵州、甘肃等省份的资本回报率明显低于中部与东部地区,差距不降反增。从绝对差距上看,东部地区与其他三大区域的收入差距仍在扩大。2013—2022年,东部与西部、中部、东北地区人均可支配收入差距分别为9739.4元、8394.5元和5765.3元,分别扩大至17759.3元、15593.0元和15621.7元。

三是北方尤其是东北地区产业升级迟滞,市场化机制不健全,导致新旧动能转换困难。近年来,中国区域协调发展格局整体上呈现东中西差距不断缩小,但南北差距扩大的基本态势。[①] 南北地区人均GDP、人均可支配收入以及基本公共服务供给等方面差距全面扩大,直接原因是北方地区产业结构转型升级缓慢,更深层次原因是市场制度不健全。尤其是东北地区国有企业比重偏高,市场化机制不健全,营商环境不完善,成为南北差距扩大的重要动因。

2. 比较优势不遵从问题:部分地区盲目"贪大求洋"发展赶超产业,加剧产业同构问题

中西部一些地区对承接传统劳动密集型产业转移兴致不高,

---

① 盛来运、郑鑫、周平等:《我国经济发展南北差距扩大的原因分析》,《管理世界》2018年第9期。

多数地区希望发展新能源、新材料、生物医药、高端制造、集成电路等战略性新兴产业，追求地区发展"弯道超车"，"贪大求洋"问题严重，导致赶超产业很可能违背地方比较优势而缺乏自生能力，只能依赖地方政府的优惠政策存活，加剧了市场扭曲和效率损失。虽然它短期内能够促进部分西部省份"超常规"增长，但长期来看，可能并不可持续。

3. 竞争优势不匹配问题：中西部地区竞争优势培育还有不少短板，导致诸多外部转移产业无法快速适应与融合

一是技能人力资本吸引力不足，弱化了传统劳动成本优势。成本领先战略主导的企业，倾向于向劳动力成本较低的中西部地区转移，但面临着高端技能人才不足的问题，导致企业迁移后无法找到高技术匹配人才。

二是中西部消费市场规模偏小，市场可达性有待提升。与东部地区相比，中西部人民收入水平偏低，市场规模也相对较小，导致其在低端产品生产与消费循环中"锁定"。中西部地区交通通信基础设施建设有待改善，铁路网密度与东部地区差距颇大，而且传统基建与数字新基建尚未有效连接。另外，中西部地区供给与东部以及国际市场需求衔接有待加强。

三是产业链配套不成体系，跨区域产业链价值链协同性不高。中西部地区承接产业与当地经济联系较弱，前后关联程度不高，难以承接较为匹配性的产业链、价值链和供应链等具体"环节"。部分产业自东部向中西部转移后，无法在当地找到一些零配件的供应商，不得不跨省采购零件，增加了企业的生产和销售成本。

四是地方营商环境亟待改善。与东部地区相比，中西部地区

在减税降费、优化流程节约时间成本、降低企业社保缴费负担、深化"放管服",以及数字政府建设方面还存在不小差距,行政效率有待提升,在打造市场化、法治化、国际化的营商环境方面差距较大。

五是缺乏跨区域产业转移利益分享机制。中西部产业转入地与产业转出地合作机制不健全,突出表现是,产业承接地和转出地政府缺乏跨区域产业转移利益分享机制,导致地区之间产业转移一锤子买卖,后续合作保障不足。

4. 城市群引擎亟待发力:要素向城市群倾斜流动存在体制机制障碍,城市群产业不协同问题突出

一是尚未建立"地随人走"联动机制,城市群房地产建设缺乏充足的土地供应保障。房地产依然是中国的重要支柱产业,城市群是构建房地产发展新模式的重要空间载体。然而,当前尚未形成土地向重点城市群倾斜的国土空间格局,建设用地供给无法满足较大规模的房地产投资需要,制约了房地产投资规模的扩大。

二是城市群住宅用地供应与房价未形成"价高地增"联动机制,土地供应弹性不足,导致高房价持续挤压消费。虽然2023年全国楼市普遍降温,但一二线城市和其他城市房价分化趋势持续,城市群内部大中小城市房价也继续分化,2024年这一"双分化"特征将进一步加剧,城市群一二线城市的高房价压制消费问题依然突出存在。究其原因,从全国五大城市群中心城市以及100个大中城市的数据看,房地产用地供应与房价攀升未形成"价高地增"的正向联动,大城市住宅用地供给缺乏弹性,成为房价高企的重要动因,进而通过降低居民购买力对消费形成挤压效应。

三是城市群农业转移人口市民化程度不足，不利于释放居民消费活力。当前城市群常住人口显著大于户籍人口比例，农业转移人口在部分大城市落户困难，在就业、医疗、社保、子女教育等公共服务保障方面无法享受市民待遇，加剧了其城市生活成本压力，抑制了消费潜力。

四是主要城市群存在普遍的产业不协同和产业同构问题，加剧资源浪费与效率损失。比如，京津冀地区产业对接难度增大，短时间内无法形成配套的产业链；长三角三省一市都提出"打造世界制造业基地"的构想，选择汽车、石化和电信作为重点发展产业，产业同构问题突出；成渝地区双城经济圈中，以成都为核心的医药、化工、能源以及服务业的集聚地和以重庆为核心的制造业、物流运输基地，产业协同水平有待提升。

（四）对策建议

1. 以统一大市场建设推动产业有序转移，探索跨区域产业链价值链"双链"协同机制

一是以法治化推进打破行政性垄断，弱化地方保护和市场分割，为区域产业转移提供统一大市场环境。坚持法治化推进，加强反垄断法中"滥用行政权力排除、限制竞争"的反行政垄断执行力度，落实好公平竞争审查制度，及时清理废除各地区含有地方保护、市场分割、指定交易等妨碍统一市场和公平竞争的政策。完善公平竞争审查机制，以及反行政垄断执法问责机制、信息公开机制，构建事前审查、事后问责和信息公开相辅相成的高效执法体系。

二是发挥中西部地区劳动力等资源禀赋优势，积极承接劳动密集型和资源密集型产业，力戒"贪大求洋"和盲目赶超。中西部地区劳动力、能源资源和生态环境等方面优势明显，可以根据自身资源禀赋优势布局纺织业、木材加工、煤化工、石油化工产业以及新能源产业等，塑造传统产业转型升级新动能。要尊重产业发展规律，高度警惕盲目追风，以及一窝蜂上马新能源汽车、集成电路等项目的押宝心态和盲目投资。

三是探索跨区域产业链价值链"双链"协同机制，构建地区之间产业转移合作长效机制。一方面，发挥比较优势吸引"双链"的某一环节，实现位于产业链价值链同一梯度的地区之间水平分工，以及位于上下游不同梯度的地区之间垂直分工，变横向竞争为纵向合作，实现地区之间"双链"协同，破除地区之间产业同构问题；另一方面，构建地区之间产业转移合作长效机制，完善产业转入地与产业转出地合作机制和利益分享机制。比如，以产业转移为纽带，推动中西部和东部地区地方政府共建产业转移园，化解地方政府之间的利益冲突。

2. 加快培育中西部和东北地区竞争优势，促进转移产业既"引得来"又"留得住"

根据比较优势与竞争优势理论[①]，从基础设施建设、扩大市场规模、加强人才保障、产业链供应链配套、完善营商环境等方面提出培育区域竞争优势的对策如下。

---

① 林毅夫、李永军：《比较优势、竞争优势与发展中国家的经济发展》，《管理世界》2003年第7期。

一是加大中西部基础设施建设，积极扩大对外开放，提高本地市场潜力水平。一方面，加大中西部地区交通、通信等新老基础设施建设。降低运输成本以及促进融入数字经济网络建设，支持有条件的地区建设"空港铁"多式联运现代物流产业园、数字智慧物流园等，提升市场可达性，避免"信息孤岛"；在此过程中，要着力提升基础设施投资与地区人口、经济密度的匹配性，实现有效投资。另一方面，提高中西部对外开放水平，积极扩大市场规模。高标准建设中西部地区自由贸易试验区，对接新亚欧大陆桥、中国—中南半岛、中国—中亚—西亚经济走廊、中蒙俄经济走廊及西部陆海新通道，全面融入共建"一带一路"，扩大对外开放市场规模。

二是创新全产业链招商新模式，提升产业链供应链配套保障能力。针对产业配套不足的问题，建议以"链长制"为工作抓手，根据地区发展禀赋条件和产业发展基础，推进全产业链招商和"延链补链强链"相结合，实现本地产业与引进产业链各环节有效衔接，形成产业链集群优势。

三是健全人才激励机制，为中西部和东北承接转移产业提供匹配人才支持。完善地方住房、教育、医疗、生活补助以及各类人才支持政策，提升中西部地区人才吸引力水平。

四是打造优质营商环境，提升政府服务效率。中西部和东北地区与东部地区营商环境还存在较大差距。坚持市场中性原则，精简审批许可，以降低转移企业税费、用水用能成本、社保负担为重点，做好转移产业服务保障工作，积极搭建数字政务一体化服务平台，提升政府服务效率。

3. 适当引导产业转移流向，完善"内陆优先、东南亚其后"的产业转移支持政策

一方面，促进东南沿海产业向内陆地区"优先"转移，促进产业链跨区域延伸，助力实现稳增长、稳就业以及产业转型升级三重目标。与东南亚国家相比，中国中西部不少地区在劳动力成本优势、基础设施建设、数字治理能力以及营商环境等方面依然具有突出的优势，中西部地区承接转移产业潜力有待挖掘。同等条件下，需要优化政策工具，支持东南沿海地区产业有针对性地优先向内陆地区转移。另一方面，促进国内产业向东南亚地区"有序"转移。当前，东南亚地区在劳动力、水、电、土地以及税负成本方面均具有明显优势，而且基础设施建设、产业链配套以及营商环境也在持续改善。因此，需要利用"一带一路"、RCEP、亚洲基础设施投资银行、金砖国家新开发银行等国际合作机制，[1] 完善配套政策，支持中国过剩产能向东南亚地区转移。

4. 破除要素向城市群倾斜流动的体制机制障碍，创新城市群内部以及跨区域产业协同机制，放大产业集聚与协同动能"叠加效应"

一是探索建立城市群偏向的"人地"挂钩动态土地供应制度，扩大人口净流入地区土地供应，激活房地产周期调整新动能。坚持以人定房、以房定地，扩大城市群都市圈等人口净流入地区的土地供应，建立"人地挂钩"动态土地供应制度，围绕人口动

---

[1] 岳圣淞：《第五次国际产业转移中的中国与东南亚：比较优势与政策选择》，《东南亚研究》2021年第4期。

态变动情况制定土地开发和楼市政策，为房地产及配套基础设施建设提供充足的土地保障，扩大房地产投资，提高土地资源配置效率。

二是探索建立房地产用地供应和房价挂钩机制，提升城市群土地供应价格弹性，释放高房价压制下的消费活力。城市群是人口集聚以及消费的主要动力，但土地供不应求导致一二线城市房价过快上涨，已经对居民消费形成明显压制效应。提升土地供给弹性是平抑过高房价的关键之举。要建立土地供应与房价挂钩机制，持续增强城市高房价和土地供应扩张的联动性，根据房价变化情况动态优化土地配置，扩大城市群一二线城市的土地供给，缓解居民购房压力，促进释放消费活力。

三是降低城市群市民化门槛，健全"人钱"挂钩的农业转移人口市民化激励政策，推进常住人口基本公共服务全覆盖。支持城市群探索实行户籍准入年限同城化累计互认、居住证互通互认等措施，降低市民化门槛。加大中央财政对农业转移人口市民化的奖励支持力度，综合考虑不同流动范围的市民化成本差异，提升跨省流入城市群人口奖励权重，加大新增落户人口激励，引导省级财政加强配套资金支持。加大教育、医疗、社保、住房等领域投入，促进未落户常住人口与户籍人口享受同水平公共服务。

四是依托重点城市群加快培育先进制造业集群，创新城市群内部及跨区域产业链协同"双链长制"，放大产业集聚与协同动能"叠加效应"。依托京津冀、长三角、粤港澳以及中西部地区重点城市群发展先进制造业，培育集成电路、机器人、航空航天、先进电力装备、高端数控机床、医药及医疗设备等一批先进制造业集群，放大产业集聚效应。在汲取各地"链长制"成功经验基础上，探索推动跨区域产业链协同的"双链长制"，推动同一产业领域不同城市群"链长"合作，促进跨区域产业链上下游协同融合发展。这一过程尤其要科学界定"链长"的行为边界，妥善处理"链长"和"链主"的关系，注重发挥"链主"龙头企业稳链、固链、强链主力军作用的同时，有效规避"链长制"下行政力量对产业发展的过度干预。

三 激活制造业与服务业融合发展新动能

（一）制造业与服务业发展是塑造制造业新动能的必由之路

制造业是立国之本、强国之基。党的二十大报告提出，要"坚持把发展经济的着力点放在实体经济上，推进新型工业化，加快建设制造强国、质量强国、航天强国、交通强国、网络强国、数字中国"。同时也提出，要"构建优质高效的服务业新体系，推动现代服务业同先进制造业、现代农业深度融合"。这充分说明了制造业在实体经济中的核心地位，为制造业与服务业未来发展指明方向与着力点。

作为全球制造业生产规模最大的国家，中国制造业一直具有门类齐全、产业链完整、集群优势突出的特点，同时也面临大而不强、全而不精、中高端撒手锏产品较少的问题。随着数字技术特别是人工智能技术的飞速发展，全球制造业出现由自动化向数字化、智能化升级的趋势，使得制造业与服务业融合发展成为塑造中国制造业新动能的必由之路。

1. 全球制造业格局在岸化、智能化、东西相峙的趋势演变

自2010年中国制造业增加值规模首次超过美国成为世界第一以来，全球制造业格局出现了以中国为地区产业链枢纽的"东升西降"现象。随着近几年发达国家对制造业的重视程度加深，以及数字技术的发展，"东升西降"格局正在发生转变。

一是制造业布局的在岸化、友岸化日趋明显。20世纪80年代以来，发达国家推崇制造业与服务业分离的发展模式，由此出现了以成本和效率为驱动的分散化的全球产业链分工体系和贸易体系。近几年，发达国家对制造业的再认识以及对国家安全的重视，使其制定了各类产业政策促使制造业回流本国。尤其是美国，除了直接利用产业政策补贴高端制造业回流之外，还通过《美墨加协定》等形式，鼓励汽车、电子设备制造等制造业转移至墨西哥等地，使得全球制造业面临近岸化、友岸化的格局调整。

二是数字技术推动制造业数字化、智能化升级。根据世界银行的统计，自2008年商品贸易占GDP比重达到51%以来，全球商品贸易比重一直在40%—51%的区间上下浮动，再未出现2008年之前长期增长的态势。而且，随着制造业近岸化、友岸化的进程不断推进，商品贸易占GDP比重仍会下降，这也意味着服务贸易将成为推动国际贸易的主要力量，使制造业出现新的发展模式。第一，数字技术成为推动制造业数字化、智能化升级的重要力量。近年来，汽车、电子设备制造乃至纺织服装业的例子均说明，数字技术尤其是人工智能技术的发展和应用可以直接替代人工，明显提升生产效率，制造业生产模式由自动化转向智能化成为各主要国家的共识。第二，数字技术推动制造业出口模式变化。制造

业出口需求一直是由成本驱动，但是受全球大规模减贫，以及部分发展中、发达国家居民收入提升的影响，工业制成品小众化、个性化的需求逐年攀升。加之近年来数字技术尤其是生成式人工智能的广泛应用，一方面，直接导致大模型及相关产品和应用、算力的服务输出，提升服务贸易规模；另一方面，提高工业制成品附加服务的供给质量，更加有利于贴近用户需求、高服务增加值工业制成品的出口。典型的例子就是苹果手机、特斯拉汽车等工业产品的出口，这些产品能够为用户提供嵌入产品内的智能化服务，因此受到全球客户的喜爱。

  三是全球面临东西相峙的制造业发展局面。全球制造业深度调整既有地缘政治的因素，也有新技术的动因，但是无论何种因素，短期内没有改变东西方三大经济圈的产业布局。从中长期来看，美国、德国、中国的三足鼎立格局逐步向东西相峙转变，即西方以美国为代表的制造业技术龙头，东方以中国为代表的制造业枢纽。第一，美国的制造业发展理念更具有出口优势。美国、德国一直是西方世界制造业发达国家的代表，但是二者的制造业理念并不相同：美国是由数字化等软件形式驱动制造业的模式，德国则是将技术固化在高端机械装备上的模式。随着数字技术不断向制造业渗透、融合，美国制造业理念更加有利于制造业智能化升级和出口。加之近年来引领数字技术浪潮的都是美国企业，而欧洲缺乏具有影响力的数字技术企业，可以预见，未来美国的制造业发展模式将更胜一筹。第二，中国的制造业供应链体系更具有韧性。在制造业发展模式方面，中国的制造业理念更加趋近于美国，但是也依赖于工匠积累的技术；加之中国有仅次于美国的数字技术企业，有完整的制造业产业链体系，因此可以率先在制造业领域大规模采用数字技术，并将积累的经验固化在大模型等软件中进行出口。因此，未来中国仍将是地区重要的制造业枢纽。但是也要看到，随着以美国为代表的发达国家对中国制造业的打压、遏制，未来高技术领域很有可能出现美国、中国两大生态圈，这使得制造业生产出现东西相峙的格局。

2. 中国制造业与服务业融合发展的新动能推演

从制造业的发展格局可以看出，数字技术大幅提升了制造业与服务业融合的形式与程度，成为塑造制造业新动能的关键。根据工信部的统计，2022年，中国制造业增加值约为33.5万亿元，同年美国的制造业增加值约为18.9万亿元（2.81亿美元），约为中国的56%。但是同期中国第三产业增加值为63.87万亿元，美国第三产业增加值约为137.55亿元（20.45万亿美元），约是中国的2.15倍。从当年商业服务出口规模来看，美国为6万亿元（9000亿美元），而中国为2.47万亿元（3672亿美元），服务领域美国远超中国。因此，中国服务业领域具有巨大的进步空间，不仅可以直接创造新的经济增长点，也会为制造业升级创造新的发展动力。通过比较中国与美国、德国、日本、韩国的投入产出数据，未来中国制造业与服务业融合发展可以形成约5.7万亿元的新动能，拉动GDP增长4.5—6个百分点。

（1）服务业推动制造业形成新动能。生产性服务业是与制造业直接相关的行业，与发达国家相比，中国生产性服务业的占比较低，具有较大的突破空间。通过比较OECD数据库中2018年主要国家的投入产出表，我们发现，中国、美国、德国、日本、韩国制造业中间投入中生产性服务业占比分别为17.68%、36.18%、35.27%、27.57%、23.15%，即东亚三国制造业中的服务业占比明显低于美国、德国。如果当年中国生产性服务业的中间投入能够达到韩国23.15%的比重，可以直接促进制造业产出规模增加4.43万亿元（6701.6亿美元），约占当年GDP的4.82%。此外，如果考虑到制造业通过与服务业相融合提升生产效率的影响，服务业推动制造业形成的新动能可达当年GDP的5%以上。

（2）制造业带动服务业形成新动能。反过来看，中国服务业中制造业的中间投入率远高于美国、德国、日本、韩国，这与中国制造业占比较高、高附加值的服务业占比较低有关。但是随着制造业智能化升级进程加速，对信息技术服务业的使用需求也将大幅度增加，目前中国信息技术服务业的中间需求率约为36.77%，而美国同期为59.22%，若达到美国同期水平，则可创造中间需求5800亿元（876.43亿美元），约占当年GDP的0.63%。此外，中国物流成本远高于美国。2022年，中国社会物流总费用约为17.8万亿元，而美国同期为15.5万亿元。其中在仓储服务领域，中国当年的仓储服务活动低于美国仓储服务6874亿元（1038亿美元），如果能合理布局制造业的物流体系，大幅度提升中国物流效率，该部分亦可为中国创造约0.75%的GDP。

（二）培育壮大制造业与服务业融合发展新动能的重点任务

制造业与服务业融合发展的新动能培育，一方面要结合现代化产业体系建设的要求，另一方面则需要加强制造业与服务业的联系，提升两个产业的附加值，在驱动模式、结构优化、重点行业培育等方面，促使制造业和服务业同时向高端化、智能化、绿色化发展。

1. 培育推动生产型制造向服务型制造转型的新模式

制造业与服务业融合发展，首先需要改变制造业的发展模式。原先中国的制造业是以订单驱动的生产型制造模式，注重成本和效率，并将大部分制造业加工生产环节布局在东南沿海地区。服务型制造则更加注重顾客的需求和效用，将价值创造位于制造业的核心，注重生产、研发、营销、售后等各个环节的协同，不仅强调企业本身产品和技术的创新，更重视企业增值服务的创新，微观上对企业核心竞争力的要求更高，在生产加工和研发等环节的布局上较不依赖于地理空间的限制，可以更为分散。因此，服务型制造可以更好地满足不断升级的消费者需求，对提升中国制造业产成品附加值有显著作用。

2. 优化制造业、服务业结构提升新质生产力属性

从实现路径来看，制造业与服务业的融合发展必须优化产业结构，提升技术和数据在各个领域的投入力度，夯实制造业和服务业领域的新质生产力基础。在制造业领域，提升高端装备制造、新能源、新材料等具有高附加值的战略性新兴产业比重，加大对未来产业的研发和布局。在服务业领域，提升信息传输、软件和信息技术服务业，科学研究和技术服务业，现代物流服务业，以及金融业的服务质量和开放程度，降低批发经济代理服务业等低技术服务业在制造业中的占比，加大对信息技术可贸易部门的投入。

3. 扩大制造业运用数字化转型的场景

数字技术相关的制造业与服务业是促进制造业与服务业融合发展的关键，中国又是制造业产业门类最为齐全的国家，因此应该通过扩大数字技术运用场景培育壮大数字技术服务业。一是要加大对制造业数字化转型的支持力度，为数字技术应用创造更多的制造业场景。二是要增加数字基础设施建设，降低数字技术的使用成本。三是要关注数字技术的发展趋势，通过试点形式率先验证数字技术在制造业中的应用可行性。

（三）培育制造业与服务业融合发展新动能的制约因素

从中国目前制造业的发展模式与外在环境来看，中国制造业与服务业深度融合还面临引领性技术落后、结构转化不畅、复合型人才缺乏，以及国际竞争环境变化的影响。

1. 引领性技术落后，制造业与服务业融合发展存在诸多阻碍

虽然中国具有较有竞争力的数字技术企业，并且各大企业也纷纷与不同领域的制造业企业开展合作，进行制造业数字化升级，但是与美国相比，在服务业领域的技术和规模仍有较大差距。特别是在数字技术领域，近年来美国企业频繁开创具有引领性的技术，如自动驾驶、元宇宙、生成式人工智能等，引发全球在相关领域的投资潮流，使得中国近年来开展制造业与服务业融合的发展重点不断调整。制造业与数字技术的融合不仅需要数字基础设施的搭建，更需要大量场景迭代的试验，因此频繁技术调整并不利于中国制造业新模式的探索。此外，由于核心技术由美国企业掌握，这也意味着中国制造业在使用人工智能技术时还面临"卡

脖子"的风险。目前美国政府对中国使用美国云计算平台的限制就是这一风险的体现。

2. 低技术行业占比较大，制造业与服务业内部结构有待优化

从制造业内部来看，2023年高技术制造业占规上工业增加值15.7%，装备制造业占规上工业增加值33.6%，仍有较大的提升空间。从服务业内部来看，货物运输仓储、邮政快递服务等低技术部门的占比仍然较高，金融业竞争力与开放程度低于美国等发达国家，使得中国出现高端服务业供给不足、生产性服务业集聚水平偏低的情况，严重影响制造业未来发展。

3. 复合型人才缺乏，就业市场面临新技术冲击

在人才方面，中国面临两难的困境。一方面，制造业与服务业融合发展，需要大量的复合型人才，而中国短期内难以培养出大批量的人才。在人才培养领域，由于制造业与服务业的长期分离，中国缺乏既懂制造业生产规律，又懂信息技术的复合型人才。特别是中国在制造业人才培养方面以工程师人才为主，缺乏大批高质量的工匠，使得制造业与服务业融合方面缺乏人才的有效沟通和连接。另一方面，数字技术的不断进步对中低技能劳动力的替代效应越来越大，直接冲击中国就业市场。近年来，数字技术的就业替代作用越发显现，对于劳动力成本过高的发达国家是有利因素；但中国是人口大国，具有大量的中低技能劳动力群体，如果大规模使用相关数字技术，在短期会造成巨大的失业，影响中国经济社会的安全稳定。同时，人才培养是个长期过程，复合型人才的缺乏并不能通过中低技能劳动力来补充，这种就业技能结构上的不对称将长期影响中国制造业与服务业的融合进程。

4. 国际竞争环境日趋严峻，产业优势亟须重塑

近年来，美国对中国科技领域和产业链供应链体系的打压日益明显，对中国制造业与服务业融合发展造成不利影响。一是关键技术领域的"卡脖子"。除了上文提到的云计算平台，美国在人工智能、新材料、新能源等各个领域对中国实施制裁措施，旨在遏制中国制造业和服务业的顺利升级，削弱中国的产业优势，对中国未来高技术领域发展提出了严峻挑战。二是产业链供应链外迁的影响。在中低技术生产环节，美国牵头实施的"中国+1"或"中国+N"措施，使得大量外企迁出中国，并带动中国企业布局海外，极易造成中国产业空心化，影响中国产业链供应链安全稳定。随着中低技术生产环节的外迁，中国大量中小企业面临的国际竞争更为激烈，中国实体经济的基础会受到不利影响。这些均不利于中国制造业与服务业的融合发展。

（四）对策建议

1. 直面技术竞争，发挥中国产业体系优势

数字技术等新技术竞争是促进制造业与服务业融合发展的重点，中国应该直面技术竞争的现实，通过发挥中国制造业规模效应加快制造业与服务业的融合发展。一是聚焦科技创新重点，加强产业政策的针对性。通过加大对算力中心芯片、工业芯片、汽车电子芯片的补贴力度，加快对该类产品的研发和市场导入速度，降低被发达国家"卡脖子"的风险。二是深挖国内市场需求，加快数字化转型。要发挥龙头企业的引领带动作用，加强对制造业不同领域数字化转型典型案例的探索与推广工作；通过数字基础设施建设，加强对制造业各领域生产数据的收集、分析，形成高质量的生产数据库，充分发挥海量数据与市场应用的规模优势，加快关键技术突破，形成中国制造业与服务业融合发展的"新动能"。三是优化产值结构，借助服务业提升中低技术制造业的附加值。大力度发展新能源汽车、大飞机、芯片等高技术和高附加值的制造业，逐步提升战略性新兴产业在制造业中的占比；同时，要在中低技术领域延长产业链，通过提升管理质量、品牌营销等形式增加中低技术领域的附加值，增加服务业在其中的应用。

2. 完善生产性服务业市场机制，加大现代化服务业的支撑力度

第一，在制造业发达地区开展生产性服务业产业集群建设，重点聚焦信息技术服务、现代物流、科技金融、科技研发服务等领域，培育具有高水平服务质量的企业，打造更多的公共研发平台等配套服务设施，推动在工业园区和集群建设高水平的生产性服务业集聚区，降低企业使用生产性服务业的成本，深化制造业与服务业融合。第二，放宽市场准入，鼓励社会资本、境外资本参与生产性服务业建设，增加高水平服务业供给。加大对金融业、现代物流业、电信业等服务业的开放力度，构建公平竞争的市场秩序，增加高质量服务业的供给。第三，加大对知识产权的保护力度，促进产学研协同发展。加强对知识产权的保护，鼓励高校和科研机构积极对接高端制造业、现代服务业创新资源，发挥资本在技术转移和转化中的重要作用，形成创新要素同频共振的融合生态。

3. 优化人才培养体系，建设终身学习的人才培养机制

一是要优化人才培养体系，建立与新技术共存的终身培训体系。一方面，要在大中小学和职业院校增加数字技术相关课程，提升储备人才的数字化水平；另一方面，也需要为在岗人员提供随时学习新技能的场所和课程，增加其他能够吸纳就业的岗位培训，由教育部、人社部等定期发布培训信息，并为获得证书的劳动者提供一定的补贴。二是要对就业岗位与技术匹配程度进行定期研判，降低因技术进步对就业市场的冲击。科技部、教育部、人社部应定期开展新技术与就业技能的预判工作，提前对可能出现大规模技术替代领域的员工进行培训和转岗，由国家和企业根据不同员工的学历、年龄、技能情况，对培训费用、形式进行协调。

四 激活传统领域绿色低碳转型新动能

（一）传统领域绿色低碳转型孕育新动能

在经济下行压力加大背景下，从传统领域挖掘绿色低碳转型新动能，是实现绿色低碳高质量发展的内在要求，也是坚持先立后破、推进新旧动能平稳转换、实现经济稳中求进的必要举措。

一方面，推动绿色低碳转型是积极化解高碳产业"资产搁浅"风险、稳住传统增长动能的必要途径。高碳产业是指在生产过程中碳排放量大、碳强度高的基础产业，主要包括煤炭、石油、钢铁、化工、交通运输等传统行业，对稳定中国宏观经济大盘、保障产业链供应链稳定性扮演着关键角色。受"双碳"政策以及

新能源技术迭代升级影响，传统高碳产能面临着"资产搁浅"问题①，部分高碳产业被过早减记、贬值或转换为负债，不仅会直接造成自身经济损失，还会加剧产业链关联企业及金融机构风险。在此背景下，高度重视传统领域绿色低碳转型，完善高碳产业低碳转型发展实施方案，是防范"资产搁浅"风险传导、稳定传统增长动能以及防范产业链断裂的必要举措。

另一方面，推动实现绿色低碳转型将从投资、消费及出口方面创造绿色低碳"三驾马车"新增量，全方位塑造绿色低碳发展新动能。推动传统领域绿色低碳转型是高质量发展的应有之义。②投资方面，推动传统能源、钢铁、石化、建筑、交通和农业等行业绿色低碳转型，需要在配套基础设施建设、绿色技术升级、生产工艺优化、数字化绿色化协同发展等方面投入大量资金，激发巨量绿色投资需求。消费方面，随着绿色低碳消费意识深入人心，绿色消费不断成为生活新风尚，有助于倒逼传统产业积极开发绿色消费市场，加大绿色低碳产品研发设计与生产，满足绿色消费产品需求。出口方面，推动传统产业绿色低碳转型，提升绿色低碳产品与服务贸易质量，有助于缓解欧美国家碳关税对中国传统工业领域高碳产品出口的负面影响③是打破国际绿色贸易壁垒、提高产品国际绿色竞争力的关键之举。

---

① 张帅、陆利平、张兴敏等：《金融系统气候风险的评估、定价与政策应对：基于文献的评述》，《金融评论》2022年第1期。
② 林伯强：《碳中和进程中的中国经济高质量增长》，《经济研究》2022年第1期。
③ 张中祥：《碳达峰、碳中和目标下的中国与世界——绿色低碳转型、绿色金融、碳市场与碳边境调节机制》，《人民论坛·学术前沿》2021年第14期。

（二）传统领域绿色低碳转型将释放巨大的投资需求空间

1. 传统领域重点行业界定

本书将传统领域重点行业界定为传统电力（煤电）、钢铁、水泥、化工、交通、建筑以及农业七大行业。相关领域不仅是稳定宏观经济大盘的基础，根据中国碳核算数据库数据（CEADs），它们也贡献了中国碳排放总量近九成。行业绿色低碳转型的重要抓手是用低碳零碳技术设备替代高碳技术设备，新增低碳零碳设备利用。

为此，本书通过行业协会调研、学术文献查询以及专家咨询等渠道，识别传统七大领域的技术设备更新、改造、升级投资重点如下：（1）传统电力（煤电）行业，主要涉及传统煤电行业的高效煤电项目、煤电 CCUS 一体化项目。（2）钢铁行业，涉及高炉氢冶金技术设备、高炉电炉冶炼技术设备、非氢直接还原铁、高炉与电弧炉冶炼法和配套碳捕捉技术设备（CCUS）、基于废钢的电弧炉冶炼及配套碳捕捉技术设备投资等。（3）交通行业，涉及轻型交通中的电动汽车生产、充电桩等绿色新基建投资，重型交通中的电动汽车生产、清洁能源利用配套设施、加氢站等基础设施投资，航空领域的低碳飞机制造、氢能飞机投资、新能源配套设施投资，以及航运领域的船舶低碳改造投资、新能源基础生产设施投资等。（4）水泥行业，涉及碳捕捉设备、环保技改设备投资等。（5）化工行业，涉及新工艺固定资产投资及清洁能源利用投资、投放的碳捕捉与封存装置固定资产投资。（6）农业，涉及免耕农业新增设备与技术研发投资、粪肥释放的温室气体的吸收相关设备，以及人造肉生产投资。（7）建筑行业，涉及绿色建筑安装工程投资和内置节能电器投资等。

2. 传统领域绿色低碳转型投资需求规模测算

面向碳达峰碳中和，国内外不少机构对全口径下的中国绿色投资需求规模进行了测算，但更加侧重于新能源、节能环保产业、新能源汽车及其他战略性新兴产业，对传统领域绿色低碳转型的关注不足。由于测算方法、测算口径以及测算周期的不同，绿色投资预期规模存在较大差异，国际可再生能源署（IRENA）测算，2021—2050年实现净零碳排放中国需要255万亿—270万亿元的投资。北京大学光华管理学院测算实现碳中和投资总需求区间为190万亿—242万亿元。中金公司测算结果显示，为实现碳中和目标，中国总绿色投资需求约为139万亿元。中国金融学会测算中国未来30年的绿色低碳投资累计需求将达487万亿元。测算结果一致认为，实现"双碳"目标将引致巨大的绿色低碳投资需求，将对中国经济绿色低碳高质量发展提供长效动力支撑。基于这一总体事实判断，本书聚焦传统七大领域，基于自上而下分析方法，针对各领域的绿色低碳转型投资需求重点，对各领域碳达峰阶段（2023—2030年）和碳中和阶段（2031—2060年）的投资需求规模预期进行估算。测算依据是将绿色转型投资需求分四个部分，包括现有高碳技术设备新增投资、现有低碳零碳技术设备新增投资、传统高碳设备降碳技术改造新增投资、新型低碳零碳技术设备新增投资。

构造如下行业绿色转型投资需求规模（GTI）测算公式，如下：

$$GTI = \Delta A \times R_{iA} + \Delta B \times R_{iB} + \Delta C \times R_{iC} + \Delta D \times R_{iD}$$

其中，GTI 为各行业绿色转型投资需求总额；ΔA 代表现有高碳技术设备新增产能，本书将其设定为 0；R_{iA} 为 A 设备投资产能比，ΔA 和 R_{iA} 的乘积表示 A 设备新增产能带来的投资需求；ΔB 为现有低碳零碳技术设备新增产能，R_{iB} 为 B 设备投资产能比；ΔC 为传统高碳设备降碳技术改造新增产能，R_{iC} 为 C 设备投资产能比；ΔD 为新型低碳零碳技术设备新增产能，R_{iD} 为 D 设备投资产能比。相关数据来源于各行业协会、中金研究院以及笔者自行测算等。

3. 传统领域绿色低碳转型投资需求规模结构分析

表 4-4 呈现了不同行业绿色低碳转型投资需求规模。分析得到主要结论如下。

表 4-4　　　　行业绿色低碳转型投资需求规模　　　（单位：万亿元）

绿色投资需求行业	碳达峰阶段（2023—2030 年）	碳中和阶段（2031—2060 年）	加总预期
传统电力	0.56	0.046	0.61
钢铁	0.66	1.81	2.47
交通	2.58	29.93	32.51
水泥	0.01	0.27	0.28
化工	0.19	8.09	8.28
农业	0.44	2.07	2.51
建筑	3.33	19.57	22.9
新能源电力	5.52	30.03	35.55

一是碳达峰碳中和阶段（2023—2060 年），传统领域绿色低碳转型将带来加总 69.56 万亿元、年均 1.88 万亿元的预期投资需求，年均投资占 2022 年 GDP 的 1.6% 左右。以 2022 年价格计算，2023—2030 年前碳达峰阶段，加总投资需求大约为 7.77 万亿元；2031—2060 年前碳中和阶段，加总投资需求大约为 61.79 万亿元。两者合计约 69.56 万亿元，年均约 1.88 万亿元，占 2022 年 GDP 的 1.6% 左右。

二是传统领域绿色低碳转型投资预期甚至大幅超过新能源电力行业投资，凸显了稳定传统领域可持续发展的必要性。基于同样方法，进一步估算新能源电力（风电、光伏）投资需求规模，发现新能源电力 2023—2060 年累计预期投资约 35.55 万亿元，年均投资量 0.94 万亿元，占 2022 年 GDP 的 0.8% 左右，约为传统领域投资需求的三分之一，低于传统领域绿色转型的投资需求。这凸显了传统领域绿色低碳转型对塑造经济新动能不可或缺的地位。

三是交通、建筑、化工三个传统行业绿色低碳转型投资规模位居前三。受行业发展战略及绿色技术制约，绿色低碳转型困难行业的投资需求明显后置。图 4-1 直观地呈现了绿色低碳转型投资需求的行业结构特征。一方面，行业加总来看，碳达峰碳中和阶段（2023—2060 年），行业转型加总投资需求排名为交通（32.51，单位：万亿元，其他同）、建筑（22.9）、化工（8.28）、农业（2.51）、钢铁（2.47）、传统电力（0.61）、水泥（0.28）等。交通、建筑、化工行业位居前列，传统电力、水泥投资预期相对较少。原因是，未来交通领域绿色转型的重点是电动汽车代替燃油汽车、公转铁、公转水以及发展多式联运等。除此之外，

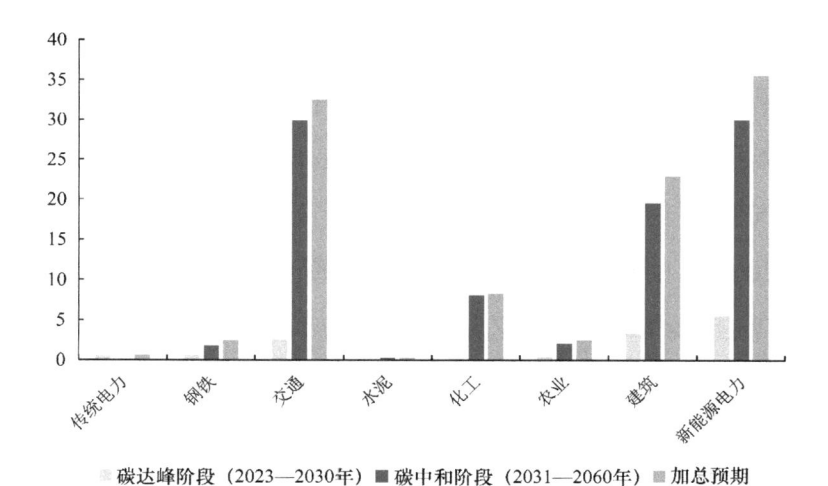

图 4-1　行业绿色低碳转型投资需求规模（单位：万亿元）

航空、船舶的绿色低碳改造以及配套新能源基础设施投资，也将引致大量的投资需求。建筑领域主要涉及节能减排设备的利用。化工行业的重点在新工艺固定资产投资中占投资预期的一半左右。另一方面，分阶段看，碳达峰阶段（2023—2030年），行业投资需求排名为建筑（3.3，单位：万亿元，其他同）、交通（2.58）、钢铁（0.66）、传统电力（0.56）、农业（0.44）、化工（0.19）和水泥（0.01），建筑、交通、钢铁的投资需求位列前三；碳中和阶段（2031—2060年），投资需求排名是交通（29.93）、建筑（19.57）、化工（8.09）、农业（2.07）、钢铁（1.81）、水泥（0.27）、传统电力（0.046）等，交通、建筑、化工行业投资需求位列前三。两阶段不同行业投资规模及排名变动，既与行业发展战略有关，比如传统电力2030年之后要逐步退出，转型投资需求也会骤降；也与不同行业的绿色低碳技术创新能力有关，比如交通领域的低碳飞机技术、建筑领域的节能改造技术、钢铁行业中的碳捕捉封存与利用（CCUS）技术还面临诸多技术短板，减排技术瓶颈较大，具有明显的投资后置现象。

（三）塑造传统领域绿色低碳转型新动能面临的突出问题

1. 政策约束：针对传统"两高"项目的处置依然存在重"破"轻"立"现象，并且这一问题呈现出突出的"所有制歧视"特征

一是地方未能深入理解习近平总书记针对"两高"项目多次强调的"两个坚决、一个转型"内涵，重"破"轻"立"。习近平总书记强调，遏制"两高"产业盲目发展，并不意味着全面打压"两高"行业发展，关键在于推动"两高"行业绿色转型、低碳发展。但是在具体执法过程中，在对不符合国家强制性环保标准的"两高"项目进行源头控制和存量淘汰外，地方政府对传统"两高"行业是去是留，经常出于规避督察风险的考虑而选择"一关了之"，使得一些行业技术领先、绿色转型潜力较大的企业也被粗暴关停，对地方经济造成很大伤害。

二是环保执法缺乏一个能够全面反映企业绿色转型潜力的综合指标评价体系。在具体执法领域，缺乏一个包括能耗、环保、规模、效率、技术、质量、就业和安全在内的企业"绿色转型升级潜力"综合评价体系，为环保执法提供参考。

三是针对传统高碳产业的绿色转型治理，存在突出的"所有制歧视"问题。对于国有企业环保违规及落后产能淘汰，监管部门倾向于通过约谈或者整改的宽松方式解决，但若民营企业在环

保方面出了问题，往往承担着纪检、法院、环保以及安全生产等多重监管压力，导致很多民营企业在执法过程中倒闭破产，损害了地方企业发展信心和地方营商环境。

2. 市场约束：碳定价机制不完善，对传统行业绿色低碳转型的市场激励不足

一方面，碳交易市场范围较窄，尚未覆盖传统高碳行业。当前碳市场仅包括电力行业，传统领域石化、钢铁、有色、造纸、电力、化工、建材等能源密集型行业尚未纳入，导致碳市场活跃度不高，并且多数交易发生在履约临近期，存在明显的"潮汐"现象。另一方面，碳税尚处于政策讨论期，有待加强研究。碳税的主要影响对象是传统高耗能、高排放行业，开征碳税通过在消费者支出与生产者净所得之间打入"税收楔子"，短期内会对经济造成负面影响，也会面临来自行业、部门和地方政府的阻力，导致碳税开征争议较大。

3. 技术约束：传统行业绿色低碳转型技术支撑不足，数智化赋能绿色转型模式有待深入拓展

一方面，传统领域转型升级面临着突出的绿色技术短板，如清洁高效煤电项目中的超临界、超临界发电技术，煤气化联合循环发电技术，以及碳捕捉封存利用技术（CCUS）等；钢铁行业的氢冶金技术、非氢直接还原铁技术、高炉与电弧炉冶炼技术等；交通行业的燃料电池技术、储能技术，以及低碳飞机、船舶制造改造技术等；绿色建筑领域的绿色屋面技术、变风量空调系统技术等。另一方面，数字化智能化对传统绿色低碳产业赋能作用有待提升。新一轮信息技术革命下，构建绿色智慧的数字生态文明

是传统领域转型的重要方向，但在数字化、智能化技术赋能传统领域绿色低碳转型方面，总体上还存在企业接受度不足、缺乏整体解决方案、应用场景较少、资金与技术约束、政策保障有待加强等问题。

4. 融资约束：当前绿色金融对传统高碳产业覆盖面不足，加之中国"转型金融"发展还处于起步阶段，转型融资需求缺口不断扩大

一方面，当前绿色金融体系无法满足绿色低碳转型投融资需求。绿色金融倾向于支持新能源、基础设施绿色升级和节能环保产业等一些"纯绿"或者"深绿"行业[①]，传统高碳行业很难被绿色金融覆盖。另一方面，作为绿色金融的有益补充，转型金融还处于发展初期，亟待建立规范统一的标准。转型金融是面对高排放行业，资金流向从高碳走向低碳的过程。比如，水泥、钢铁、化工等高碳、减排较难的行业，是绿色金融的有益补充。但在中国，转型金融发展还处于起步阶段，标准有待完善，尤其在高碳产业转型效益计量和转型风险识别方面，还存在国内国际标准不统一以及不兼容问题，需要未来进一步健全。

5. 出口约束：设置"碳壁垒"正成为诸多发达国家和地区的普遍做法，将引发抑制中国传统高碳工业产品出口的"压力叠加效应"

一段时间以来，欧盟、英国、美国、日本等发达国家纷纷推

---

① 张中祥：《碳达峰、碳中和目标下的中国与世界——绿色低碳转型、绿色金融、碳市场与碳边境调节机制》，《人民论坛·学术前沿》2021年第14期。

动设置显性或者隐性碳关税①，或者组织成立"气候俱乐部"对发展中国家相关高碳行业出口设置绿色贸易壁垒。其中，欧盟碳边境调节机制（CBAM）已正式实施。2023年12月18日，英国也宣布将自2027年起实施碳边境调节机制。美国版的碳关税新方案——《清洁竞争法案》也呼之欲出，毫不掩饰地针对中国高碳产品出口。日本的"生态标志"以及加拿大的"环境选择方案"等也都是针对发展中国家，尤其是中国制定的"碳壁垒"。

经测算，单独国家或地区开征碳关税对中国现有高碳出口行业影响有限，但若考虑发达国家形成碳关税联盟，则会引发累积碳关税效应，产生巨大的"压力叠加效应"。就CBAM当前覆盖的水泥、化肥、钢铁、铝、电力和氢行业而言，若开征碳价为50欧元/吨、100欧元/吨，则欧盟向中国征收的碳税分别为6.5亿欧元和14.2亿欧元，占中国对欧盟出口的3.21%和7.03%；若将欧盟CBAM覆盖的产品范围扩大到欧洲碳交易体系（EU-ETS）的所有行业，则在50欧元/吨、100欧元/吨两种碳价情形下，欧盟向中国分别征收23.6亿欧元和51.6亿欧元，占相关行业对欧盟出口总额的2.08%和4.55%；但若综合考虑中国对美国、英国、日本三国的出口情况，两种情形下，累计比重将升至14.2%和17.6%。更悲观的是，一旦欧美发达国家形成"碳关税联盟"，则会引发强烈的多米诺骨牌效应，对中国高碳行业出口形成显性

---

① Gu R., Guo J., Huang Y., et al., "Impact of the EU Carbon Border Adjustment Mechanism on Economic Growth and Resources Supply in the BASIC Countries", *Resources Policy*, No. 85, 2023.

"铁幕"，削弱企业生存能力。

（四）对策建议

1. 加强政策协调，形成合力，及时纠偏不恰当的"破"，加快建立市场化、法治化的绿色低碳转型长效机制

一是增强部门政策协调性和目标一致性。坚持"稳中求进、以进促稳、先立后破"总基调，加强政策协调，避免政策打架，将产业政策和绿色低碳政策纳入宏观政策取向一致性评估，提升中央与地方、中央各部门之间、地方政府之间的政策协同，确保各部门政策同向发力，形成合力，及时纠偏新旧增长动能转换中政策过度压制旧动能、侵蚀经济增长基本盘的倾向，减少对经济发展的不良预期引导。

二是完善激励约束机制。对于符合行业发展规划、产业布局和产业政策要求的"两高"企业，坚持"先立后破"，推动"先转后破"，合理设置政策实施过渡期，通过出台财税、金融等激励政策，支持企业开展技术改造和绿色转型，对于过渡期后不符合转型要求的企业坚决予以清退。

三是构建高碳企业绿色转型升级潜力评价体系。基于降碳、减污、扩绿、增长协同发展要求，探索制定一个包含能耗、环保、规模、效率、技术、质量、就业和安全多维目标在内的企业"绿色转型升级潜力"综合评价标准，并将其作为重要环保执法依据，支持钢铁、水泥、石化、有色金属等传统领域转型潜力较大的企业，开展节能降耗、治污减排、生产工艺和技术装备水平提升改造。

四是建立绿色低碳转型市场化、法治化长效工作机制。长期来看，要持续优化环保监管举措，更多利用价格、信贷、生态环境权益交易等市场化手段淘汰落后产能，以及将地方去高污染、高碳产能政策纳入法治轨道，实现工作方式向综合运用法律法规、经济手段和必要的行政手段转变，推动建立市场化、法治化的长效工作机制。

2. 加强碳交易制度和绿色技术创新"双轮驱动"，合力降低高碳行业"绿色溢价"，协同促进绿色低碳转型

根据比尔·盖茨提出的前沿"绿色溢价"（green premium）理论，通过碳交易提升化石能源成本、绿色技术创新降低清洁能源成本，是降低高碳行业绿色溢价和实现绿色转型的根本途径。[1] 鉴于此，一方面，加快实现全国碳市场扩容覆盖传统高碳行业，健全初始碳配额分配及碳交易机制。尽快实现全国碳市场扩容，推动将电力行业之外的石化、化工、建材、钢铁、有色、造纸、航空等传统高排放行业纳入碳市场，扩大碳市场交易主体范围，提升碳交易市场规模和活跃度。科学分配初始碳排放权配额，推动碳配额逐步从"无偿分配"到"无偿分配为主、有偿分配为辅"再到"有偿分配"的模式转变，不断完善碳排放权交易机制和交易规则，提升企业减碳收益和绿色创新动力。另一方面，推动重点领域绿色低碳技术创新取得新突破。瞄准清洁煤电、钢铁、交通、建筑、化工以及农业等传统领域的重要绿色低碳技术，不

---

[1] 中金公司研究部、中金研究院：《碳中和经济学》，中信出版社2021年版。

断完善市场导向的绿色低碳技术创新体系[①]，推动关键技术创新取得新突破，以重大转型工程投资为抓手，推广现有先进技术在钢铁、水泥、化工、交通等领域的应用示范，推动重点领域释放更大绿色转型新动能。

3. 加快制定"转型金融"标准和可持续金融评价体系，提升传统高碳产业绿色低碳转型融资支持的针对性、有效性

一是制定转型金融标准。借鉴绿色金融标准，基于中国人民银行《G20转型金融框架》，推动建立各类金融产品共同适用的转型金融标准，提升国内国际标准的一致性和兼容性，引领全球转型金融发展。二是建立绿色金融与转型金融衔接的可持续金融评价体系。将评价主体从传统低碳行业拓展至低碳、高碳行业，评价内容覆盖气候金融风险、气候环境效益、绿色转型潜力、绿色产品开发以及金融服务等，加强评价场景拓展和结果应用，将支持政策与可持续金融评价结果挂钩。三是创新转型金融产品。针对传统高碳产业开发转型金融产品，丰富转型金融产品与服务，引导信贷、债券、股权投资、信托、私募股权和风险投资等多样化工具为绿色转型提供融资支持。

4. 以数智化赋能传统领域绿色低碳转型，拓展数绿融合应用新空间、新路径

根据不同行业的生产工艺、技术属性、转型特征等拓展更多的数智技术应用空间，并在此基础上，创新传统领域数绿融合发

---

① 孙博文、张友国：《中国绿色创新指数的分布动态演进与区域差异》，《数量经济技术经济研究》2022年第1期。

展新路径。几个重点领域是：（1）针对煤电清洁高效运行，加快电源数字化设计建造和智能化升级，发展和应用智能分散控制系统，促进燃煤机组节能降碳改造、灵活性改造、供热改造"三改联动"。（2）针对钢铁、石化和建材等"两高"行业，发挥数智化在生产流程再造、能源资源效率提升、智能化控制与决策、降低设备故障及产品残损率等方面的作用，开发覆盖生产全生命周期的碳排放监测智慧平台，提高碳管理效率和精度。（3）针对交通运输结构转型，加快推动智能高铁、智慧交通信号、智慧停车场、智能充电桩以及新能源配套绿色交通基础设施建设，利用大数据、云计算以及人工智能技术，提升多式联运及交通基础设施服务效率，合理配置出行资源，减少能源重复消耗和浪费，实现交通数字化、绿色化转型。（4）针对建筑行业，借助数智技术创建建筑信息模型，以更准确地模拟建筑性能、材料用量和结构安全性等，降低建筑资源浪费等。

5. "以我为主"应对欧美碳关税体系的潜在叠加效应，化关税"压力"为转型"动力"、化"被动"应对为"主动"培育绿色出口新动能

应对欧美碳关税体系，要充分坚持"以我为主"的大方向。（1）以我为主，边斗争边合作，为国内高碳企业转型争取时间和空间。一是要坚持《联合国气候变化框架公约》《巴黎协定》规定的"共同但有区别的责任"基本原则，加强金砖国家、共建"一带一路"合作国家以及其他发展中国家的气候政策协调，在国际上发出反对不公正"碳壁垒"的一致声音。二是要加强与欧美国家协调合作，对贸易隐含碳排放核算方法、豁免条款、碳价

互认等方面进行协调，加强国内碳交易与国际碳市场制度衔接，为国内传统产业绿色转型创造空间。（2）以我为主，化压力为动力，化被动为主动。一是全面评估欧美碳关税对中国覆盖行业的负面影响，尤其是评估欧盟、美国、英国、加拿大、日本等形成"碳关税联盟"后的关税叠加效应。二是从长远计，以应对欧盟新电池法案为契机，主动完善产品碳足迹管理政策的短板弱项，推动核算规则标准、背景数据库、碳标识认证制度、碳足迹应用场景、国际衔接互认等工作加快落地，提高应对欧美涉碳贸易壁垒冲击的出口产品绿色竞争力。三是引导高碳企业主动瞄准海外绿色产品细分市场，进行超前研判与布局，拓展传统企业绿色出口新空间。

第五章

挖掘"对外开放型"新动能：
由更高水平对外开放引领的新动能

全面推进扩大高水平对外开放能够释放多方面经济增长新动能：制度型开放能充分释放中国制度红利；服务业开放发展有助于激发经济增长活力，化解就业压力，提升中国在全球价值链的位置；国际产能合作能通过贸易促进效应和辐射带动效应带动出口和投资增长；高质量共建"一带一路"有助于促进国内区域协调发展和拓展国际合作领域。有效推动高水平开放，要坚持系统思维，正确处理开放发展与安全发展、硬实力提升与软实力建设、推动内循环与畅通外循环之间的关系，充分挖掘"对外开放型"新动能：一是推进制度型开放，通过推动与国际规则接轨对冲美欧对国际规则的"去中国化"调整，尽可能为"中国制造"争取发展空间；二是在制造业出口增长空间受挤压情况下，进一步扩大服务业对外开放发展；三是鼓励国际产能合作，拓展海外市场，抓紧对本土企业和产业进行优化升级；四是深化共建"一带一路"机制化建设，建立更为科学合理的债务风险应对体系，以更高水平的合作应对大国博弈风险，推动"一带一路"高质量发展走深走实。

第五章　挖掘"对外开放型"新动能：由更高水平对外开放引领的新动能

一　挖掘制度型开放新动能

制度型开放让中国发展依托从资源红利转向制度红利。中国在推动制度型开放上已经取得一定实效，也面临着多重困难，集中体现在两个方面：一是如何既继续扩大开放，同时又守住安全底线？二是如何在扩大整体开放的同时，有针对性地契合不同行业、不同国家的差异化需求？在新的国际形势下，处理好开放发展与安全发展，以及整体开放与差异化开放这两组关系，是中国在制度型开放工作中的重点和着力点。

（一）制度型开放让中国发展依托从资源红利转向制度红利

1. 制度型开放有助于充分释放中国制度红利

改革开放初期，由于中国缺少经济发展的资金和购买国外先进技术设备的外汇，确立了吸引外资和出口创汇的对外开放策略，并且多年采取这一模式。只能在全球价值链低端赚取微薄利润的加工贸易模式难以为继，而我国向全球价值链上游攀升的努力却因被美欧封锁而步履维艰。新的国际竞争环境让中国更加清晰地意识到，在当今的国际合作中，比促进商品出口和要素流动更为重要的是主导国际规则和国际标准的制定，突破制度壁垒将比关税壁垒更为重要。根据联合国贸发会议《2022年贸易政策重要数据及趋势报告》，标准等技术性贸易壁垒影响约三分之二的世界贸易。中国因此更加主动地参与到国际规则和标准的制定中来，推动制度型开放。制度型开放有利于中国从依靠提供劳动力、土地和税收方面的要素溢价引进外资和出口创汇的低水平对外开放模式，走向利用规则、规制、管理、标准等方面制度优越性具有的制度溢价的高水平开放阶段。

2. 制度型开放有利于更好促进内循环和畅通外循环

中国在早期对外开放过程中虽然也进行了大量制度改革，但主要是以各种优惠政策招商引资、补贴出口等方式来扩大外资流入和商品流出。政策性开放具有地方政府主导的特征，以及缺少法律基础、扭曲市场、不公平、不透明、多变易变、多部门参与、权责不清等多方面缺陷。此外，政策性开放以不同地区之间的政策差异为特征，在一定程度上强化了不同地区之间的利益差别和行政壁垒，具有排他性。制度相对政策更为稳定，决定制度型开放相对政策性开放具有稳定性和长期性。制度型开放一方面能够破除政策性开放的排他性，打破地方政策性保护与竞争，破除地方垄断，更好建设全国统一大市场，促进内循环；另一方面，能够通过接轨国际规则和对标国际标准，更好畅通外循环。

3. 制度型开放有利于缓和中美关系，尤其是中美脱钩，并减少脱钩导致的地缘经济碎片化带来的经济损失

通过制度型开放，与国际规则接轨是中国高水平对外开放的必然选择，也是在较大程度上缓和对冲美国制度打压和围堵中国的关键。根据2023年4月IMF的估算，中美脱钩引起的投资贸易限制和生产率损失将导致全球经济产出萎缩2%，其中中国经济产出萎缩2.5%左右。以此为基础，假设制度型开放的理想状态可以让中美重回合作正轨，避免2.5%的长期经济增长损失，中间状态是避免1.2%—1.3%的经济增长损失。

(二) 中国在制度型开放上已取得明显成效

通过和国际规则接轨，推动国内规则国际化，中国在规则、规制、管理、标准等方面有序完善了对外开放制度，在多重不利叠加的逆境中改善了营商环境，激发了市场主体活力，促进了商品和要素更好流动。

一是对接、参与和落实国际规则取得了明显进展。知识产权建设方面，中国通过对接国际规则迈上了新台阶。中国已经建立将近一百家国家级知识产权保护中心和快速维权中心，对外资和合资企业提供与内资企业同等保护政策。中国通过签订并生效第一个全面、高水平地理标志双边条约《中华人民共和国政府与欧洲联盟地理标志保护与合作协定》，实现了244个中欧地理标志产品互认互保。截至2022年，中国国家知识产权局已与56个"一带一路"共建国家知识产权管理机构签署合作协议。同年底，中国（不含港澳台）发明专利有效量达到328万件，成为全球首个超过300万件的国家。参与国际数字规则建设方面，2019年初，中国与其他75个WTO成员签署《关于电子商务的联合声明》，推动电子商务规则谈判成为本轮WTO改革谈判中率先取得突破性进展的议题。截至2022年底，中国已与16个国家签署"数字丝绸之路"合作谅解备忘录，与24个国家建立"丝路电商"双边合作机制。参与国际债务治理规则方面，中国通过G20缓债倡议和共同框架首次参与国际多边债务治理，成为提供缓债金额最多的国家。

二是市场更加开放，市场准入大幅放宽。从全国范围看，截至 2022 年，中国对外商投资限制已从 2011 年的 180 条降至 31 条，自贸区的投资限制则从 2015 年的 122 条降至 27 条。随着负面清单逐步缩减，除了涉及国家安全、稀有矿产、新闻出版、影视广播、义务教育等少数领域外，中国绝大部分领域已经基本放开。作为扩大制度型开放的重点领域，中国服务贸易开放有序推进。根据 OECD 数据，中国服务贸易限制指数（services trade restrictiveness index）已从 2018 年的 0.291 降至 2022 年的 0.275，在海洋运输和公路运输上的限制指数已经低于包括美国在内的很多 OECD 成员国，在建筑、商品分销、物流、建筑、工程等方面的开放程度已接近 OECD 成员平均水平。市场准入放宽对激发市场主体活力起到明显效果。如 2021 年版清单放宽了租赁和商业服务业、科学研究和技术服务领域的准入限制。受政策利好影响，这两个行业在 2021 年成为新增市场主体占比增速最快的行业，分别同比增长 36.9% 和 20.0%。中国外商投资法的实施也起到了积极作用。虽然 2020 年和 2021 年受到疫情负面冲击，但是中国外商投资企业法人单位数仍达到了 8.8% 和 5.8% 的同比增长。

三是内外资企业竞争环境更加公平，营商环境逐渐改善。虽然新冠疫情期间，中国基于保护国民生命健康安全考虑，对经济活动和边境人员流动进行了必要管控，对外资企业在华经营造成了一定程度影响，但是由于中国落地实施的制度型开放政策，中国营商环境在逆境中获得了改善。根据中国国际贸易促进委员会研究院发布的《中国营商环境研究报告》，中国营商环境评价得分（满分 5 分）已从 2019 年的 4.30 分上升到 2022 年的 4.38 分，

2022年超九成受访企业对中国营商环境评价为"满意"及以上水平，88.26%受访企业对市场准入评价为"较满意"以上。中国美国商会、中国欧盟商会等外国驻华商协会均认为，中国营商环境取得较大改善。

四是中国采纳国际标准和标准"走出去"达到新高度。中国是732个国际标准化组织（ISO）技术委员会和分委会的参与成员，也是另外13个委员会的观察成员，是参与ISO委员会数量最多的国家。中国参与了188个国际电工委员会（International Electrotechnical Commission，IEC），占全部委员会的94%，仅比最多的德国少1个名额。截至2022年底，中国重点装备制造、新一代信息技术等领域国际标准转化率已经超过90%，主要消费品标准与国际标准一致性程度达到95%。此外，中国主导制定的国际标准不断增加。截至2021年，由中国提出并发布的IEC国际标准累计达到368项。在高速铁路、家用电器、移动通信、光纤、新型电力系统等领域，中国均主导了国际标准的制定。

（三）中国在制度型开放上面临多方挑战

党的二十大报告提出要"稳步扩大规则、规制、管理、标准等制度型开放"。制度型开放既包括对已有国际制度的对接融入，也包括对新的国际制度制定的参与和引领。制度型开放涉及对中国政府与他国政府、国际组织、国内市场、国际市场之间多重关系的调整，能否对接融入和参与引领及其程度并非全由我方主观意愿决定。在制度型开放过程中，中国既受到本国经济体制机制与成熟市场经济差异、自身现阶段发展水平与国际治理能力的限制，也面临美欧大国的规则排斥，以及开放对象差异化的需求，导致制度型开放犹如二次入世，困难重重。它集中体现在两个方面：一是如何既继续扩大开放，同时又守住安全底线？二是如何在扩大整体开放的同时，有针对性地契合不同行业、不同国家的差异化需求？

展开而言，中国现阶段扩大制度型开放面临的具体问题和困难包括如下。

1. 在规则开放方面，对接融入现有国际规则与参与国际新规则制定以扩大开放面临障碍

一是中国与成熟市场经济体制存在差异，导致难以做到规则的充分对接。例如，中国土地等要素市场价格尚未形成完全市场定价机制，不符合美欧认定的市场经济标准，因此被美欧视为存在价格扭曲，适用歧视性而非一般性反补贴规则。中国国有企业不同于美欧国有企业的功能定位，决定了与后者从完全自由市场规则出发确立的"竞争中性"原则接轨存在困难。二是大国利益冲突加大，美国以保护国家安全为由制定国际新规则限制中国，并对中国规则加以排斥。以维护自由贸易为宗旨的国际规则是开放和非排他性的，而以维护国家安全为宗旨的国际规则是封闭和排他性的，这决定了只要美国认定中国处于其安全威胁范围内，就不会允许中国突破其规则锁定，重新融入其制定的规则圈。

2. 在规制开放方面，维护产业链安全的制度建设有待加强

随着美欧重组全球价值链，建立排斥中国的平行体系，产业链安全已经超过成本因素，成为在华外资外贸企业向海外转移的重要考虑。2022年，在全球绿地投资正增长的情况下，中国吸引绿地投资出现下降，且计划对华进行2.5亿美元以上金额大额再投资的在华外企占比降至五年新低。外资企业出于产业链安全考虑，对部署在华建厂扩产的中长期投资正变得更加谨慎。维护国家经济安全，建立并完善维护产业链安全的制度，已经成为克服市场失灵之外政府规制新的重要职责。

3. 在管理开放方面，负面清单管理条目须继续有针对性缩减，放开市场准入落实有待改善

一是服务业某些细分行业准入限制依然较高，开放步伐有待加快。从服务业外资准入限制程度看，中国广播、电影、录音、快递、计算机、商业银行、保险、会计、法律、电信等细分行业相对发达国家平均开放水平依然较低。基于国家安全考虑，对法律、会计等行业对外资进入加以限制是发达国家普遍施行的做法，但对于电影、快递、计算机、商业银行、保险等行业，则不必要施行严格的准入限制。二是负面清单条目清零与企业实际扩大经营之间存在差距。例如，虽然中国对金融业的市场准入负面清单条目已全部清零，但是外资银行在资本补充渠道、经营牌照审批、开设地方分支机构等方面依然面临各种限制，导致经营上未能享受和内资同等待遇。

4. 在标准开放方面，中国发展水平与发达国家有差距，发展诉求与发展中国家有分歧

一方面，中国国际标准化引领水平远落后于发达国家。衡量和比较在国际标准化组织（ISO）中影响力的主要指标是担任秘书处职位的数量。在这方面，2021年底，中国排在第七位，仅次于德、美、日、法和英五国。虽然中国参与了ISO全部100个数

字经济相关委员会，但是只担任 7 个秘书处职位。在主导国际标准制定方面，美、德、日、英、法五国主导制定了全球 95% 的国际标准，中国主导制定的国际标准只占 2%。在前者加快布局进一步争夺国际标准话语权的形势下，中国缩小与发达国家国际标准化差距的难度进一步加大。另一方面，中国在推动国际高标准合作方面与相对落后的发展中国家存在诉求差别。例如，共建"一带一路"合作国家存在基础设施投资高额缺口，对于建设高标准基础设施积极性不高，认为高标准会带来高成本。

（四）进一步释放制度型开放新动能的对策

当前形势下，在制度型开放过程中，要重点处理好两方面关系。一是在新的国际形势下，处理好开放发展与安全发展的关系：通过规则对接和引领来扩大开放；借助更好发挥政府规制作用来保障国家安全。二是尊重经济规律和国际需求，处理好整体开放与差异化开放的关系：从不同行业发展规律出发，确定不同行业开放步伐；尊重不同国家差异化诉求，注重标准差异化。

1. 通过规则对接和引领，继续扩大开放

一是加快要素价格等市场化改革，更大力度对接国际通行规则。系统研究评判并切实破除对接国际规则的体制差异障碍，提升国际社会对中国坚定推进改革开放的信心，以国际通行规则进一步畅通中外经贸合作。二是争取主导更多新规则制定，突破美欧规则锁定。例如，抓住数字经济快速发展契机，发挥中国数字经济规模优势，争取数字经济规则制定权，提出中国方案。积极参与多边机构改革，结合债务治理和气变融资问题提出中国方案。

在碳边境税规则制定上，广泛联合发展中国家共同表达反对发达国家将碳减排压力转移给发展中国家的立场。要努力扭转发达国家提出并引领议题讨论从而主导规则制定，我国被动应对的局面，积极提出符合中国核心关切的议题，争取相关规则制定的先发优势和主导权。

2. 系统性部署和实施维护产业链安全的开放措施，通过更好发挥政府规制作用保障国家安全

加强产业链安全研究，摸清产业链安全薄弱环节，划定重点领域重点环节有针对性部署巩固措施。对于重要环节且受到严重负面影响的行业和企业提供政府支持，必要时部署企业海外投资建厂。同时，加快核心技术自主研发，充分利用国内大市场帮助企业实现规模经济。

3. 积极改善负面清单管理，缩减准入条目并加强执行

一是根据不同行业开放发展规律特点，实施差异化开放策略。研究表明，在行业开放程度与其出口增速的关系上，海运、保险业均呈现正相关，建筑业呈"倒U"形关系，金融业则是"U"形关系，电信、电影行业开放程度和出口增长之间关系不显著。这提示，对海运、保险可以大胆开放，对建筑业开放不能过度，对金融业开放需忍耐一段阵痛期，对电信和电影行业开放则需谨慎。二是强化负面清单落实。建立负面清单落实督察机制，加强负面清单落实监督，以全过程可核实的落实机制保证负面清单执行落到实处。

4. 兼顾标准的国际一致性和国别的差异性，从有利于扩大对外合作的角度推进标准开放

一是努力衔接国际高标准，通过提高标准的一致性促进对外贸易。鼓励和支持行业领军型企业参与国际标准竞争，争取承担更多 ISO 委员会秘书处职位，扩大国际标准制定主导权，突破发达国家标准封锁。二是在与发展中国家合作中避免一味追求高标准。在合作标准采纳中考虑发展中国家的发展阶段并尊重其不同诉求，注意标准的差异化。

二　挖掘服务业开放新动能

2023 年底中央经济工作会议强调，做好经济工作会议的要点之一是扩大高水平对外开放。党的十一届三中全会召开以来，特别是加入 WTO 之后，开放发展一直是中国经济持续增长的动力来源之一。凭借人口红利带来的低成本劳动力优势，中国制造业通过开放发展成为"世界工厂"，在解决就业、促进增长的同时，也运用"干中学""以市场换技术"等方式推动了产业技术升级。但近年来，一方面，地缘政治复杂演变导致的产业链供应链"去中国化"或"中国＋1"现象加剧；另一方面，随着中国经济发展水平的提升和人口结构特征的变化，劳动力成本的相对优势也在逐步减弱。两方面因素综合作用导致制造业出口的增长空间被压缩，产业外迁压力显著增大。在此背景下，中国亟须通过进一步扩大服务业对外开放发展水平来释放经济增长新动能。

（一）服务业开放发展的现状、潜力与重要意义

1. 服务业开放发展的现状与潜力

（1）服务业开放发展现状

党的十八大以来，中国一直在持续稳步推进服务业对外开放发展，取得了一系列显著成效。一是通过自贸试验区等核心开放平台对服务业自主开放发展进行先行先试。自2012年9月上海自贸试验区挂牌以来，中国已设立了21个自贸试验区以及海南自由贸易港，并且持续对自贸区外商投资负面清单进行缩减。二是积极拓展服务业扩大开放综合试点范围。2015年，北京获批成为全国首个服务业扩大开放综合试点城市，并于2020年9月升级为服务业扩大开放示范区。截至2023年，服务业扩大开放已经形成"1+10"的试点格局。这些城市成为对标国际先进贸易投资规则、促进贸易投资便利化、开展新模式新业态创新探索的重要区域。三是通过签署区域性高标准自贸协定推动服务业开放发展。在2020年11月签署、2022年1月正式生效的《区域全面经济伙伴关系协定》（RCEP）中，中国以负面清单的形式对投资领域进行承诺，并且新增了研发、管理咨询等相关部门服务贸易开放承诺，提高了金融、法律等部门的承诺水平。在这一系列举措作用下，服务业整体开放水平显著提升。商务部发布的《中国服务贸易发展报告（2022）》显示，2022年，中国服务业出口和进口金额分别为4240.6亿美元和4650.5亿美元，同比增长分别为7.6%和8.9%，占全球比重分别为5.9%和7.0%。同年，服务出口对出口总额增长的贡献率为11.2%，服务进口对进口总额增长的贡献率高达56.5%。

从时间纵向维度来看，中国在服务业开放发展领域取得了多方面的重要进展，但是从跨国横向比较来看，多项研究表明中国服务业对外开放水平仍偏低。① 利用 OECD 公布的服务贸易限制指数对各国的服务业开放水平进行比较（见图 5-1），我们可以发现，中国在大多数服务业的贸易限制指数明显高于美国、德国、英国、日本等发达国家。从细分行业来看，在物流运输、建筑工程等相关传统服务业行业，中国的限制水平略高于美国等发达国家，而在会计、法律、金融、传媒、电信等现代服务业领域，中国的限制水平显著偏高。与印度相比，中国服务业限制水平的行业异质性与印度有一定的相似之处，这也印证了发展中国家服务

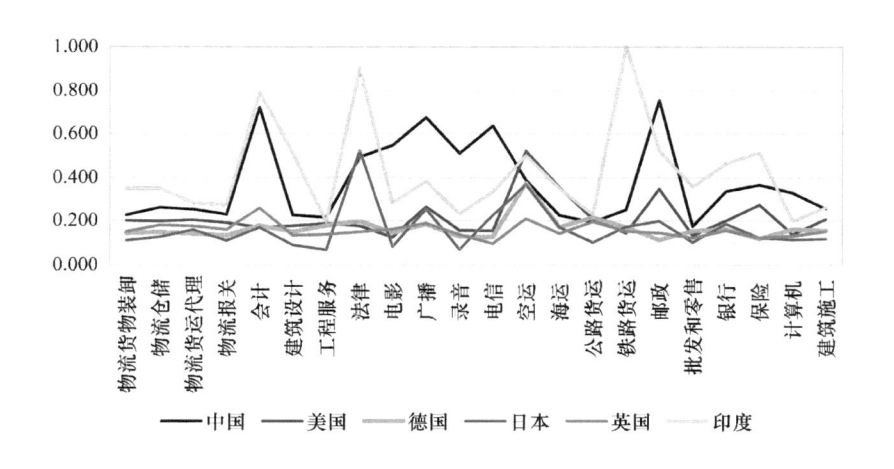

图 5-1　服务贸易限制指数跨国比较（2022 年）

数据来源：OECD 数据库。

---

① 来有为、陈红娜：《以扩大开放提高我国服务业发展质量和国际竞争力》，《管理世界》2017 年第 5 期。朱福林：《中国服务业利用外资基本脉络、重大挑战与高质量战略——改革开放 45 周年回顾与展望》，《当代经济研究》2023 年第 11 期。

业开放水平确实普遍低于发达国家。因此，随着中国经济发展水平的不断提升，释放服务业领域的新动能必须加快推动服务业开放发展。

（2）服务业开放发展潜力

2022年，服务业生产总值约为64.3万亿元，占国内生产总值的比重为53.4%；就业人员总规模约为3.5亿人，占全国就业总人数的比重为47.1%。因此，无论是从生产总值还是就业人员的角度来看，服务业都已经成为中国经济发展的主导产业。但从横向跨国比较来看，中国服务业占比仍偏低。德国、英国、日本的第三产业增加值占比均超过70%，美国第三产业增加值占比更是高达80%以上。尽管美国近年来受产业空心化问题的困扰正在推动制造业回流本土，但实际上从经济发展自然规律来看，服务业占比提升是经济现代化发展的必然趋势。

为估算服务业开放发展带来的经济增长新动能规模，本书从促进劳动生产率提升的角度入手。当前中国服务业部门的劳动生产率水平明显低于工业部门，2022年第二产业的劳动生产率为22.9万元/人，第三产业的劳动生产率为18.5万元/人，仅为第二产业的80%。这一方面是由于现阶段中国服务业现代化水平较低，相较于工业部门劳动密集程度更高，因此劳动生产率偏低；另一方面，是由于我国服务业开放程度整体较低，部分行业内垄断程度较高，不利于劳动生产率的提升。通过扩大服务业开放水平，吸引更多的外资进入，既有利于提升服务业技术水平，促进现代服务业发展，又有利于提升服务业市场竞争水平，打破垄断，提升服务业整体生产率。

为估算服务业开放发展新动能，此处估算两种情形。情形一：服务业就业总规模不变。假设未来5年，通过服务业开放发展，中国可以带动服务业劳动生产率提升10个百分点，那么服务业生产总值将提升10个百分点。如果服务业占GDP比重仍保持在50%—60%，GDP则将增加5—6个百分点，因此，平均每年对GDP增长率的拉动效应约为1个百分点。情形二：未来5年，服务业将持续从农业和工业吸收劳动力，假设服务业就业规模扩大5个百分点，服务业劳动生产率提升10个百分点，那么服务业生产总值将提升约15.5个百分点，平均每年对GDP增长率的拉动效应约为1.4个百分点。

2. 服务业开放发展的重要意义

一是有助于激发经济增长活力。当前，受外需收缩、民营部门投资信心不振等因素的影响，传统经济增长动能明显减弱，中国经济增长亟须寻找新的增长支撑点，而引入新的竞争主体、充分发挥市场在资源配置中的作用是激发经济增长活力的重要途径。推动服务业开放发展有助于实现这一目标。一方面，由于中国人口规模巨大，服务业市场本身具有超大规模的发展潜力，扩大服务业开放能够吸引境外投资者积极投资中国市场，为中国的生产活动提供充足的资金；另一方面，中国服务业发展的现代化程度偏低，扩大服务业开放在吸引资金流入的同时也有助于学习国际先进的生产技术和业态模式，从而促进服务业自身并带动制造业优化升级。

二是有助于化解就业压力。自2022年下半年以来，中国青年群体就业压力持续在高位运行。这一批在快速城镇化阶段成长起来的青年群体更倾向于现代服务业就业岗位,而对传统制造业岗位的偏好程度较低。此外,在中国传统制造业比较优势减弱、机器大规模应用取代人工的背景下,制造业在化解青年群体就业压力方面的潜力有限。扩大服务业开放有助于加快释放服务业发展潜力,做大服务业市场规模,为青年群体提供更多的就业岗位。

三是有助于提升全球价值链位置。多项关于全球价值链的研究表明,发达国家在全球价值链当中占据较高位置的重要原因之一是拥有大量如苹果公司一般的"无工厂制造商"。这些跨国公司并不从事生产活动,而是利用自己拥有的知识产权在全球布局价值链。这些公司掌握了大量的专利、商标、品牌、设计等能够获取更高附加值水平的知识产权,并利用这些高附加值产品在全球市场获利。从产业形态来看,这些"无工厂制造商"所从事的生产活动都属于现代服务业,而我国当前在这一领域的发展水平还相对较低,因此需要通过扩大服务业开放、引入外资的方式加快在相关产业领域的发展,推动中国的服务业在全球价值链中加速攀升。

(二) 释放服务业开放新动能的关键领域和重点任务

1. 释放服务业开放新动能的关键领域

根据商务部发布的报告,2022 年,中国实际使用外资金额为 1891.3 亿美元,从行业来看主要集中在制造业(26.3%)、租赁和商务服务业(17.5%)、科学研究和技术服务业(16.0%),以及信息传输、软件和信息技术服务业(12.6%)。进一步结合服务业贸易限制指数水平的国际比较结果,可以发现中国在会计、法律、金融、传媒、电信等现代服务业领域的限制水平显著偏高。分地区来看，若以东、中、西为区域划分标准，东部地区实际使用外资占全国的比重为86.9%，这意味着近九成的外商直接投资流向了东部地区。若从经济带的角度来看，48%的外商直接投资流向了长江经济带。这两项指标表明外商投资在中国区域之间存在着严重的不均衡。

因此，结合2023年底中央经济工作会议精神以及中国当前经济发展中面临的主要约束，从行业角度来分析，释放服务业开放新动能的关键领域包括电信、医疗和金融等。从区域角度来分析，释放服务业开放新动能的关键领域是进一步扩大中西部地区服务业开放水平。

2. 释放服务业开放新动能的重点任务

释放服务业开放新动能的关键是为外国投资者创造一个市场化、法治化、国际化的投资环境，提升外国投资者来华投资的便利性与稳定性，发挥超大规模市场优势对外国投资者的吸引力，使外国投资者充分认识到投资中国的收益前景。实现这一目标需要加快完成三方面的重点任务：一是实现开放规则的国际化，通过对标国际先进标准，制定中国服务业对外开放的高标准经贸规则，放宽服务业市场准入条件；二是实现开放环境的法治化，强化对外商投资经营活动的法治化管理，为外商投资者创造一个公平、透明、稳定、可预期的生产经营环境；三是实现开放平台的现代化，通过加快高标准开放平台的建设，形成服务业开放发展高地，在试点区域率先开展体制机制、发展模式、监管制度等方面的创新，利用现代化技术手段打造与国际标准相匹配的开放平台。

(三) 释放服务业开放新动能面临的主要问题

一是服务业开放发展相关制度建设不完善。当前中国服务业在开放发展方面仍面临较多限制，主要包括：针对外商投资的负面清单制度只在部分试点城市或区域实施，尚未在全国范围内建立统一、透明的负面清单制度；中国在运用法治化方式推动服务业开放发展方面的措施较少，现阶段中国推动服务业开放发展仍然主要依靠各类政策文件，导致投资者难以形成稳定预期；根据世界贸易组织利用各国在服务贸易总协定（GATS）和特惠贸易协定（PTA）中所做的开放承诺减让表测算得到的承诺开放比例，中国的承诺开放度水平明显低于发达国家平均水平，部分指标甚至低于发展中国家平均水平。

二是服务业开放发展相关措施落实不到位。近年来，随着中国在服务业协议开放及自主开放方面的持续努力，从已出台的政策文件来看，中国服务业名义开放水平已经显著提升，在发展中国家位于前列。但是实际上，由于准入后面临的限制措施较多，以及国内营商环境仍存在诸多问题，服务业实际开放程度明显低于名义水平。主要包括：在外资准入后领域，"准入不准营"的问题仍然是重要的堵点、难点；在具体经营过程当中，外资服务企业在股权比例、业务范围、安全问题等方面仍面临较多的限制性措施；服务业部分行业的垄断程度仍然较高，如电信、能源等，这些行业存在较高的事实性进入壁垒，导致其开放度和市场化水平均较低。

三是区域间服务业开放程度不均衡。从服务业实际利用外资的水平来看,东部沿海地区服务业开放水平显著高于中西部地区。造成这种不均衡开放结果的原因包括多个方面,首先是开放试点政策的不均衡。目前中国服务业仍未进入全面开放阶段,以自贸区或试点城市为主要形式的开放集中在东部地区。其次是开放发展人才的不均衡。外资进入的服务业行业多为现代化的生产型服务业,需要较高的技能型人才,而这类人才在发达地区和欠发达地区分布本身存在不均衡。最后是发展经济基础的不均衡。中西部地区在经济发展水平上相对落后,导致其开放发展意识也相对落后。随着服务业对经济发展重要度的不断提升,服务业开放程度的不均衡将导致不同区域之间发展差距进一步增大。

四是地缘政治事件频发,导致服务业开放发展面临较大的外部挑战。近年来,国际范围内地缘政治事件频发,中国或与这些事件直接相关,或在其中具有重要的影响力。在全球化发展趋势遭遇逆流的情况下,各国投资者的投资决策均越发重视地缘政治事件给投资收益可能带来的影响,从而导致其投资行为变得更加保守。因此,在地缘政治的影响下,中国服务业开放发展将面临更大的挑战,需要依靠更加优质的营商环境、更有潜力的服务业市场、更高标准的经贸规则和更充裕的服务业经营要素资源,才能吸引外商投资者来华从事投资经营活动。

(四) 对策建议

一是以深化"放管服"改革提升服务业营商环境。为各类服务业企业提供一个优质、便利、稳定的营商环境是释放服务业开放发展新动能的基础。根据世界银行对营商环境的评价指标体系,营商环境的建设影响到企业的全生命周期。针对中国实际面临的短板，我们需要重点加强的方面包括：第一，加大简政放权力度，放宽市场准入标准，在服务业中全面推行负面清单管理制度；第二，持续推进全国统一大市场建设，破除地方间的保护性和歧视性行为；第三，强化服务业监管人才队伍建设，促进监管方式转向以功能性为主导的模式，切实解决企业在准入后面临的经营难题。

二是以高标准制度型开放提升服务业整体开放水平。为服务业开放发展提供一套完整、清晰的制度体系是推动服务业开放发展的重要前提。第一，要发挥好服务业扩大开放综合试点城市和自贸区、自贸港的先行先试作用，推动试点区域开放制度与国际先进水平全面接轨，为试点地区的探索型、创新型做法提供试错空间。第二，要积极参与国际经贸规则制定，强化与"一带一路"国家的制度和规则对接，继续完善加入《全面与进步跨太平洋伙伴关系协定》（CPTPP）的规则对标工作，加快推动相关高标准规则的压力测试。第三，要提升服务业经营管理的法治化水平，通过法律法规的"立改废"来推动服务业开放是发达国家的重要经验。要增加服务业开放相关法律法规体系的一致性，提高司法独立性，为外商投资经营行为提供可预期的法治环境和有力的规范准则。

三是以优化区域间资源配置促进服务业开放发展成果共享。在服务业占比逐步提升的情况下，释放服务业开放发展优势必须对区域间均衡发展进行通盘考虑，从而避免在新一轮增长动能中东中西部以及南北地区之间差距进一步扩大。第一，从服务业开放发展人才培养入手弱化地区间差异。支持高校和职业院校结合服务业开放发展需求强化相关学科专业和人才培养基地建设，积极与企业开展联合型人才培养。第二，加强开放政策措施向中西部地区倾斜，鼓励中西部地区利用中欧班列等交通运输优势大力发展对外服务贸易。第三，加强服务贸易数字化平台建设，利用数字化技术推动服务业开放发展摆脱地域限制，为非试点地区提供分享开放红利的发展机会。

四是由点及面探索服务业开放发展的新领域和新举措。考虑到中国疆域辽阔，国情复杂，因此，要在系统性的制度型改革开放政策之外，增加具有针对性和差异性的开放措施。第一，重点针对中国限制性水平较高的金融、传媒、电信等行业加快放宽准入限制，结合中国转型发展时期在教育、养老、电商、数字贸易等方面的发展需求，出台因地制宜的开放措施。第二，鼓励有外资企业基础的地区加大力度吸引跨国公司在中国设立总部和研发中心、结算中心等，增强跨国公司在中国不同地区之间以及对周边国家和地区的辐射功能。第三，加强面向新经济新业态的标准化改革工作，建立与国际服务业水平接轨的标准体系。

三　挖掘国际产能合作新动能

扩大国际产能合作是带动中国经济持续增长、促进高质量双循环的必然选择。中国国际产能合作在逆境中呈现出韧性，也面临着传统问题和新兴问题交织叠加的挑战，尤其是新形势下的新问题成为中国促进国际产能合作面临的更为严峻的挑战：安全因素正在重塑中国国际产能合作格局；劳动密集型和技术密集型同时外迁叠加高技术发展受限带来产业空心化风险；美国基于国家安全的打击对象超越国界属性，凸显国别属性，导致中国企业外迁并不能彻底规避风险，甚至面临新的海外投资风险；中美大国竞争日趋激烈，导致中国在中美之外的第三区域国际产能合作受阻。要使国际产能合作有效促进中国经济增长，需要系统谋划，既要与国内产业升级相辅相成，又要做好国际产能合作的重点行业布局，并在大国博弈加剧的背景下，做好海外风险规避。

（一）中国扩大国际产能合作的重要性与成效

1. 扩大国际产能合作是带动中国经济持续增长、促进高质量双循环的必然选择

一是国际产能合作能为国内产品提供市场，具有贸易促进效应。国际产能合作能够推动中国优质富余产能走出去，有利于缓解国内市场相对饱和的状况。另外，国际产能合作能够通过改善东道国基础设施包括基础设施的国际互联互通，进而通过促进东道国经济增长和便利进口两条途径来扩大对中国产品的进口。根据《中国对外直接投资统计公报》数据，2013—2022年间，中国对外投资拉动的出口金额一直在1000亿美元以上，占出口总额的4.7%以上，在2020年更是达到6.7%。这十年，我国对外直接投资一共拉动了超过1.4万亿美元出口，占此期间我国出口总额的5.5%。

二是国际产能合作能够通过辐射带动效应促进中国经济增长。一方面，国际产能合作本质上是一种资源在国际市场的优化配置，

有利于利用国际国内两个市场提高资源配置效率；另一方面，国际产能合作有利于带动相关联的第三产业发展。中国企业"走出去"的底层逻辑已经从成本导向转向市场导向，从中低端产品市场走向高端产品市场是越来越多制造业企业"走出去"的动因，而高端市场除了产品本身外，也对配套服务提出更高要求。制造业尤其是高端制造业的国际产能合作，有利于中国服务贸易、交通运输、技术咨询等服务与制造业"走出去"，促进第三产业加快发展。

三是产能合理向外转移有利于中国产业升级。一方面，技术获取型国际产能合作能够对中国产生逆向技术溢出效益，从而促进中国技术创新和产业升级；另一方面，将低端的劳动密集型产业和产业链环节转移出去，从而将资源配置到中高端产业和产业链，有助于推动产业转型升级。在这方面，发达国家已经提供了经验借鉴。如日本的雁阵模式，是日本在国内资源有限，充分通过产业转移，更有效利用国内国际两个市场的资源实现产业升级的成功案例。美国引发的国际金融危机的教训也提示，产业转移不能过度，以防出现产业空心化和过度金融化带来的风险。

2. 中国国际产能合作在逆境中呈现出韧性

一是中国对外投资规模保持世界前列。2022年，中国对外直接投资流量1631.2亿美元，是2002年流量的60倍，居全球第二位，连续11年列全球前三，连续7年占全球份额超过一成。2022年末，中国对外直接投资存量达2.75万亿美元，连续6年排名全球前三。

二是中国境外企业覆盖全球超过80%的国家和地区。2022年末,中国境内投资者共在全球190个国家和地区设立境外企业4.7万家,近60%分布在亚洲,北美洲占13%,欧洲占10.2%,拉丁美洲占7.9%,非洲占7.1%,大洋洲占2.6%。其中,在共建"一带一路"国家设立境外企业1.6万家。中国与不同区域国际产能合作行业不尽相同:亚洲以制造业和采矿业为主,其中东亚以制造业为主,中亚以基础设施建设和能源合作为主;北美洲和欧洲以制造业和采矿业为主,非洲以建筑业和采矿业为主;拉美以信息传输和制造业为主;大洋洲以采矿业为主。[①]

三是中国对外直接投资领域广泛。根据《中国对外直接投资统计公报》,中国最晚在2014年就已经实现对外直接投资对国民经济18个行业大类的全覆盖。2022年,中国流向租赁和商务服务、制造、金融、批发零售、采矿、交通运输等领域的对外直接投资均超过百亿美元。

(二)中国国际产能合作面临的问题和挑战

中国在国际产能合作上面临着传统问题和新兴问题交织叠加的挑战。在缺乏金融等政策支持、信息不对称和中国企业竞争力偏弱、文化地域和环境差异、部分发展中国家政局动荡甚至爆发地缘政治冲突等传统阻碍因素依然存在的情况下,新形势下的新问题成为中国促进国际产能合作面临的更为严峻的挑战。

1. 安全因素正在重塑中国国际产能合作格局

一是中国与共建"一带一路"合作国家产能合作项目的债务

[①] 根据《2022年度中国对外直接投资统计公报》信息整理。

融资因东道国债务风险高企，正在从大基建项目走向"小而美"项目，即优先支持规模较小、目标更明确的项目。虽然中国对共建"一带一路"合作国家的直接投资总额依然在增长，但是增速已经低于中国对外直接投资整体增速。随着中国海外发展融资总额的下降，平均贷款承诺规模也随之下降，具体表现为融资项目的金额减少，所覆盖的地理范围缩小。

二是中国在美国高技术领域的投资受限，而中国以美欧为主要出口市场的制造业正在加速外迁。在美国的投资限制下，中国对美国信息传输/软件和信息技术服务业的直接投资流量从2019年峰值的7亿美元下降到2022年的3.1亿美元，存量占全部中国对美直接投资的比重从9.8%降至3.6%。由于美国对中国产品的进口限制，我国不得不通过将部分产能外迁到东盟再出口至欧美。虽然2020年以来中国整体对外直接投资下降了，但是中国对东盟直接投资逆势增加，从2019年的130亿美元增加到2022年的186亿美元，其中制造业投资从56.7亿美元增加到82.1亿美元，占比从24.2%提高到31.9%。

三是受到政治干预因素影响，中国海外并购金额持续下降。中国海外并购金额占据前四位的是采矿业、制造业、科学研究和技术服务、信息传输/软件和信息技术服务业。由于美欧对中国在其本土高技术投资的限制，以及对中国在拉美、非洲等地区采矿业投资的干预，2017年以来，中国海外并购金额除了2021年实现了正增长，其他年份均陷入负增长，占对外直接投资比重从2016年的44.1%降至2022年的9.3%。其中，中国科学研究和技术服务、信息传输/软件和信息技术服务业这两个行业2022年的对外直接投资存量已经分别从 2017 年和 2020 年的相对高点下降了 36.7%、26.5%。①

2. 劳动密集型和技术密集型产业与产业链同时外迁，叠加高技术发展受限带来产业空心化风险

低端的劳动密集型产业和产业链外迁对母国经济有利的前提是，其外迁能够将资源转移到技术密集型产业和产业链上，从而实现产业升级。但是若技术密集型产业和产业链也同时出现外迁，且新技术的发展受限，母国就会失去产业升级的机会。其结果就不仅仅是产业链的低端锁定，而是更为严重地陷入产业空心化。由于美欧对中国高科技领域发展的打压和对中国本土制造产品的进口限制，中国技术密集型企业也开始出于规避风险而选择到海外投资建厂。例如，中国以美欧为市场的新能源企业为了规避美欧的"双反"调查，早在 2011 年就开始到东南亚投资建厂。近几年，中国新能源汽车企业为了避免美欧的进口限制，正在加速到美欧本土市场投资设厂。比亚迪甚至在美国投资限制的情况下，不得不采取以技术换市场的方法实现在美投资。这些企业虽然在中国仍留有大量生产线，新能源汽车因其海运费用高昂和需要售后服务在海外投资设厂也是常规之举，但是美欧对中国新能源产业的打压政策无疑加快了中国企业海外投资建厂，将部分国内产能向海外转移的步伐。此外，美国对中国实施科技打压，限制中国的高科技国际合作，试图打断中国向技术驱动型转型和产业链升级进程。

---

① 根据《2022 年度中国对外直接投资统计公报》信息计算。

3. 美国基于国家安全的打压对象超越国界属性，凸显出国别属性，导致中国企业外迁并不能彻底规避风险，甚至面临新的海外投资风险

中国企业外迁或者在海外投资设厂并不意味着万事大吉，华为海外企业、TikTok（微信海外版）也都遭遇美国打压，说明美国对中国企业的打压已经超越国界属性，凸显出国别属性特征。也就是说，只要是中国企业并被美国认为会对其国家安全构成威胁，就会遭遇美国的打压和限制。这也是高科技打压比制造业回流于中国而言更为复杂和棘手之处——对于后者，美国的主要目的是通过制造业回流解决自身的产业空心化和过度金融化问题，并为美国创造更多就业，中国企业到美国投资设厂也是受欢迎的；而对于前者，美国的目的是在大国竞争中取胜，将中国锁定在产业链低端，并封锁中国获得关键高科技的渠道，让中美拉开发展差距，中国企业赴美投资并不一定受到欢迎。对于那些被美国视为涉及其国家安全的行业，中国企业会面临美国的投资审查，甚至到美国之外的国家投资也可能遭遇美国阻挠。

4. 中美大国竞争日趋激烈，中国在中美之外的第三区域国际产能合作受阻

在"一带一路"产能合作上，美国国会参议院《2021年战略竞争法案》第136条专门制定了针对"一带一路"倡议的抹黑策略，并致力于培训一大批反华记者。在美国背后鼓动下，部分"一带一路"国际产能合作项目受挫。在中国对拉美产能合作上，虽然中国对拉美的直接投资总额在下降，但是依然被美欧视为威胁，甚至中国与拉美的投资正在从传统基础设施行业转向电信、

金融科技和能源转型等新基础设施领域和关键矿产，也引起了美欧警觉。欧盟 2023 年在拉美地区启动了"全球门户"计划，表示将为绿色能源转型和数字化转型等项目提供高达 450 亿欧元的资金。中国在拉美新能源领域的投资被视为对美欧的威胁。在中国与非洲的国际产能合作上，在数字基础设施建设的国际产能合作上，美欧结成盟友，限制中国在非洲的数字经济基础设施建设，尤其是数据中心建设。在拜登执政后，欧盟提出建立"欧盟—美国贸易和技术委员会"（EU-US Trade and Technology Council），以共同应对中国在数字领域的崛起。

（三）释放国际产能合作新动能的对策建议

国际产能合作与母国经济增长之间的关系在经验研究上并未能达成一致，甚至存在大量截然相反的结论。实际上，国际产能合作对母国经济增长的作用机制是非常复杂的，不同类别国际产能合作对经济增长的作用不同，且不同条件下结果也不同。其中，技术获取型国际产能合作有利于母国技术进步和经济增长，国内低端产业外迁则需要配合母国产业升级才能带来经济增长效应，否则会既有贸易促进效应——产业外迁带动设备和原材料等出口，也有贸易替代效应——母国出口转移到投资目的国。因此，要使国际产能合作更有效促进中国经济增长，需要系统谋划，既要与国内产业升级相辅相成，又要做好国际产能合作的重点行业布局，并在大国博弈加剧的背景下，做好海外风险规避。

一是国际产能合作需要与国内产业升级相辅相成。对外开放也是系统性改革，要进行制度型开放，最大限度对接和遵守国际通行规则，尽可能给企业本土化生产留下空间和可能性，为国内经济增长拓展空间；不要过多阻拦企业出海，允许企业到国际市场谋生存、谋发展；还要同时注重对本土企业和产业进行优化升级，争取将设计和研发、核心制造环节更多留在国内。在这个过程中，既实现软实力的提升，也实现硬实力的提升和产业链的升级。

二是对于国际产能合作的行业要从全局和变局出发进行全面统筹，动态调整，谋定而后动，避免冲击本土经济增长。对于企业外迁，要区分降成本型外迁和规避风险型外迁。对于降成本型外迁，例如劳动密集型制造业的外迁，要根据变化了的形势，充分考虑国内经济下行的现实，从稳定经济的大局出发，尽量减缓其向外转移速度，促进其向中东部地区有序转移，充分发挥这类转移对承接国内就业和经济发展方面的积极作用和特殊影响。对于基于风险考虑不得不外迁的行业和企业，要引导企业兼顾市场盈利与社会责任目标，在规避风险的前提下尽量将部分生产环节保留在国内，避免整体外迁。

三是逐步完善鼓励中国企业遵守国际通行规则、带动当地经济发展的相关机制。在美国加强对中国企业打压、加强对中国企业合规性调查的形势下，要加强中国企业海外合规工作，充分维护海外企业合法权益。其一，建立海外企业行为监管机制，明确监管责任，避免企业出现违反国际规则的行为。其二，建立企业和东道国共同发展合作机制，对中国企业对东道国经济发展的贡献给予客观公正的评价。其三，建立东道国信息获取机制，充分发挥当地华人华侨、社会组织、企业、驻外机构作用，及时全面获取东道国对华企业的态度和倾向性信息,提前预警防范东道国侵害中国企业利益的行为。

四是更好发挥政府在国际产能合作中的作用。发挥政府作用,甚至发挥政府"主导"作用,但要避免将国际产能合作主体变为政府。其一,发挥国际产能合作政府引领功能,和东道国制定常态化合作机制,形成重点区域、重点产业的合作路径。其二,对中国经济发展意义重大的大型项目,要注重发挥政府直接主导作用,确保项目顺利展开。其三,充分发挥政府力量,带动东道国政府为中国企业开展产能合作提供资金、土地、人才支持。

四 挖掘"一带一路"高质量发展新动能

高质量共建"一带一路"是中国在新的历史条件下实行高水平对外开放的重大举措。它不仅有助于提升中国经济循环的质量和水平,也为世界经济合作提供了更为公平合理的选择。要充分挖掘"一带一路"高质量发展的潜能,需要主动融合衔接国内区域发展战略,对接国内制度性开放以及以可持续性发展为重要合作领域。与此同时,要解决当前"一带一路"建设中存在的合作效能不足、债务风险过高以及大国博弈下过度竞争的现实问题,需要从深化共建"一带一路"机制、推动建立更为科学合理的债务风险应对体系,以及坚持以更高水平的合作来实现互利共赢,推动共建"一带一路"在下一个十年取得新的更大成效,共创更加和平、发展、合作、共赢的美好未来。

（一）充分挖掘"一带一路"高质量发展新动能的重要意义

2024年是"一带一路"高质量发展的第十一个年头。"一带一路"倡议作为构建人类命运共同体理念的重要实践平台，是中国践行共商共建共享全球治理观的具体体现，也是当前中国经济结构转型、建设更高水平开放型经济新体制、打造全方位对外开放新格局的重大举措。充分挖掘"一带一路"高质量发展新动能，对于当前中国经济发展乃至世界经济发展有三方面重要意义。一是"一带一路"高质量发展有助于增强国内大循环的内生动力。首先，共建"一带一路"有利于优化国内区域开放布局，提高国内大循环的覆盖面，可以为国内相对不发达区域，如中西部、边疆地区创造开放新机遇，将原本内陆地区的区位劣势充分转化为地缘政治与经济优势，促进区域协调发展，拓展国内大循环的发展空间。二是"一带一路"高质量发展有助于提升国际循环质量和水平。共建"一带一路"作为新时代中国高水平对外开放的重要实践，通过保障各方在发展中的诉求，搭建合作共赢的公共平台，有效拓展中国国际经济合作范围和领域。这不仅有助于基建、经贸、金融等传统合作领域的深化，实现新形势下更为健康、绿色、数字、创新等新领域的合作，打造新的增长点。三是为全球经济发展提供更为公平合理的治理体系。不同于传统"雁阵模式"或者"中心—外围"格局下对于发展中国家在价值分配上的天然劣势，共建"一带一路"以构建人类命运共同体为核心理念。在实践中，它又展现出以基础设施为优先发展领域的运行特征，尊重不同国家发展阶段和路径差异的需求导向特征。加之区别于传统国际经济合作机制规则优先的发展特征，上述理念和特征确保"一带一路"倡议在实践中真正践行合作共赢的治理观，有助于从根本上缓解当前治理体系下全球失衡所滋生的变数及逆全球化问题，为世界经济合作提供了一个更为公平合理的治理模式。

（二）"一带一路"高质量发展总体分析

"一带一路"倡议发展至今，在深化各国政策沟通、投资贸易互利互惠，以及推动世界经济可持续性发展方面取得了诸多辉煌成就。一是政策沟通广泛深入。截至2023年8月底，中国已与152个国家32个国际组织签署了200多份共建"一带一路"合作文件。参与共建的国家已超过世界上国家总数的70%，经济总量则占全球近40%。由中国发起设立的作为"一带一路"投融资机制的亚洲基础设施投资银行和丝路基金创始成员不断增加，目前已包括来自全球的100多个成员国。二是投资贸易互利互惠。基础设施投资方面，"六廊六路多国多港"的互联互通架构基本形成。2023年，中欧班列全年开行1.7万列，发送190万标箱，同比分别增长6%、18%。2013年到2022年，中国与"一带一路"共建国家的累计双向投资超过3800亿美元。2023年，中国对共建"一带一路"国家进出口19.47万亿元，增长2.8%，占进出口总值的46.6%。三是推动世界经济可持续性发展。世界银行报告显示，共建"一带一路"帮助共建国贸易增加4.1%，吸引外资增加5%，低收入国家GDP增加3.4%。此外，中国充分发挥在清洁能源、节能等领域的优势，积极推动绿色"一带一路"合作发展。截至 2023 年，中国已与共建国家、地区和国际组织签署了 50 多份生态环境保护合作文件，与 30 余个发展中经济体开展了 70 余个减缓与适应气候变化项目，累计为 120 多个共建"一带一路"国家培训了 3000 人次绿色发展人才，为全球经济可持续性发展做出了卓越贡献。

（三）挖掘"一带一路"高质量发展新动能的主要方向

结合当前中国经济转型升级要求，充分挖掘"一带一路"高质量发展新动能，中国可以从以下三方面着手。

1. 融合衔接国内区域发展战略，推动"一带一路"高质量发展

"一带一路"倡议从地理空间来看，本质是以"一带一路"倡议为公共平台，推动建立不同区域之间的联动关系。从国内区域发展来看，长期以来，中西部内陆地区的发展程度与对外开放层次明显落后于东部沿海地区，造成中国经济发展的不平衡、不充分。将"一带一路"倡议与国内区域发展战略对接，有助于破除由区位差异引致内陆地区的后发劣势，激发内陆地区经济活力，释放中国经济发展新动能。具体而言，不同区域依托自身禀赋和发展定位，可考虑从如下方向实现对接。

一是西南地区。云南、广西等西南地区，是中国—中南半岛经济走廊和孟中印缅的重要窗口。要充分利用珠江—西江经济带，主动参与中国—中南半岛、孟中印缅等经济走廊建设，依托中国—东盟博览会等合作平台，挖掘面向南亚、东南亚等地区的独特区位优势，扩大国际经贸合作交流，形成西南地区开放发展新

的战略支点和桥头堡。二是西北地区。中国西北地区作为中蒙俄经济走廊、新亚欧大陆桥经济走廊、中国—中亚—西亚经济走廊的必经之地，是对接融合"一带一路"建设和新一轮西部大开发的重要区域。可以通过新亚欧大陆桥、中国—中亚—西亚国际大通道和中巴经济走廊建设，以向西开放为核心，加强西北地区发展与中亚五国及巴基斯坦等地区的战略对接，打造西北地区成为对外开放的新高地。三是东北三省和内蒙古自治区。东北和内蒙古地区作为向北开放的关键窗口，要充分利用毗邻俄蒙的地缘优势，通过中蒙俄经济走廊，推进北京—莫斯科欧亚高速运输走廊建设，加强与俄罗斯远东地区和蒙古国的全方位合作，进而带动东北和内蒙古实现全面振兴发展。四是京津冀与长江经济带地区。对于京津冀区域而言，是"一带一路"廊道与中国区域经济布局交汇的关键节点，可以与"一带一路"建设区域在科技创新、高端金融服务业和先进制造业产品生产等方面进行融合对接。对于长江经济带而言，则可以充分发挥其人口规模、经济总量和生态优势，借助长江黄金水道与沿江铁路枢纽实现联通，加快西部陆海新通道建设，以更高层次、更广领域参与国际合作与竞争，推进长江航运、金融、技术等资源和要素的优化配置。

2. 结合国内制度型开放，赋能"一带一路"高质量发展

制度型开放是当前中国推进高水平对外开放的必由之路，也是"一带一路"倡议实施十年进入高质量发展阶段的客观需求和必然趋势。通过与国内制度型开放相结合，共建"一带一路"，中国可从以下路径释放新动能。

一是以制度型开放拓展"一带一路"朋友圈。现行国际体系

与秩序的核心理念是多边主义，中国作为"一带一路"倡议的发起国家，通过更好推进"一带一路"倡议与自身制度性开放的结合，可以以"共商共建共享"的合作理念为核心，推动构建更为公平、透明的多边主义合作原则，帮助打破部分发达国家对于"一带一路"价值观的质疑，实现"一带一路"价值观和实践性的高度统一，让更多国家和地区加入高质量共建"一带一路"中来。

二是以制度型开放释放"一带一路"倡议新的增长点。当前，"一带一路"倡议合作以基础设施投资为主要抓手，但随着大国竞争从经济之争转变为规则之争、制度之争和主导权之争，着眼未来，加强健康、绿色、数字、创新等新领域的合作就必然需要从优先关注资金投入转向规则标准统一的阶段。而对接制度型开放，尤其是服务业开放，可以帮助我们更好地梳理在新的国际经济态势下，如何推动金融、绿色、数字等相对"软"领域的合作，为高质量共建"一带一路"提供新的增长源。

三是以制度型开放提升"一带一路"合作效能。传统国际经贸规则注重商品与要素流动型开放，忽略了后发经济体加入全球经贸体系时在资本存量、技术以及工业体系上的差距，从而导致出现"南北差距"和"中心—外围"结构，埋下了全球经贸格局中冲突和不确定性的根源。这些冲突和纷争降低了全球经贸体系的合作效能。制度型开放强调构建公平竞争的市场环境和营商环境，强调规则对接、规制协调、管理提升、标准制定的透明公平。"一带一路"倡议通过摒弃以国家经济实力，以及资源、要素为主导的传统合作模式，致力于在制度方面形成标准化和法治化的规则体系，从根源上解决国家间价值分配失衡导致的利益冲突，从而带动全球经济更加透明、包容、平衡地发展。

3. 以可持续发展为重要合作领域，引领"一带一路"高质量发展

当前，全球治理的核心问题是大国博弈导致的全球治理赤字和治理机制失序，"一带一路"倡议也正因此面临以欧美发达国家为主的"围追堵截"。应对以气候变化为代表的可持续性发展涉及全球共同利益，是当前全球所有经济体均面对的紧迫问题。通过推动共建"绿色丝绸之路"，中国可有效联结发达与不发达经济体两方面的力量，同时发挥在绿色低碳领域的带头作用，提升新能源等领域的国际话语权和国际竞争力。具体而言，有如下发展路径。

一是推进全球环境公约有效对接，包括推动"绿色丝绸之路"建设同《联合国2030年可持续发展议程》《生物多样性公约》《巴黎协定》等全球环境公约的对接。扩大不同经济体在协同推进污染治理、生物多样性保护和应对气候变化等方面合作，共同助力疫后绿色复苏与全球可持续发展。二是统筹完善绿色发展支撑保障体系。在平台支撑方面，建立"绿色丝绸之路"国际合作平台，深化各国绿色发展规划、环境政策、技术标准等方面的共商共享。在资金支撑保障方面，鼓励金融机构"走出去"提供融资服务，进一步扩大丝路基金、中非基金等"一带一路"投资基金的支持范围。在能力建设支撑保障方面，开展共建"一带一路"绿色发展专题培训，强化科技创新、人才培养、智力支撑等方面的能力建设保障。三是就重点合作领域同美欧国家机构和

沿线国际本土机构开展三方合作。扩大同美欧国家气候、绿色投融资的国际合作力度，拓宽投融资渠道，共同对沿线国家碳减排成本核算和温室气体排放清单做出科学可靠的尽调，对沿线国家所提出的资金需求给出合理评估，加速推动"一带一路"气候治理和"绿色丝绸之路"建设进程。

（四）挖掘"一带一路"高质量发展新动能的主要挑战

当前，推动高质量共建"一带一路"面临的挑战仍然很多，总结过去十周年的发展经验，尚有下述瓶颈因素亟待破解。

1. "一带一路"合作效能仍有优化空间

一是"一带一路"的公共品效应仍待增强。研究发现，当前"一带一路"倡议在贸易联通方面的国际合作平台效应相对不足，其对于参与国的贸易增长效应大约仅占直接效应的1/3。这表明，"一带一路"倡议虽然能够通过构建国际合作平台推动各参与国的贸易出口，但其主要效能是来自中国与参与国的直接联系，说明"一带一路"倡议国际公共品的作用尚未得到充分发挥。二是"一带一路"倡议供给端的作用相对不足。依据测算，当前"一带一路"倡议主要通过对参与国需求端的刺激发挥作用，但是在供给端作用则相对不足。[①] 需求效应主要是通过加强中国与参与国的贸易、投资往来发挥作用，本身不能直接提高参与国的生产效率和制造能力，这不利于"一带一路"共建体系的长久发展。

---

① 张辉、闫强明、李宁静：《"一带一路"倡议推动国际贸易的共享效应分析》，《经济研究》2023年第5期。

同时，由于"一带一路"前期合作以投资基建为主，这也表明这些项目的利用效率潜能并未得到充分发挥。

2. 国际经济波动下的债务风险加大

当前，全球经济弱势复苏，世界经济增长动力不足。尤其是部分低收入国家受疫情冲击后，针对抗疫和恢复经济，政府加大开支导致债务承压严重。据国际货币基金组织和世界银行评估，2022年底全球70个低收入国家中，有36个处于债务承压状态，受疫情冲击是重要原因。因此，如何机制化应对共建国突发性财政危机和债务危机，成为高质量共建"一带一路"的重要挑战。

3. 大国博弈下"一带一路"建设面临冲击

当前大国博弈背景下，美国和西方威胁与中国经济"脱钩"，"一带一路"建设重点领域面临的竞争和封锁越来越严重。西方发达国家推出了一系列区域经济制度安排，试图对冲"一带一路"倡议的影响。例如，美国主导的"蓝点网络""全球基础设施伙伴关系""四方安全对话"等计划，均高度关注印太地区基础设施投资合作。欧盟在2021年发布《欧盟在印太地区合作战略》，强调"欧盟将继续推进本地区高质量和可持续互联互通的优先事项和行动"。此外，美国2022年提出与以色列、沙特等国加强在基建、5G、外太空开发等领域合作，以减弱"一带一路"建设在中东地区的影响。发达国家主要是通过认证标准与资金投入，依托透明度、私人资本以及绿色可持续等手段，在沿线地区打造与"一带一路"倡议针锋相对的、基于西方价值观念的战略合作计划，诱使共建国家拒绝与中国合作。这将导致美欧国家相关机构及企业在"一带一路"相关区域的项目上同中国企业展开直接竞争,① 增加项目所在国的议价能力,提升"一带一路"建设成本。

(五)挖掘"一带一路"高质量发展新动能的对策建议

结合目前高质量共建"一带一路"所面临的挑战和困境,未来中国可从以下三方面推进"一带一路"高质量发展。

1. 深化推进"一带一路"机制化建设

一是加强共建"一带一路"合作平台。继续高质量办好"一带一路"国际合作高峰论坛,办好博鳌亚洲论坛、中国国际进口博览会、中国进出口商品交易会等经贸合作平台,深入推进共建"一带一路"经贸合作。充分发挥政策沟通的引领和催化作用,深化政治互信,就各国经济发展战略充分交流对接,共同制定推进区域合作的规划和措施,协商解决合作中的问题,推动把政治共识转化为具体行动、把理念认同转化为务实成果。二是推动共建"一带一路"实现更高投入产出效益。依托"一带一路"倡议,支持和帮助共建国家加快公路、铁路、港口、机场、电站、通信网络等基础设施建设,以新型基础设施项目合作和"数字丝绸之路"的稳步扩建加快要素流动,尤其应注重提升已有的基础设施效率,推动沿线各国生产能力的主动升级。充分发挥以第三方市场合作为主的国际合作新模式,鼓励国内企业"走出去",主动与各国的比较优势形成有效对接,通过直接投资的本地化生

---

① 赵蓓文:《制度型开放与中国参与全球经济治理的政策实践》,《世界经济研究》2021 年第 5 期。

产提升沿线各国的生产能力，帮助沿线各国更好地融入全球生产体系。三是推动"软联通"标准对接。完善"一带一路"国际合作机制，扩大"软联通"的领域和质量。对目前"一带一路"规则"软联通"进展进行全面评价，逐一克服共建"一带一路"过程中的规则冲突。尤其是在数字经济、网络空间、绿色低碳等关乎共建"一带一路"发展又缺乏权威国际规则的新兴领域，共同探索相关国际规则的制定，[1] 与共建国家共同构建符合发展中国家利益的规则体系。

2. 建立更为科学合理的债务风险应对体系

一是建立科学的风险评估体系。基于债务国的短期支付能力和长期经济增长潜力构建综合性的分析框架，进一步完善"一带一路"风险评估体系和债务可持续性保障机制。建立共建国家投资安全预警机制，定期发布共建国家在政治、经济、社会、安全等领域的信息，引导提升企业防风险意识和能力。二是提升项目债务的风险控制水平。加强不同放贷主体的决策协调，建立针对政府部门、政策性银行、商业银行和国有企业的跨机构间的贷款协调机制。注重提升对外贷款的多边化水平，发挥亚洲基础设施投资银行等中国参与较多的多边国际机构作用，降低债务违约风险。三是推动债务治理体系的完善。逐步构建系统性、差异化的债务处置机制，着手推动对外债务重组方式的多样化，鼓励私人债权人积极推动、参与市场化重组，债券置换允许债务国发行新

---

[1] 陶平生：《全球治理视角下共建"一带一路"国际规则的遵循、完善和创新》，《管理世界》2020年第5期。

债券置换拖欠债务，新的债务处置机制也可通过"债转发展""债转绿色"等方式将主权债务重组与其他优质项目联系。

3. 以更高水平的合作应对大国博弈风险

一是深化跨境经济走廊建设。依托"一带一路"跨国经济走廊推动中国国内价值链和全球价值链对接，在全球价值链重构背景下，推进以中国为主导的合作模式下的优势互补效应，依靠提高生产效率和降低生产成本增强产业内分工和专业化水平，拓宽面向跨境经济走廊各国产能合作的宽度和深度。二是建立完善的、容纳更多利益方的投融资体系。聚焦欧美发达经济体关注的重点领域，主动在应对气候变化、全球能源转型和产业绿色升级方面促进各方利益融合。同时，注重撬动更多国内国际私人资本参与投资，发挥市场主流国际投资机构的作用，构建更大合作圈层。三是以人文交流促进民心相通。民心相通是高质量共建"一带一路"的理念根基，要加强与共建国家以及相关国际组织在教育、文化、旅游、体育等领域合作，促进官方和民间不同类型团体间的沟通交流。通过全方位开展友好交往和人文交流，中国要进一步夯实共建"一带一路"的民意基础，实现共建"一带一路"更高质量、更高水平的发展。

参考文献

中文

一　著作

陈明：《德国制造业与德国创新体系研究》，载裴钢、江波、辜学武等《德国创新能力的基础与源泉》（汉德对照），社会科学文献出版社2016年版。

范恒山：《中国促进区域协调发展的理论与实践》，辽宁人民出版社2023年版。

高桥龟吉：《战后日本经济跃进的根本原因》，宋绍英、伊文成等译，辽宁人民出版社1984年版。

贾根良等：《美国学派与美国19世纪内需主导型工业化道路研究》，中国人民大学出版社2017年版。

王涌：《战后德国经济与社会结构变化研究》，世界图书出版公司2016年版。

徐聪：《德国经济治理》，时事出版社2015年版。

张可云等：《中国区域经济格局变动与增长极重构》，经济管理出版社 2023 年版。

中金公司研究部、中金研究院：《碳中和经济学》，中信出版社 2021 年版。

［德］维尔纳·阿贝尔斯豪塞：《战后德国经济史》，史世伟译，中国社会科学出版社 2018 年版。

［德］赫尔曼·西蒙：《21 世纪的隐形冠军：中小企业国际市场领袖的成功策略》，中信出版社 2009 年版。

［美］福克纳：《美国经济史》（下卷），王锟译，商务印书馆 1964 年版。

［美］罗伯特·戈登：《美国增长的起落》，张林山等译，中信出版社 2018 年版。

二　期刊

习近平：《发展新质生产力是推动高质量发展的内在要求和重要着力点》，《求是》2024 年第 11 期。

柏培文、何慧：《中国基础设施投资、资本回报率与包容性发展》，《南京社会科学》2022 年第 9 期。

包群、郝腾：《交通基础设施质量对制造业价值链升级的影响研究》，《当代经济研究》2023 年第 5 期。

蔡昉：《户籍制度改革的效应、方向和路径》，《经济研究》2023 年第 10 期。

蔡昉、王德文、曲玥：《中国产业升级的大国雁阵模型分析》，《经济研究》2009 年第 9 期。

蔡群起、龚敏：《中国生产性服务业的规模与结构——基于 40 个经济体投入产出表的比较分析》，《经济问题探索》2016 年第 9 期。

参考文献

常娱、钱学锋：《制度型开放的内涵、现状与路径》，《世界经济研究》2022 年第 5 期。

董小君：《日本经济转型的经验与借鉴意义》，《行政管理改革》2013 年第 11 期。

冯明：《结构转型效应支撑经济持续向好》，《中国社会科学报》2024 年 6 月 4 日第 4 版。

冯明：《农民工与中国高储蓄率之谜——基于搜寻匹配模型的分析》，《管理世界》2017 年第 4 期。

高照中：《日本经济奇迹探源》，《山西大学学报》（哲学社会科学版）1990 年第 3 期。

国晖：《发展型国家的经济奇迹——论 20 世纪六七十年代的日本》，《时代金融》2016 年第 9 期。

黄先智：《战后日本技术引进与产业结构变迁》，《河北理工学院学报》（社会科学版）2003 年第 3 期。

江小涓：《中国开放三十年的回顾与展望》，《中国社会科学》2008 年第 6 期。

金仁淑：《日本构建"内需主导型"经济结构措施及效果评析》，《日本问题研究》2023 年第 4 期。

来有为、陈红娜：《以扩大开放提高我国服务业发展质量和国际竞争力》，《管理世界》2017 年第 5 期。

李慧敏、陈光：《日本"技术立国"战略下自主技术创新的经验与启示——基于国家创新系统研究视角》，《科学学与科学技术管理》2022 年第 2 期。

李金秋：《电商平台发展、交通基础设施对农产品流通效率影响的实证分析》,《商业经济研究》2023 年第 20 期。

李强、杨一、黄培昭等:《中国新能源汽车在海外市场受欢迎》,《人民日报》2024 年 1 月 31 日第 17 版。

李实、杨一心:《面向共同富裕的基本公共服务均等化:行动逻辑与路径选择》,《中国工业经济》2022 年第 2 期。

林伯强:《碳中和进程中的中国经济高质量增长》,《经济研究》2022 年第 1 期。

林毅夫、李永军:《比较优势、竞争优势与发展中国家的经济发展》,《管理世界》2003 年第 7 期。

刘传明、马青山:《网络基础设施建设对全要素生产率增长的影响研究——基于"宽带中国"试点政策的准自然实验》,《中国人口科学》2020 年第 3 期。

刘世锦、王子豪、姜淑佳等:《实现中等收入群体倍增的潜力、时间与路径研究》,《管理世界》2022 年第 8 期。

刘文杰、宋弘、陈诗一:《教育财政如何影响家庭人力资本投资:事实、机制与政策含义》,《金融研究》2022 年第 9 期。

刘心舜:《日本产业结构调整——从奇迹到衰退的警示》,《科技创业月刊》2006 年第 7 期。

刘娅、梁明、徐斯、齐冠钧:《中国制造业外迁现状与应对策略——基于产业链供应链关联性的分析》,《国际贸易》2023 年第 5 期。

刘永波:《经济全球化与韩国经济腾飞——韩国现代化成因浅析》,《山东大学学报》(哲学社会科学版)2003 年第 5 期。

陆铭:《城市、区域和国家发展——空间政治经济学的现在与未来》,《经济学(季刊)》2017 年第 4 期。

吕利丹、梅自颖、唐语新等:《中国儿童人口发展新特点与新趋势——基于对第七次全国人口普查数据的分析》,《青年研究》2023 年第 5 期。

马草原、朱玉飞、李廷瑞:《地方政府竞争下的区域产业布局》,《经济研究》2021 年第 2 期。

年猛:《中国户籍制度改革的演进逻辑与深化方向》,《经济社会体制比较》2023 年第 6 期。

牛子恒、崔宝玉:《网络基础设施建设与劳动力配置扭曲——来自"宽带中国"战略的准自然实验》,《统计研究》2022 年第 10 期。

彭徽、匡贤明:《中国制造业与生产性服务业融合到何程度——基于 2010—2014 年国际投入产出表的分析与国别比较》,《国际贸易问题》2019 年第 10 期。

朴胜赞:《转型升级、技术立国与经济腾飞》,《经营与管理》2015 年第 8 期。

普华永道:《全球供应链:奔赴再平衡》。

钱娟、李金叶:《经济大国增长动力结构演进路径与逻辑异质性分析及其对中国的启示——基于 1960~2015 年美、日发展经验》,《税务与经济》2017 年第 4 期。

盛来运、郑鑫、周平等:《我国经济发展南北差距扩大的原因分析》,《管理世界》2018 年第 9 期。

孙博文、张友国:《中国绿色创新指数的分布动态演进与区域差异》,《数量经济技术经济研究》2022 年第 1 期。

唐葆君、王翔宇、王彬等：《中国新能源汽车行业发展水平分析及展望》，《北京理工大学学报》（社会科学版）2019年第2期。

陶平生：《全球治理视角下共建"一带一路"国际规则的遵循、完善和创新》，《管理世界》2020年第5期。

王宝珠、王利云、冒佩华：《构建新型国际经济关系：理论与实践——兼析"制度型开放"》，《上海对外经贸大学学报》2020年第6期。

王存福、夏天：《新能源汽车亟待直面后市场"痛点"》，《经济参考报》2023年12月22日第5版。

王立胜、朱鹏华：《以县城为重要载体的城镇化建设的内涵、挑战与路径》，《中央财经大学学报》2023年第6期。

王胜今、王冠鸿：《日本人力资源开发与经济增长研究》，《东北亚论坛》2018年第1期。

王小理：《加快统筹生物医药产业发展和安全》，《学习时报》2023年8月28日第5版。

魏义方、顾严：《农业转移人口市民化：为何地方政府不积极——基于农民工落户城镇的成本收益分析》，《宏观经济研究》2017年第8期。

吴明娥：《中国农村经济基础设施资本存量及其资本回报率测算》，《统计与决策》2023年第17期。

肖黎明：《对外直接投资与母国经济增长：以中国为例》，《财经科学》2009年第8期。

肖仁桥、崔琦、钱丽：《"宽带中国"试点政策对企业绿色创新的影响——数字金融、数字化转型的中介效应》,《科技进步与对策》2024 年第 17 期。

徐梅:《战后 70 年日本经济发展轨迹与思考》,《日本学刊》2015 年第 6 期。

薛成、孟庆玺、何贤杰:《网络基础设施建设与企业技术知识扩散——来自"宽带中国"战略的准自然实验》,《财经研究》2020 年第 4 期。

杨海洋:《德国制造业优势产生并保持的原因分析》,《改革与战略》2013 年第 1 期。

尹思成:《经济增长的轨迹及启示:苏日经验与中国措施》,《科技创业月刊》2023 年第 4 期。

岳圣淞:《第五次国际产业转移中的中国与东南亚:比较优势与政策选择》,《东南亚研究》2021 年第 4 期。

昝欣、欧国立、吕巍:《交通基础设施如何挖掘我国城市市场潜力——基于生产要素流动的视角》,《经济问题探索》2023 年第 7 期。

张赤东:《韩国创新赶超的"三步走"成功路径与政策启示》,《全球科技经济瞭望》2016 年第 8 期。

张辉、闫强明、李宁静:《"一带一路"倡议推动国际贸易的共享效应分析》,《经济研究》2023 年第 5 期。

张帅、陆利平、张兴敏等:《金融系统气候风险的评估、定价与政策应对:基于文献的评述》,《金融评论》2022 年第 1 期。

张中祥:《碳达峰、碳中和目标下的中国与世界——绿色低碳转型、绿色金融、碳市场与碳边境调节机制》,《人民论坛·学术前沿》2021年第14期。

赵蓓文：《全球外资安全审查新趋势及其对中国的影响》，《世界经济研究》2020年第6期。

赵蓓文：《制度型开放与中国参与全球经济治理的政策实践》，《世界经济研究》2021年第5期。

朱福林：《中国服务业利用外资基本脉络、重大挑战与高质量战略——改革开放45周年回顾与展望》，《当代经济研究》2023年第11期。

庄友明、邱丹阳：《试析韩国经济腾飞的动力》，《东南亚研究》1997年第3期。

外文

Akamatsu K., "A Historical Pattern of Economic Growth in Developing Countries", *The Developing Economies*, No. 1, 1962.

Czernich N., Falck O., Kretschmer T., et al., "Broadband Infrastructure and Economic Growth", *The Economic Journal*, Vol. 121, No. 552, 2011.

Davis L., North D., "Institutional Change and American Economic Growth: A First Step Towards a Theory of Institutionalinnovation", *The Journal of Economic History*, Vol. 30, No. 1, 1970.

Esfahani H. S., Ramırez M. T., "Institutions, Infrastructure, and Economic Growth", *Journal of Development Economics*, Vol. 70, No. 2, 2003.

Fernald J. G., "Roads to Prosperity? Assessing the Link Between Public Capital and Productivity", *American Economic Review*, Vol. 89, No. 3, 1999.

Gordon R. J., "US economic growth since 1870: one big wave?", American Economic Review, Vol. 89, No. 2, 1999.

Gu R., Guo J., Huang Y., et al., "Impact of the EU Carbon Border Adjustment Mechanism on Economic Growth and Resources Supply in the BASIC Countries", *Resources Policy*, No. 85, 2023.

Hannah L., "The American Miracle, 1875 – 1950, and After: A View in the European Mirror", *Business and Economic History*, 1995.

Herrerias M. J., "The Causal Relationship Between Equipment Investment and Infrastructures on Economic Growth in China", *Frontiers of Economics in China*, Vol. 5, No. 4, 2010.

Kojima K., "The 'Flying Geese' Model of Asian Economic Development: Origin, Theoretical Extensions, and Regional Policy Implications", *Journal of Asian Economics*, Vol. 11, No. 4, 2000.

Kuznets S., "Two Centuries of Economic Growth: Reflections on USexperience", *The American Economic Review*, Vol. 67, No. 1, 1977.

Maddison A., *The Worldeconomy*, OECD Publishing, 2006.